Charlotta Móna
Das Interview deines Lebens

Charlotta Móna

DAS
INTERVIEW
deines Lebens

20 Menschen
antworten auf
50 Grundfragen
UND DU?

1. Auflage 2023

© 2023 Charlotta Móna
Webseite: *www.charlottamona.de*

ISBN (Taschenbuch): 979-8866832354
Independently published (unabhängig veröffentlicht)

Für mich. Für meine Kinder. Für dich.

INHALT

Alles, was du dir jemals gewünscht hast,
liegt auf der anderen Seite der Angst.

George Adair

PROLOG

*Gibt es Fragen, die uns unterbewusst beschäftigen, die wir im Alltag je-
doch niemals formulieren – geschweige denn beantworten würden? Bin
ich die Einzige, die über solche Fragen nachdenkt? Oder betreffen sie
uns alle, weil sie uns zu den Themen zurückführen, die unser Leben bestimmen?*

In der Mitte unseres Lebens ziehen wir Bilanz und fragen uns, ob
wir tatsächlich das Leben führen, das wir leben wollen – und ob die
Menschen an unserer Seite *diejenigen* sind, die wir wirklich in unserem Leben haben möchten.

Diese Fragen können wir meiner Meinung nach erst beantworten,
wenn wir mit uns selbst im Reinen sind und eine gesunde Beziehung
zu uns selbst pflegen. Nur dann können wir souverän handeln. Ein
erfülltes Leben geht meines Erachtens nur mit den richtigen Menschen an unserer Seite. Diese ziehen wir erst an, wenn wir das ausstrahlen, was wir wirklich sind – ohne uns selbst oder anderen etwas
vorzumachen.

Die Ursprungsidee dieses Buches entstand an einem frühen Morgen, als ich feststellen musste, dass ich zwar mitten im Leben stehe
– als Mutter von zwei wunderbaren erwachsenen Kindern, mit tollen
Menschen an meiner Seite und einem Beruf, der mich fasziniert –,
bereits viel erreicht habe, aber an gewissen emotionalen Punkten
seit meinem sechzehnten Lebensjahr nicht einmal einen winzigen
Schritt weitergekommen war.

Nach dieser schmerzhaften Erkenntnis beschloss ich, meine Gefühlswelt aufzuräumen.

Aus diesem Entschluss entstand zunächst ein vollgeschriebenes
DINA4-Blatt, dessen Inhalt ich ungefiltert keinem Außenstehenden
zumuten würde– das mir jedoch viel Selbsterkenntnis brachte. Es
folgte die Formulierung der Fragen und drei Tage der Antwortfin-
dung, die mich fast zum Verzweifeln gebracht hätten.

*Weiß ich wirklich so wenig über mich selbst!? Bin ich so oberflächlich,
dass ich meine eigenen Fragen nicht beantworten kann!?*

Je länger ich mich jedoch damit auseinandersetzte, desto mehr Klarheit fand ich. Die Teile fügten sich zu einem Ganzen zusammen. Aus
der Idee entwickelte sich ein Buchkonzept, und ich begann, auch
andere zu befragen.

In diesem Buch geben zehn Frauen und zehn Männer Antworten

auf fünfzig grundlegende Fragen des Lebens. Sie erzählen von ihrer persönlichen Motivation und ihrer Haltung zum Leben. Es geht dabei nicht um biografische Fakten oder die jeweilige Person im Interview. Hinter erfundenen Vornamen verbergen sich persönliche Geschichten und Gedanken, die so unterschiedlich sind wie die Persönlichkeiten meiner Gesprächspartner* und ihre Sichtweisen auf das Leben.

Mein eigenes Interview, das letzte im Buch, habe ich im Laufe des Projektes mehrmals umgeschrieben. Denn heute bin ich ein anderer Mensch als zu Beginn. Meine Gesprächspartner haben meine Augen und mein Herz geöffnet. Ihre Aufgeschlossenheit und Motivation, sich mit den Fragen auseinanderzusetzen und sie ehrlich und tiefgehend zu beantworten, wie auch ihre positiven Rückmeldungen, bestätigten meine Ausgangsvermutung: Wir beschäftigen uns hier mit unserem Kern - *diese* Fragen betreffen uns alle.

Liebe Leserin, lieber Leser, mit diesem Buch hältst du eine kurzweilige und hoffentlich inspirierende Lektüre in den Händen und erkennst dich vielleicht in der einen oder anderen Geschichte teilweise selbst wieder.
Dieses Buch soll dir ein wohliges und erfrischendes Gefühl vermitteln - dich auf eine natürliche und mühelose Art inspirieren. Zum Nachdenken. Und zum Fühlen.

Ich wünsche dir viel Freude damit!

Deine

Charlotta

---

* *Du liebe Leserin, bist mir genauso wichtig wie du, lieber Leser. Dennoch verzichte ich in diesem Buch bewusst aufs Gendern, weil mir ein leicht lesbarer, unterhaltsamer Text wichtiger ist als sprachlich schwerfällige Formalitäten.*

NORA

erzählt von ihren inneren Diskrepanzen, ihrer Suche nach sich selbst in einem aus Erwartungen und Äußerlichkeiten geprägten Leben und der Erkenntnis, dass Glücklichsein unsere eigene Wahl ist

Hast du ein Lebensmotto?
Glücklichsein ist eine Wahl. Im Laufe der Zeit und nach vielen gemeisterten Herausforderungen sehe ich, wie wir das Leben oft
selbst kompliziert machen und dass es eigentlich unkompliziert sein
könnte. Daher denke ich heute, dass *Glücklichsein* eine Wahl ist.

**Hast du ein Vorbild? Wenn ja, aus welchen Gründen gerade sie/
ihn?**
Früher hatte ich viele Vorbilder. Berühmte, elegante Damen wie Gra-
ce Kelly oder Jackie Kennedy. Geprägt von einem Leben der Ober-
flächlichkeiten meinte ich damals, dass ihre Eleganz und die vermeintliche Freiheit mit Ruhm und viel Geld auch Erfüllung und
Glück bedeuteten. Heute lasse ich mich von solchen Äußerlichkeiten
nicht mehr beeindrucken, denn das ist nur die Spitze eines Eisber-
ges und nicht das echte Leben, was sich hinter der Fassade verbirgt.
Seit dieser Erkenntnis habe ich keine Vorbilder mehr und beschäftige
mich mehr mit mir selber, meinen eigenen Vorzügen und Stärken.

**Wenn du ein Buch schreiben würdest, um welches Thema würde
es sich handeln?**
Um das Leben. Ich würde gerne meine Erfahrungen und Tipps jungen Menschen weitergeben. In meinem Buch würde ich ihnen raten,
sich nicht von Äußerlichkeiten oder davon, was andere über sie denken könnten, leiten zu lassen. Sie sollten das Leben nicht allzu ernst
nehmen und sich von den gesellschaftlichen *Sollte-Regeln* befreien.
Viel wichtiger ist, dass sie in sich hineinhören und das tun, was *für
sie* wichtig ist und was *sie selbst* für richtig halten.

Welches Buch würdest du anderen unbedingt empfehlen? Warum?
Die Entscheidung liegt bei dir! von Reinhard K. Sprenger. Dieses Buch
war ein Eisbrecher für mich und ich würde es jedem empfehlen zu
lesen. Im Wesentlichen geht es darum, dass wir alleine verantwortlich für unsere Handlungen und Entscheidungen sind und vor allem auch für die, die wir nicht treffen. Jede Entscheidung hat ihren
Preis, auch die Gegenentscheidung. Welchen dieser Preise wir bereit
sind zu zahlen, liegt alleine an uns und nicht an äußeren Umständen.
Unsere Schritte also bestimmen nur wir selbst, wir selber sind für
unser eigenes Leben alleine verantwortlich.

**Mit wem hattest du zuletzt eine tiefgreifende Diskussion und wo-
rüber?**
Mit meinem Mann. Mit ihm kann ich über alles reden, was so auf

der Welt passiert. Über Politik, die Zukunft vom digitalen Recruiting, was mit ChatGPT alles möglich wird und so weiter.

Was ist für dich das Wichtigste im Leben?

Momentan ist mir das Wichtigste, dass es meinen Kindern gut geht und sie einen für sich richtigen Weg einschlagen. Es wäre schön, wenn sie nicht dieselben Fehler machen würden, die ich damals gemacht habe und mehr in sich hineinhören würden. Sie sollen erkennen, was sie glücklich macht. Dann sollen sie *ihren eigenen* Weg einschlagen und sich nur mit Menschen umgeben, die ihnen guttun.

Was bedeutet für dich ein erfülltes Leben?

Zufrieden sein mit mir selbst und meinem Leben. Nicht immer nach *mehr* und *besser* streben zu müssen. Dankbar zu sein dafür, was ist und was ich habe.

Was macht dich glücklich?

Vieles. Es sind einzelne Momente, die mich glücklich machen. Diese können ganz unterschiedlich sein. Wenn mein Hund mir entgegenspringt. Wenn ich meine Kinder nach längerer Zeit wiedersehen kann. Jedes Mal, wenn ich die Schönheit der Natur draußen erleben darf. Auch wenn ich den Rock vom letzten Sommer noch zukriege.

Jedes Mal, wenn ich plötzlich dieses kleine, warme Glücksgefühl in meinem Herzen spüre.

Wobei fühlst du dich lebendig?

Im guten Austausch mit Menschen, wenn viel gelacht wird und gute Stimmung herrscht. Wenn ich mit Hunden spiele; Hunde sind lustig und immer ehrlich. Wenn ich am Meer bin, in der Sonne liegen und im Wasser schwimmen kann. Bei Aktivitäten, die mich so interessieren, dass ich mich in denen selbst verlieren und die Zeit vergessen kann. Im Flow fühle ich mich sehr lebendig.

Vielleicht sollten wir uns alle mal bewusster werden, was uns lebendig hält und das öfter tun. Ich denke, Menschen, die ihre Leidenschaft zum Beruf gemacht haben, leben intensiver.

Was bedeuten für dich Erfüllung, Erfolg und Glück?

Erfüllung ist zufrieden sein mit dem Jetzt, selbst wenn vielleicht nicht alles so passiert ist, wie wir uns es mal vorgestellt haben. Zur Erfüllung gehört auch das Gefühl der Dankbarkeit für die Erfolge, tolle Momente und Geschenke des Lebens. Erfüllung ist etwas Beständiges.

Glück passiert in bestimmten Momenten. Glücklich können wir immer wieder sein. Auch ein Moment, in dem wir uns nicht glücklich fühlen, kann trotzdem erfüllt sein, wenn es uns ansonsten im Leben gut geht. Die Glücksliteratur der letzten Jahrzehnte halte ich für gefährlich, weil sie uns dazu verleitet, dem Glück hinterherzurennen. Wir verkennen dabei, dass *Glücklichsein* kein Dauerzustand sein kann und nehmen das, was ist oft gar nicht wahr. Wie oft fühlen wir uns unglücklich, weil wir etwas nicht erreichen oder haben können, anstatt einfach dafür dankbar zu sein, was ist. Daher finde ich es wichtig, dass wir die Momente, in denen wir traurig sind, relativieren und uns bewusst machen, wie gut es uns im Großen und Ganzen geht.

Wir denken oft, wer erfolgreich ist, sollte auch glücklich sein. Für mich bedeutet *Erfolg*, dass ich ein mir gesetztes Ziel erreicht habe. Manchmal rennen wir dem Erfolg hinter her, gerade um unser *Unglücklichsein* zu kaschieren oder um eine emotionale Lücke in unserem Leben zu füllen. Erfolg ist wie Glück, situativ und kurzweilig. Er steht am Ende eines Weges. Ein erfolgreiches Leben ist eine Reihe von Erfolgen, die wir als wichtig und erstrebenswert definiert haben. Wir können erfolgreich, trotzdem unglücklich sein und/ oder unser Leben als nicht erfüllt empfinden.

Wie viel Familie verträgt ein erfülltes Leben?
Das ist eine Definitionssache, denke ich. *Was erfüllt mich und was ist Familie?* Für mich ist Familie wichtig und in einem gesunden Maße brauche ich sie für ein erfülltes Leben. Insbesondere meine Kinder tragen zu meiner Erfüllung viel bei, ich vertrage viel Familie.

Es gibt aber Menschen, die mit der Entscheidung gut leben können, keine Kinder zu haben, frei zu sein und durch die Welt zu reisen. Diese Frage sollte jeder für sich ehrlich beantworten und frei danach leben dürfen, ohne dafür verurteilt zu werden.

Was ist deine Kraftquelle? Sind Familie und Freunde Kraftquellen?
Ja, meine nächste Familie ist definitiv eine Kraftquelle für mich. Aber auch ich selbst bin mir meine eigene Kraftquelle. Mein richtiger Mindset, meine mentale Stärke und positive Einstellung dem Leben gegenüber.

Was bedeutet Zuhause für dich? Wo fühlst du dich zu Hause?
Zu Hause fühle ich mich tatsächlich in meinem Haus, in meinem gewohnten Umfeld. Zuhause ist für mich wichtig und ich habe Angst vor dem Gedanken, dieses Zuhause verlassen zu müssen oder gravierende Veränderungen in diesen Konstellationen erleben zu müs-

sen. Schlussendlich denke ich, dass Zuhause für mich da sein kann, wo ich ein geborgenes, gemütliches Umfeld erschaffen habe und in dem ich nach meinen Vorstellungen leben kann.

Was bedeutet Freiheit für dich?

Ich selbst zu sein, das auszuleben, wonach ich mich fühle, so zu leben, wie ich es als richtig empfinde. Entscheidungen zu treffen, ohne auf die Meinung anderer achten zu müssen, endlich aus meinem Korsett zu springen und frei sagen zu können: *Mein Leben gehört mir!*

Freiheit bedeutet auch, vom eigenen Kopf frei zu sein. Von der ewigen inneren Stimme, die wiederholt, was *man* alles nicht tun sollte, was sich nicht gehört und was andere sagen würden. *Sind wir in der Lage, uns von unseren inneren Zwängen zu lösen und über unseren Schatten zu springen? Können wir uns wirklich gehen lassen, zum Beispiel beim Sex? Können wir sagen, was wir wirklich denken? Unabhängig davon, was man sagen soll und wie man sich benehmen soll, also unabhängig davon, was wir denken, dass andere von uns erwarten oder halten wir etwas zurück?* Zu uns selbst stehen zu können, wie wir sind, ist für mich die wahre Freiheit und das ist unabhängig von Erfolg und Geld.

Beschreibe deine Beziehung zu dir selbst.

Ambivalent. Manchmal finde ich mich toll, bin stolz darauf, was ich in all meinen verschiedenen Rollen als Einwandererkind, Mutter, Manager, Mensch mit Krankheitsdiagnose und Ehefrau eines Suchtkranken alles geschafft und gemeistert habe. Dann bin ich wiederum voller Selbstzweifel und Vorwürfe gegen mich selbst und empfinde Reue für all die Fehler und nicht getroffenen Entscheidungen. Es ist nicht immer einfach, mit mir selbst zu leben, zum Glück überwiegt aber der erste Teil.

Beschreibe deine Beziehungen zu deinen Freunden.

Meine Partner waren immer auch meine besten Freunde und das hat mir gereicht. Ansonsten habe ich oberflächliche Freundschaftsbeziehungen. Gleichgeschlechtliche Freundschaften entpuppten sich oft als nicht ehrlich. Ich habe Eifersucht im Guten und Schadenfreude im Schlechten erlebt, was die Freundschaften nicht überlebt haben.

Wer sind die wichtigsten Menschen in deinem Leben?

Meine nächste Familie.

In welchem Verhältnis stehen Freiheit und Beziehung zueinander?
Das Verhältnis sollte von Anfang an ausgeglichen sein und das eine das andere nicht ausschließen.

Wie viel Präsenz braucht eine Beziehung?
Ich mag viel Präsenz in einer Beziehung. Wie viel es braucht, ist von Paar zu Paar sehr individuell, denke ich.

Du lebst in einer langjährigen Partnerschaft. Warum hast du ihn gewählt, was schätzt du an ihm? Was hält euch zusammen?
Mein Mann war meine große Liebe. Er, wie er damals war, verkörperte *die Freiheit* für mich. Er nahm sich überall alles raus, was er wollte und ihn kümmerten keine Konventionen. Er war so anders als ich und lebte das aus, was ich nicht schaffte. Das imponierte mir. Wir haben siebenundzwanzig turbulente, schöne und auch sehr problematische Jahre hinter uns, die vor allem mit seinem Alkoholismus zu tun haben. Ich wollte oft gehen, konnte aber nicht. Vielleicht hält uns heute diese lange gemeinsame Zeit zusammen. Ich habe mich mit vielen Kompromissen abgefunden. Dennoch schätze ich seinen Geist, seine Klugheit und die Tatsache, dass er mich so gut kennt wie kein anderer Mensch. Er kann mir immer die nackte Wahrheit über mich sagen, Klarheit in meinen oft *verwirrten* Kopf bringen und mich doch in allem unterstützen, wo ich Hilfe und Rat brauche.

Wie sieht für dich die ideale Beziehung aus?
In einer idealen Beziehung sind wir auf Augenhöhe, lernen voneinander, ergänzen und inspirieren uns, bringen einander gegenseitig weiter und entdecken neue Gebiete. Wir vertrauen einander und können aufeinander zählen. Wir können miteinander viel lachen, Freude und Spaß haben und streiten nicht über Kleinigkeiten, weil uns bewusst ist, wie großartig das Leben ist.

Gibt es in deinem näheren Umfeld Menschen, deren Beziehung du bewunderst?
Nein. Meine Erfahrung ist, dass wir dem, was wir von außen sehen, nicht trauen können, denn das entspricht meist nicht der Wahrheit. Nichts ist so, wie es scheint. Ich habe viele von außen perfekte Beziehungen gesehen, die kurz darauf in die Brüche gegangen sind und wo dann erst herauskam, wie viel schon vorher lange kaputt war.

Wie wichtig ist Treue in einer Beziehung?
Sehr wichtig! Ich war dennoch nicht treu. *Wie es passiert ist?* Ich war

unglücklich, allein und verzweifelt. Durch den Alkoholismus meines Mannes damals fand unsere Beziehung nicht mehr statt, so rutschte ich in eine Affäre. Ich wollte meinen Mann dann verlassen, doch am Ende fand ich nicht den Mut dazu. So blieb ich und bin seitdem die untreue Ehefrau - eine Rolle, die ich niemandem wünsche. Trefft eine Entscheidung!

Wie stehst du zu Ehrlichkeit? Ist sie in jeder Situation ratsam? Bist du zu dir selbst ehrlich?
Innerhalb wahrer Beziehungen und Freundschaften finde ich Ehrlichkeit wichtig. Sie erfordert Mut und ist nicht in jeder Situation ratsam. Wir sollten damit vorsichtig umgehen.
Zu mir selbst ehrlich zu sein, finde ich schwierig. Ich möchte nichts Falsches sagen oder tun, daher mache ich mir selbst und mal auch anderen etwas vor.

Was ist Liebe?
Eine chemische Reaktion im Kopf habe ich mal gelesen. Liebe ist ein unergründliches Gefühl. Liebe ist. Sie ist schwer zu beschreiben, jeder empfindet sie anders. Ich empfinde Liebe, als wäre ich von innen ausgeleuchtet und als würde mein Herz zerspringen.

Ist Liebe auf den ersten Blick wahre Liebe?
Wahre Liebe entwickelt sich mit der Zeit. Auf den ersten Blick ist es eine Faszination oder ein Instinkt. Wahre Liebe hat viele Facetten wie Tiefe, Verständnis, Zugeständnisse, Kompromisse. Auf den ersten Blick ist das alles nicht möglich.

Wie viel Nähe/ Distanz braucht die Liebe? Können wir jemanden aus der Distanz lieben, oder müssen wir denjenigen, den wir lieben, in unserer Nähe haben?
Auch aus der Distanz können wir lieben, es kommt darauf an, wen. Das Kind, die Eltern, die Geschwister. Was die romantische Liebe angeht, finde ich Nähe wichtig. Distanz geht auch, aber ich sehe die Gefahr, sich in der Distanz zu verlieren.

Mit wem möchtest du den Rest deines Lebens verbringen?
Erstens muss ich mit mir selber bleiben und ich arbeite daran, mich so akzeptieren zu können, wie ich bin und altere - ohne Druck von mir selbst oder von außen. Danach kann kommen oder bleiben, wer will und wer passt.

Glaubst du an Bestimmung/ Schicksal? Gibt es Menschen, die für uns bestimmt sind?
Als Romantikerin und spirituelle Person würde ich das bejahen. Als Geisteswissenschaftlerin, die ich auch bin, glaube ich nicht an Bestimmung und denke, dass alles im Universum, also auch wen wir treffen und was uns passiert, Zufall ist. An größere Mächte dahinter glaube ich nicht.

Hast du unerklärbare/ magische Situationen erlebt? Beschreibe diese.
Unerklärbare Situationen sind für mich die Zufälle im Leben, die einfach passieren. Magische Situationen sind anders, für die müssen wir empfänglich sein. Für einen wunderschönen Sonnenuntergang, den ersten Kuss oder eine extreme Anziehung zu jemandem. Es gab schon einige Momente in meinem Leben, die ich als magisch wahrnahm.

Wovor hast du Angst, was ist deine größte Befürchtung?
Ich habe eigentlich vor nichts wirklich Angst, weil Angst uns dabei nicht helfen kann, etwas zu verhindern, was eh passieren würde. Meistens sind unsere Ängste unbegründet. Daher habe ich eher nur vor konkreten Situationen Angst, wie in einer Präsentation etwas Blödes zu sagen, den Text zu vergessen oder Ähnliches.

Gibt es jemanden, für den du sterben würdest?
Wenn, dann für meine Kinder, falls mein Leben sie retten könnte.

Was macht dich verletzlich?
Wenn ich mich zu sehr jemandem gegenüber öffne und wenn ich jemanden liebe, werde ich verletzlich. Auch meine eigenen Erwartungen können mich verletzlich machen. Meine Erkenntnis ist, je weniger ich erwarte und je mehr ich zu mir selbst stehen kann, umso weniger verletzlich bin ich.

Was verletzt dich? Wie reagierst du darauf?
Nicht mehr so vieles wie früher, nachdem ich stark an meinem Selbstwertgefühl gearbeitet habe. Böswillige Aussagen lassen mich heute kalt. Wenn sich aber nahestehende Menschen mir gegenüber schlecht verhalten, verletzen *sie* mich immer noch. Prinzipiell versuche ich Dinge nicht persönlich zu nehmen und den Grund bei den anderen zu suchen, zum Beispiel bei deren eigener Unzufriedenheit oder ihrem schwachen Charakter.

In welcher Situation neigst du zur Überreaktion? Was bringt dich aus der Fassung?
Ich bin oft zu gefasst, um überzureagieren und ärgere mich eher erst danach. Aus der Fassung bringt mich nur die Dummheit, Überheblichkeit und Arroganz anderer.

Gibt es etwas, was dich traurig macht?
Klar. Abschiede, Verluste und all die Ungerechtigkeiten der Welt. Traurigkeit gehört in gewissermaßen zu unserem Leben dazu. Es gab mal eine Zeit, in der ich mich dermaßen verlor, dass ich das Gefühl hatte, mein Leben würde nicht mehr mir gehören. Das war eine traurige Erkenntnis, womit ich etwas länger zu tun hatte.

Bringt dich etwas zur Verzweiflung?
Meine Machtlosigkeit, wenn ich aus einer Situation nicht herauskomme und Dinge, die ich ändern möchte, die ich aber nicht ändern kann, weil ich für die keine Lösung finde.

Hast du eine kritische Situation erlebt, die dich physisch und/ oder emotional an deine Grenzen gebracht/ gebrochen hat? Wie bist du damit umgegangen?
Ja, ich habe bereits einige Krisen hinter mir, die mich an meine Grenzen gebracht haben. Sie gehören zum Menschsein dazu. Durch schwierige Situationen entwickeln wir uns weiter. Wir werden verlassen, betrogen, gefeuert, erhalten Krankheitsdiagnosen, und mit all dem müssen wir irgendwie klarkommen. All das habe ich bereits überlebt und weiß, dass wir besser daran sind, wenn wir keinen Anspruch auf ein Leben ohne Krisen hegen. Die Gewissheit, dass kritische Situationen auch zu unserem Leben dazugehören und wir aus ihnen lernen können, macht es für mich leichter, sie zu überwinden. Heute gehe ich mit solchen Situationen stärker und cooler um als noch vor zehn bis fünfzehn Jahren.

Was war die schwierigste Entscheidung deines Lebens?
Es gab gar keine, denke ich, weil ich schwierige Entscheidungen nicht treffen kann und solche dann verschoben habe.

Wie gehst du im Allgemeinen mit Herausforderungen um?
Heute besser als früher, indem ich versuche, das Drama rauszunehmen und zu erkennen, was Gutes dabei herauskommen könnte. Ich versuche sie als Chance zu sehen, um zu lernen, mich weiterzuentwickeln und Neues in mein Leben zu lassen.

Welche Situation hat dich in deinem Leben stärker gemacht? Inwiefern?
Mehrere Situationen. Meine MS-Diagnose war eine wichtige davon. Diese veranlasste mich vieles, was bis dahin passiert war, zu hinterfragen. Damals war ich vierzig Jahre alt, und obwohl mich diese Krankheit mein Leben lang beeinträchtigen wird, kann ich sie heute als ein Geschenk sehen. Sie half mir, viel über mich selbst zu lernen, wie ich mit mir selber umgehe und wie andere mit mir umgehen dürfen. Nach der Diagnose habe ich vieles, was ich bis dahin verpasst hatte, im Schnelldurchlauf nachgeholt und mich seitdem exponentiell weiterentwickelt.

Wie schaffst du es, dein emotionales Gleichgewicht wiederherzustellen/ aufrechtzuerhalten?
Mein seelisches Befinden steuere ich selbst, indem ich den Dingen, die passieren und die ich nicht beeinflussen kann, meine eigene Wertung gebe und sie dadurch relativiere.

Was war der beste Ratschlag, den du jemals erhalten hast? Was ist deine Erkenntnis?
Im Laufe meines Lebens habe ich viele gute Ratschläge erhalten. Der Ratschlag, der mir am besten gefällt ist: *Die Summe aller Fehler, die wir im Leben machen, ist immer dieselbe.* Egal welchen Weg wir gehen, werden wir immer Fehler machen. Ein Leben ohne Fehler gibt es nicht.

Möchtest du jemandem etwas beweisen? Wenn ja, wem?
Früher hatte ich öfters das Gefühl, nicht gut genug oder klug genug zu sein, wollte immer besser werden und meinem Umfeld etwas beweisen. Darüber bin ich heute hinweg. Ich finde, ich habe so vieles erreicht und gut gemacht, dass ich mich, wie ich bin und was ich kann, wertschätzen kann.

Wie wichtig ist es dir, was andere über dich denken?
Zum Glück immer weniger. Früher achtete ich sehr darauf, was *man* macht und was *man* nicht macht. Ich arbeite schon lange daran und möchte irgendwann den Zustand erreichen, wo es mir wirklich egal ist, was andere über mich denken.

Woran hältst du fest? Was möchtest du loslassen?
An meinem jetzigen Lebensmodell, obwohl ich den Drang habe, etwas radikal zu ändern. *Was mich festhält?* Ausreden und bestimmt

auch Ängste in Form von sicherlich unbegründeten Zukunftsszenarien, Gewohnheit und fehlender Mut.

Hast du ein Ziel/ Ziele in deinem Leben? Wie realisierst du diese?
Eine Doktorarbeit zu schreiben. Frei zu sein. Am Meer zu leben und das Leben zu genießen.

Wenn du auf dein bisheriges Leben zurückblickst, worauf bist du stolz?
Wie ich als Kind von Einwanderern sehr viel erreicht habe - ein breites Wissen auf vielen Ebenen und den beruflichen Erfolg. Wie ich meine Kinder zu tollen Menschen großgezogen habe. Wie ich meine Krankheitsdiagnose, meine Ehe und meine weiteren Herausforderungen bisher trotz Widrigkeiten gemeistert habe, dabei meist positiv geblieben und auf meinem Weg weitergegangen bin, darauf bin ich echt stolz. *Sagt es mir nur mein Intellekt oder lassen mich meine Selbstzweifel es endlich so auch empfinden?*

Gehst du denselben Weg weiter? Worauf freust du dich?
Ja und nein. Ich versuche immer die beste und klügste Entscheidung zu treffen, was auf meinem Weg möglich ist. Das Leben hält aber immer wieder Unvorhergesehenes parat, weshalb ich flexibel bleiben möchte und bereit bin, meinen Weg auch mal zu ändern. Ich freue mich darauf, was das Leben mir noch alles Schönes bringen kann und versuche meine Leidenschaft in meinem Leben weiter zu entfalten.

Worauf achtest du zukünftig mehr? Hast du Zukunftsängste?
Im Hier und Jetzt zu bleiben, keinen Stress zuzulassen und mich selber weniger unter Druck zu setzen. Zukunftsängste habe ich nicht. Ich möchte meine positive Grundeinstellung zum Leben bewahren und nur das Gute erwarten.

Gibt es weitere Fragen, die du in diesem Interview noch beantworten möchtest?
Das waren gute Fragen und je mehr ich nachdenke, umso näher komme ich auf meiner inneren Reise zu meinem wahren Ich. Das Spannende an unserem Leben ist, dass wir alles, was wir erleben, selber werten dürfen und wir trotz allen Hindernissen glücklich sein können, einfach weil es uns gibt. Wenn wir das stets vor unseren Augen halten, wird unser Leben einfacher. Deswegen sagte ich anfangs, dass *Glücklichsein unsere Wahl ist.*

DENYS

erzählt über die Schönheit der kleinen Momente, die Vielfalt der Möglichkeiten, die Faszination des Augenblicks – und vermittelt dabei das Gefühl von Freiheit, Abenteuergeist und Unabhängigkeit

Hast du ein Lebensmotto?
Ja, verschiedene.
> Eins könnte sein: *Wenn dir das Leben Zitronen gibt, mache Limoncello daraus.*
> Ein anderes: *Versuche nicht andere, sondern versuche dich selbst zu übertreffen.*
> Und ein praktisches: *Du kannst den Wind nicht ändern aber du kannst die Segel anders setzen.*

Hast du ein Vorbild? Wenn ja, aus welchen Gründen gerade sie/ihn?
Es gibt so viele tolle Menschen, ich könnte viele Vorbilder aufzählen. Muhammad Ali sagte: *Es ist nicht wichtig, dass du mal einen Punch einsteckst, es ist viel wichtiger, dass du danach wieder aufstehst.* Das ist eine vorbildhafte Lebenseinstellung.

Wenn du ein Buch schreiben würdest, um welches Thema würde es sich handeln?
Es gibt diverse interessante Themen. Aktuell würde ich *Das, was dir deine Eltern vom Leben nicht erzählt haben* schreiben. Während du denkst, dass deine Kinder durch Schule, Studium und deine Ratschläge alles mitbekommen haben, um einigermaßen unbeschadet durchs Leben zu kommen, tun sie es nicht. Ihnen passieren komischerweise die Dinge, wobei du denkst, das hättest du ihnen erzählen können oder da hätten sie dir mal zuhören können.

Auch die Fortsetzung von *Jenseits von Afrika* würde ich vielleicht schreiben. Eine schöne Geschichte, leider tragisch - vielleicht enden alle schönen Geschichten tragisch ... Die Frage ist, was passiert wäre, wäre er nicht abgestürzt. Er flog mit seinem Flugzeug über die Serengeti, über Tansania und Kenia - Gebiete, die ich sehr gut kenne, ich habe mal in Kenia gelebt. In meiner Fortsetzung wären sie wahrscheinlich zusammen über die Serengeti geflogen, über die Lake Victoria hätten die wunderbaren Flamingoschwärme gesehen und die Herden, die über die Serengeti ziehen. *Wären sie da unten glücklich geworden, oder kehrten sie zurück nach Dänemark?* Es könnte eine sehr schöne Geschichte sein!

Welches Buch würdest du anderen unbedingt empfehlen? Warum?
Weißt du, wie viele Bücher es auf der Welt gibt? Google schätzt, dass es um die hundertdreißig Millionen Bücher gibt.
> Von den vielen wunderbaren Kinderbüchern würde ich Astrid Lindgrens *Die Kinder aus Bullerbü* empfehlen. Diese Geschichten

finde ich traumhaft schön, weil sie in einer wundervollen Umgebung spielen und mit einem gewissen Humor toll erzählt sind.
> Von Antoine de Saint-Exupéry *Der kleine Prinz* mit den kindlichen Vorstellungen und Träumen, nicht nur für Kinder, sondern vor allem für Erwachsene, empfehle ich auch.
> Von Hector Garcia *Ikigai – The Japanese secret to a long and happy life* finde ich sehr informativ. Wir alle fragen uns mal im Leben, wie wir glücklich werden, was Sinn macht und was wichtig ist. Dieses Buch gibt einen gewissen Fahrplan, wie wir unser Leben leben könnten.
> Jane Austens *Stolz und Vorurteil* ist Epik pur.
Die Liste hätte ich noch deutlich länger machen können.

Mit wem hattest du zuletzt eine tiefgreifende Diskussion und worüber?
Solche Gespräche versuche ich zu vermeiden, weil erfahrungsgemäß dabei nichts Fruchtbares herauskommt. Tiefgreifende Diskussionen versuche ich nur mit Menschen zu führen, die ähnliche Erfahrungen gemacht haben wie ich. Die Gespräche mit *ihnen* finde ich inspirierend und faszinierend.

Was ist für dich das Wichtigste im Leben?
Das ist lebensphasenabhängig. Momentan gesund zu bleiben und keine Schmerzen zu haben. Es wäre schön, in noch paar aktiven Jahren, vielleicht Jahrzehnten die Schönheit und Faszination dieser wunderbaren Welt zu entdecken, am liebsten mit einer liebenswürdigen Partnerin. Die wunderbaren Momente, die ich erlebe, sind alleine auch schön, geteilt sind sie doppelt so schön.

Was bedeutet für dich ein erfülltes Leben?
Meinen Kindern meine Erlebnisse und Erfahrungen weiterzugeben, um ihr Leben zu bereichern und um ihr eigenes Leben besser zu machen. Es wäre schön, wenn sie es auch annehmen würden, was sie meist nicht tun. Sie wollen ihre eigenen Fehler machen, was auch völlig in Ordnung ist. Ein erfülltes Leben hätte auch bedeutet, mit meiner Partnerin, meiner Frau, eine bessere Basis zu haben. Wir haben irgendwie aneinander vorbeigelebt.

Was macht dich glücklich?
Die perfekte Welle gesurft zu sein, einen Sturm auf See durchlebt zu haben – eine wunderbare Szenerie. Im Einklang mit mir selbst zu sein. Zu sehen, wie sich Menschen freuen, jemanden mit einem Wort

zum Lachen zu bringen, ein gemeinsames Ziel zu erreichen und die gemeinsame Anstrengung zu teilen. Ah, es gibt so vieles!
Meistens sind es schöne Begegnungen. Das große Glück im Leben gibt es nicht, das sind die kleinen Ereignisse und es ist wichtig, für diese offen zu sein.

Wie viel Familie verträgt ein erfülltes Leben?
Ein erfülltes Leben heißt Familie. Es heißt auch, Dinge für sich selbst zu entdecken, zu teilen und zu machen. Es ist vom Lebensabschnitt abhängig und bis die Kinder groß sind, dreht sich meist alles um sie. Es ist wichtig, dass du dennoch eigene Interessen hast und auch eigene Dinge tust. Wenn die Kinder nämlich aus dem Haus sind, kommt ein Wendepunkt und wenn du dich dann nicht neu definieren kannst, fällst du in ein Loch. Wenn du es schaffst, die Menschen, die dir wichtig sind, um dich herum zu haben und mit ihnen eine gute Zeit zu verbringen, dann ist es ein erfülltes Leben. Leider sind heute die Familien verstreut.
   Als Kind fand ich es toll, wie die Geburtstage meines Großvaters im großen Kreis gefeiert wurden, mit auch ganz vielen Kindern. Damals wohnten noch alle im Umkreis von vierzig Kilometern. Heute fliegen die Leute meistens samstags zur Familienfeier ein und sonntags morgen schon wieder in alle Himmelsrichtungen davon. Nach einer gestressten Woche fragst du dich teilweise, ob es sich überhaupt lohnt hinzufahren, weil vor allem, solange die Kinder noch klein sind, der Aufwand zu groß ist. Das ist sehr schade! Die Familie und die Großfamilie fehlen mir.

Was ist deine Kraftquelle? Sind Familie und Freunde Kraftquellen?
Familie und Freunde sind die Anker, die dir Kraft geben und natürlich kannst du auch aus dir selbst Kraft und Motivation schöpfen. Wenn du etwas geschafft und erreicht hast, ist es auch eine Kraftquelle. Meine Familie hat mir mal mehr, mal weniger Kraft gegeben, Freunde waren eine Inspiration. Viel Kraft habe ich aus mir selbst erzeugt, indem ich mir Ziele setzte, die mir wichtig waren und die ich mit Vehemenz versuchte zu verwirklichen. Meine Mutter hat mir immer viel Anerkennung gegeben, mein Vater mich mehr hinterfragt und herausgefordert. Es wäre schön gewesen, auch da mehr Motivation zu bekommen.

Was bedeutet Zuhause für dich? Wo fühlst du dich zu Hause?
Nach fünfundzwanzig Jahren im Ausland und nach gefühlt fünfundzwanzig Umzügen ist schwer zu beantworten. Zuhause würde ich

nicht an einem Ort festmachen. Mein Zuhause ist da, wo mein Hut ist, wo mich die Leute so nehmen, wie ich bin, mich verstehen und wo ich sie verstehe, ohne viel sagen zu müssen. Das ist meist da, wo du geboren bist, wo du die Sprache und die Kultur kennst und wo du die Bedeutung zwischen den Zeilen verstehst. Zuhause ist da, wo du Familie und Freunde hast. Ich bin jetzt aus der Stadt näher ans Meer gezogen und werde ausprobieren, wie schön es wird. Da ich aus dieser Region komme, sind meine Wurzeln hier, hier habe ich auch spektakuläre Sommer mit meinen Großeltern erlebt.

Ich wollte auch mal in der Provence oder am Mittelmeer wohnen und könnte es mir gut vorstellen, ein Zuhause für den Winter im Süden in der Sonne zu haben. Ich glaube, mit einer Partnerin könnte ich mich *irgendwo* zu Hause fühlen. Wichtig ist für mich auch, wo meine Kinder sind.

Was bedeutet Freiheit für dich?
Freiheit heißt für mich Unabhängigkeit. Die Unabhängigkeit, neue Dinge zu entdecken und dahin zu gehen, zu fahren oder zu fliegen, wohin ich will, ohne jemanden um Erlaubnis zu fragen. Freiheit heißt gleichzeitig, Verantwortung für mich selbst.

Beschreibe deine Beziehung zu dir selbst.
Ein Schritt vorwärts, zwei Schritte zurück. Machen und schauen, was passiert. Ich gehe ins Risiko und nutze die Chancen, deswegen kann es passieren, dass ich mal einen Schritt nach vorne und danach zwei Schritte zurückgehe, was mich allerdings bis jetzt meistens dann fünf Schritte nach vorne gebracht hat. Bis jetzt hat sich das so ganz gut entwickelt. Einerseits finde ich es toll, dass ich heute da bin, wo ich bin und meine Unabhängigkeit habe, andererseits denke ich, dass ich meine Talente, meine Interessen und meine Fähigkeiten nie richtig genutzt habe. Beruflich würde ich heute vieles anders machen und nicht noch einmal BWL studieren. Eher würde ich in den diplomatischen Dienst gehen, wäre gerne Auslandskorrespondent oder würde als Pilot durch die Welt fliegen.

Beschreibe deine Beziehungen zu deinen Freunden.
Ganz einfach, ich habe leider keine wirklichen Freunde. Dadurch, dass wir fünfundzwanzig Jahre lang in alle Richtungen dieser Welt gegangen sind und wir den Kontakt meist nicht aufrechterhalten konnten, sind diese irgendwann abgebrochen. Reaktivierte alte Freundschaften fühlen sich nicht mehr so an wie früher. Mein bester Freund ist nach München gezogen und hat auch nur noch im Auto

Zeit zu telefonieren, wenn er mal länger unterwegs ist. Das finde ich sehr schade und das tut mir auch manchmal weh. Insbesondere wenn ich daran denke, wie viele tolle Sachen wir zusammen erlebt haben und er heute in seiner Alltagsroutine so gefangen ist, dass er gar nicht mehr raus kann.

Obwohl ich es mir gewünscht hätte, vor Ort mehr Beziehungen und gute Freunde zu haben, war es meine eigene Entscheidung nicht zu bleiben. Ich wollte über den Tellerrand hinausschauen und die Welt sehen. Wäre ich hiergeblieben, hätte ich heute wahrscheinlich mehr Freundschaften und einen tollen Freundeskreis, hätte allerdings weniger von der Welt erlebt. Das muss jeder für sich selbst abwägen, was ihm wichtiger ist. Ich wollte immer wissen, was in der Welt passiert und finde, dass ich mich dadurch selbst besser reflektieren kann und die Dinge anders einschätze. Meiner Meinung nach geht das nur, wenn du verschiedene Dinge erlebst, andere Lebensarten, andere Perspektiven und unterschiedliche Denkweisen kennenlernst. Das finde *ich* wichtig.

Wer sind die wichtigsten Menschen in deinem Leben?

Meine Kinder, meine Mutter und im Hintergrund auch die Mutter meiner Kinder, mit der wir zweiundzwanzig gemeinsame Jahre erlebt haben. Auch meine Schwester, mit der ich gerne mehr Zeit verbringen würde, die aktuell in der Rushhour ihres Lebens mit zwei kleinen Kindern sehr eingebunden ist.

In welchem Verhältnis stehen Freiheit und Beziehung zueinander?

In einem Spannungsverhältnis, aber nicht im Gegensatz. In einer Beziehung hat jeder seine eigenen Bedürfnisse, Ansprüche und Sichtweisen. Selbst wenn diese konträr sind, können sie eine Beziehung gut machen. Wenn beide mit der Spannung aus der Gegensätzlichkeit gut umgehen können und gemeinsame Kompromisse finden, kann es bereichernd sein. Wenn nicht, dann entstehen Konflikte. Daher ist es ein natürliches Spannungsverhältnis.

Wie viel Präsenz braucht eine Beziehung?

Präsenz macht eine Beziehung möglich, indem du Dinge zusammen erlebst. Alles kannst du nicht zusammen machen, weil jeder seine eigenen Bereiche und Erlebnisse braucht, und das ist belebend. Du brauchst nur genug Zeit, um dich darüber auszutauschen. Eine Beziehung ist Geben und Nehmen. Wenn ich hier an meine Fortsetzung von *Jenseits von Afrika* anknüpfe, dann frage ich mich, ob etwas mehr Anwesenheit von ihm da geholfen hätte oder ob gerade seine wenige Präsenz für sie das Faszinierende an ihm war.

Lebst du gerne alleine?
Nein, allerdings komme ich auch gut mit mir selbst zurecht. Eine liebenswerte Frau an der Seite macht das Leben deutlich faszinierender, schöner und erlebnisreicher.

Wie sieht für dich die ideale Beziehung aus?
Die ideale Beziehung gibt es nicht. Davon kannst du nur träumen. Doch jeder wünscht sich die ideale Beziehung. *Wie diese aussehen könnte?* Für mich mit einer Partnerin, die einen Großteil meiner Interessen wertschätzt und teilweise auch bis zu einem gewissen Grad mitmacht, die irgendwo dabei ist. Die die Natur liebt und facettenreich ist. Die einerseits gerne mit Gummistiefeln im Regen durch den Wald spaziert und andererseits gerne abends in Pumps mit mir in die Oper geht. Eine Beziehung, die davon lebt, neue Dinge gemeinsam zu entdecken, verrückte Sachen zu machen, zu kuscheln und guten Sex zu haben. Ein guter Draht zu den Kindern, gegenseitige Wertschätzung für die Dinge des anderen und tolle gemeinsame Momente sind mir wichtig. Es ist auch ein abendfüllendes Thema! Grundsätzlich geht es darum, gemeinsam schöne Momente zu erleben und trotzdem dem anderen genügend Freiraum zu gewähren, nicht einzuschränken, damit der andere sich entwickeln kann.

Gibt es in deinem näheren Umfeld Menschen, deren Beziehung du bewunderst?
Ja, meine Tante und mein Onkel sind seit zweiundfünfzig Jahren verheiratet, laufen Hand-in-Hand durch den Schlosspark in Köln und schauen sich den Skulpturenpark zusammen an. Es ist eine tolle Beziehung! *Das Geheimnis?* Sie ist der Motor, er lässt sie machen und ich glaube, da ist auch viel Respekt. Respekt für den anderen und für das Können des anderen.

Wie wichtig ist Treue in einer Beziehung?
Sehr wichtig, weil Treue Vertrauen bedeutet und das ist der Grundpfeiler einer Beziehung. Die Frage ist, wenn es beide wissen und wollen, ob du dann etwas anderes ausprobieren darfst.

Wie stehst du zu Ehrlichkeit? Ist sie in jeder Situation ratsam? Bist du zu dir selbst ehrlich?
Langfristig ist Ehrlichkeit der Grundstein der Existenz. Mal nicht alles zu sagen, kann helfen, um eine Diskussion nicht eskalieren zu las-

sen oder Luft aus einer Situation zu lassen. Ich glaube nicht, dass du immer alles ganz ehrlich auf den Tisch legen musst, weil manchmal dadurch mehr kaputt geht. Diplomatie ist in jeder Situation ratsam, weil du dadurch abwägen kannst, wann Ehrlichkeit angebracht ist.

Zu mir selbst bin ich ehrlich und ich bin realistisch. Ich weiß, was ich kann, was ich nicht kann, was mir wichtig und was mir nicht so wichtig ist, was ich allerdings manchmal kurzfristig verdränge. Vor allem bezüglich meiner Gesundheit könnte ich etwas ehrlicher und achtsamer mit mir selbst sein.

Was ist Liebe?
Liebe ist die Fähigkeit, den anderen so zu nehmen wie er ist, ihn nicht verändern zu wollen. Liebe entwickelt sich. Da ist Faszination, große Gefühle, eine Art Achterbahn, auch mit Enttäuschungen. Erst baut sich ein zartes Pflänzchen auf. Eine Freundschaft, Vertrauen, Kompromissbereitschaft und Verzeihen können. Es sind viele wichtige Kompetenzen, die du brauchst, um jemanden so zu akzeptieren, wie er ist. Denn den anderen wirst du nicht verändern. Wenn du ihn mit seinen Ecken und Kanten nehmen kannst, wie er ist, ist das Liebe. Liebe verändert sich mit der Zeit im Leben, mit zwanzig ist es anders als mit fünfzig. Wenn es gut gelaufen ist, wird aus der Faszination mehr Freundschaft und wenn es nicht gut gelaufen ist, gibt es kein Verzeihen und Trennung.

Ist Liebe auf den ersten Blick wahre Liebe?
Ist das abhängig vom Lebensalter? Ist die wahre Liebe anders mit zwanzig als mit fünfzig? Können wir dann noch wahre Liebe empfinden? Wenn ich heute eine tolle Frau sehe, würde ich mich immer noch umdrehen, wäre nur nicht mehr so von ihr fasziniert wie früher und würde mich mehr dafür interessieren, wer sie ist, wie sie ist und was sie kann. Ich glaube, wahre Liebe ändert sich mit dem Lebensalter und dass die Faszination mit der Zeit nicht mehr so stark im Vordergrund steht. Wahre Liebe kann sich im Alter erst entwickeln, wenn du den anderen besser kennenlernst. Daher gibt es da die wahre Liebe auf den ersten Blick nicht.

Wie viel Nähe/ Distanz braucht die Liebe? Können wir jemanden aus der Distanz lieben oder müssen wir denjenigen, den wir lieben, in unserer Nähe haben?
Das ist eine Ermessensfrage. Ständige Anwesenheit braucht es nicht, denn jeder möchte mal auch etwas für sich machen, auch von anderen etwas Neues lernen. Allerdings spielen gemeinsame Erlebnisse

und Erfahrungen im täglichen Leben eine nicht zu unterschätzende Rolle. Daher ist auch hier ein ausgewogenes Spannungsverhältnis zwischen Nähe und Distanz wichtig.

Mit wem möchtest du den Rest deines Lebens verbringen?
Mit einer liebenswerten Frau, die Persönlichkeit hat, die meine Launen erträgt und mir auch verzeihen kann, wenn ich mal über die Stränge schlage.

Glaubst du an Bestimmung/ Schicksal? Gibt es Menschen, die für uns bestimmt sind?
An Bestimmung glaube ich nicht, ich denke, dass es bestimmte Menschen gibt, die ähnlich ticken wie du, eine ähnliche Windvorstellung haben und deine Interessen teilen. Es reicht nicht, auf diese Menschen zu warten, weil sie für dich bestimmt sind. Du musst dafür auch etwas tun, um sie kennenzulernen. Die Wahrscheinlichkeit ist höher, wenn du unterwegs bist, und Glück gehört auch dazu. Meiner Erfahrung nach triffst du solche Menschen entweder zu früh oder zu spät, nie im richtigen Moment im Leben, also meist einen Abend vor der Abfahrt.

Hast du unerklärbare/ magische Situationen erlebt? Beschreibe diese.
Es gibt so viele magische Situationen, ganz tolle Momente, die ich erlebt habe!

Auf dem Skagerrak, nachts bei Vollmond auf dem Segelboot siehst du, wie ein riesiger Wal abtaucht und eine Wasserfontäne nach oben sprüht. Das ist magisch. Zwei Stunden später auch furchterregend, wenn der Sturm kommt. Der ist da oben brutal, wo der Nordatlantik und die Nordsee einrollen. Die Wellen tun sehr weh.

Nachts in der Wüste zu sein und in den Himmel zu gucken ist auch unglaublich. Wie in der Namib und Kalahari Wüste, wo ich viele Wochen und Monate verbracht habe. Du siehst da die dunkle Nacht und kein Licht. Du siehst die Fixsterne, die Planeten und die haben eine unglaublich magische Leuchtkraft! Das siehst du bei uns wegen der Helligkeit nicht mehr.

Dazu gehört auch die Polarregion, wo viele Menschen hinfahren, nur um die Polarlichter zu sehen. Die grünlichen und bläulichen Lichtströme der Polarnächte sind faszinierend. Es ist ein wunderschönes und einmaliges Farbenspiel!

Oder als ich vor dreißig Jahren die Chance hatte, nach Myanmar zu fahren in Birma, ins Tal der tausend Tempel Bagans! Da sind tausend Pagoden, die teilweise sechshundert bis siebenhundert Jahre alt sind. Sie sind wie kleine Pyramiden. Wenn du da nachts hochgehst, siehst du die Sterne und gleichzeitig das Tal mit diesen tausend kleinen Pagoden. Das ist faszinierend. Das ist ein Weltwunder, wirklich etwas ganz besonderes.

Wenn du mit einem Surfboard auf einer großen Welle bist, das ist auch so ein Moment. Erst mal die Welle zu überleben. Und dann, wenn du darauf bist und anfängst zu surfen, das sind vielleicht mal fünf Sekunden oder weniger, in diesem Moment muss alles passen, dein Schirm, dein Brett. Dann merkst du, wie dieses Gefühl in deinen ganzen Körper geht. Es ist wie Fliegen! Du bist auf einmal in einer unendlichen Leichtigkeit, nur für einen ganz kurzen Moment, bis die Welle vorbei ist. Das ist der gleiche magische Moment wie der, wofür die Wellenreiter, die die riesengroßen Wellen vor Nazaré in Portugal absurfen, manchmal zehn bis fünfzehn Jahre trainieren. Um nur einmal im Leben auf einem hundert Fuß hoher Welle zu sein! Sie leben dafür, um einmal die perfekte Welle ihres Lebens abzureiten. Das finde ich faszinierend. Es ist schwer zu erklären und ist ein wunderbarer Moment.

Es kann auch eine ganz einfache laue Sommernacht am Strand sein, wo du mit einer wunderbaren Frau im Arm den Sonnenuntergang anschaust und vielleicht auch leicht beschwipst bist ...

Es gibt so viele Situationen und Momente, die magisch sein können! Es sind meist die kleinen Momente, du musst allerdings empfänglich sein, aus diesen die großen zu machen. Das ist die Kunst. Denn die großen Momente gibt es nicht.

Wovor hast du Angst, was ist deine größte Befürchtung?
Nicht genug Zeit mit meinen Kindern zu haben, wo sie jetzt beide bald mit beiden Beinen im Leben stehen, mein Sohn schon fast und meine Tochter demnächst. Ich möchte möglichst viel Zeit mit ihnen verbringen und an deren Leben teilhaben.

Leben ist Risiko und daher habe ich vor dem Leben keine Angst. Angst habe ich davor, irgendwann permanente Schmerzen zu bekommen und mich nicht mehr richtig bewegen zu können. Das hat nichts mit dem Alter zu tun und dagegen kannst du auch nicht wirklich etwas tun. Mit permanenten Schmerzen zu leben ist das Schlimmste, was es gibt. Wenn du es nicht irgendwann mal gespürt hast, kannst es nicht nachvollziehen. Ich hatte es zeitweise mit meiner Hand erlebt wegen Arthrose, daher ist es meine große Befürchtung.

Es könnte aber auch eine Angst sein, zu sterben, ohne geliebt zu werden. Es wäre ganz schön, wenn meine Kinder und meine Partnerin mich wirklich vermissen würden, wenn ich gehe. Ansonsten bin ich angstfrei.

Gibt es jemanden, für den du sterben würdest?

Jeder sagt, dass er für seine Kinder sterben würde und noch für seine Partnerin, vielleicht. Du müsstest erst in die Situation kommen, um das auszuprobieren. Natürlich sage ich auch, dass ich mich für sie in die reißenden Fluten des Flusses stürzen würde. Theoretisch also ja, nachher spielen doch viele Faktoren eine Rolle.

Was macht dich verletzlich?

Ausgenutzt zu werden. Von meinem Chef, von meiner Partnerin, von meinen Kindern, obwohl da machst du noch eher ein Auge zu - und das ist auch nicht der Fall. Der eine oder andere Chef war schon an der Grenze damals und das hat mich verletzlich gemacht.

Nicht geliebt zu werden. Wenn meine Taten und Anstrengungen nicht wahrgenommen werden, obwohl ich das Beste will. Das macht mich auch verletzlich.

Was verletzt dich? Wie reagierst du darauf?

Eins habe ich gemerkt. Je weniger ich erwarte, umso weniger werde ich verletzt. Daher möglichst erwartungsfrei in die Situation zu gehen ist gut. Ich glaube, das ist auch der Grund, warum so viel schiefläuft, weil meist der Erwartungshorizont zu groß ist. Ein perfektes Beispiel dafür ist Weihnachten, das jeder zum Fest der Liebe machen will, selbst wenn du dich sonst das ganze Jahr über streitest. Das geht dann natürlich schief, weil bei so riesen Erwartungen es gar nicht gut gehen *kann.*

Wenn ich versuche, möglichst wenig zu erwarten, dann bin ich meist positiv überrascht, was das Schöne ist. Ich versuche auch gelassen zu reagieren, was mir manchmal mehr, manchmal weniger gelingt.

In welcher Situation neigst du zur Überreaktion? Was bringt dich aus der Fassung?

An meiner eigenen Unfähigkeit zu scheitern, beispielsweise wenn ich unter Zeitdruck tausend Sachen gleichzeitig mache und obwohl ich mir Gedanken gemacht habe, die Sachen dennoch schiefgehen. Auch negative Überraschungen, wenn Sachen gut geplant waren und trotzdem misslingen, können mich aus der Fassung bringen.

Gibt es etwas, was dich traurig macht? Bringt dich etwas zur Verzweiflung?

Ich würde gerne mehr Zeit mit meinen Kindern verbringen, mehr gemeinsame Erfahrung mit ihnen machen und ein erfüllteres Familienleben haben. Ich konnte selten am Leben meiner Kinder teilhaben, wie beispielsweise zum Schulkonzert gehen und das hätte ich gerne gemacht. Zur Verzweiflung bringt mich nichts.

Hast du eine kritische Situation erlebt, die dich physisch und/ oder emotional an deine Grenzen gebracht/ gebrochen hat? Wie bist du damit umgegangen?

Ich habe viele Grenzerfahrungen gesundheitlicher Art, beruflicher Art und emotionaler Art erlebt. Hier kehre ich zu Muhammad Ali zurück, der sagte, dass es nicht wichtig ist, dass du einen Punch einsteckst, sondern dass du wieder aufstehst. *Niemals aufgeben und nach vorne schauen* war immer auch mein Ansporn. Meist hatte ich auch viel Glück, was sich aus den vielen Optionen ergab, die ich dann ausprobiert hatte. Das klingt etwas lehrbuchmäßig, die Frage, die sich in solchen Situationen dann doch stellt, ist: *Was muss ich heute tun, um morgen noch dabei zu sein?* Wir wollen im Leben alle gesundheitlich und sozial mitspielen, Freunde haben, Familie, eine emotionale Balance, auch beruflich und finanziell gut dastehen. Wenn du an deine Grenzen kommst, ist es wichtig, nicht zurückzublicken und auf das Problem, sondern auf die Lösung zu fokussieren. Du darfst niemals aufgeben, egal wie schwierig die Situation emotional auch ist!

Was war die schwierigste Entscheidung deines Lebens?

Mich zu trennen und alles zurückzulassen. Auch meine berufliche Karriere aufzugeben, wo ich denke, dass ich da irgendwie mehr hätte erreichen können. Wenn ich heute die Leute sehe, mit denen ich zusammen studiert habe oder mit denen ich vor zehn Jahren auf derselben Stufe war, die jetzt im Vorstand sind oder ihr eigenes Unternehmen haben, dann denke ich, dass sie damals auch nicht besser waren als ich. Sie waren nur politisch klüger und manchmal auch unehrlich. Dennoch würde ich heute ähnlich handeln und mich verändern, wenn ich merke, dass es in eine Richtung nicht weitergeht.

Ich habe viele schwierige Entscheidungen getroffen und denke, dass *die* Entscheidungen extrem schwierig sind, die mit Emotionen und mit Menschen zu tun haben und die, die dein Familienleben verändern.

Wie gehst du im Allgemeinen mit Herausforderungen um?
Im Allgemeinen nehme ich Herausforderungen gleich an und verstecke mich nicht, weil ich weiß, dass ich sie irgendwann annehmen *muss*.

Welche Situation hat dich in deinem Leben stärker gemacht? Inwiefern?
Da gibt es tausende Situationen. Meistens war ich nicht der Talentierteste, nicht der Sportlichste, nicht der Tollste, nicht der Schlaueste und nicht der Intelligenteste. Meine Niederlagen allerdings haben mich immer gestärkt, wonach ich den Mut hatte, Herausforderungen anzunehmen. Diese haben manchmal geklappt, manchmal auch nicht, was mich wiederum stärker gemacht hat.

Ein Beispiel: Wir lebten in der Schweiz, als eines Tages mein Chef auf mich zukam, mit dem Angebot, innerhalb von zwei Wochen nach Istanbul zu wechseln. Istanbul kannte ich nicht, zur Türkei hatte ich bis dahin keinen Bezug. In der Schweiz hingegen hatte ich einen netten Job, zahlte wenig Steuern, ging im Winter Skifahren, im Sommer fuhr ich Wasserski, ging Segeln oder Wandern. Es gab gute Restaurants, einen tollen Montessori-Kindergarten mit einer australischen Kindergärtnerin, die sich liebevoll um unseren Sohn kümmerte. Ich sah keinen Anlass, umzuziehen. Mein Chef kam zehn Tage später wieder auf mich zu und ich entschied doch nach Istanbul zu gehen. Es wurden die zwei besten Jahre bis zur nächsten Entscheidung. Diesmal hatte ich eine Woche bekommen, um weiter nach Buenos Aires zu ziehen. Dort, zwei Jahre später, erfuhr ich dann zu Weihnachten, dass es kein Rückfahrticket gab. Die Gesellschaft wurde zugemacht und in der Schweiz war nach einer Restrukturierung auch kein Job mehr da. Drei harte Jahre mit schlechten Chefs und furchtbaren Jobs folgten. Mit vielen, vielen Bewerbungen und Gesprächen, bis ich in London über Umwege und einen riesengroßen Zufall in einer der weltbesten inhabergeführten Firmen meinen Wunschposten bekam. Nach einem langen und steinigen Weg erlebte ich hier als Vertriebsdirektor fünf tolle berufliche Jahre rund um die Welt.

Was ich damit sagen will, ist, dass wenn du in schwierigen Zeiten nicht aufgibst, das Glück irgendwann zu dir wiederkommt. Ich wollte aus der Situation damals unbedingt raus und habe alles Mögliche in Bewegung gesetzt. Ich habe mich vielfach beworben und sehr viele Gespräche geführt, bis ich dann im richtigen Moment da war und zufällig von diesem Job erfuhr, den ich unbedingt haben wollte. Das war dann auch Glück. Aus Niederlagen lernst du meist mehr als aus

Siegen und diese stärken dich. Es dürfen nur nicht zu viele Niederlagen sein.

Wie schaffst du es, dein emotionales Gleichgewicht wiederherzustellen/ aufrechtzuerhalten?
Indem ich keine zu großen Erwartungen habe. Meistens werde ich dann positiv überrascht und das fühlt sich gut an. Musik ist auch eine Möglichkeit, schnell in eine andere Welt abzutauchen und mich wohlzufühlen. Beim Klavier spielen merke ich, wie schön es ist, mich auf die Noten zu konzentrieren und die Klänge zu hören. Dabei bin ich ganz schnell woanders. Ich gehe auch gerne in die Natur, allerdings bleiben da viele Gedanken im Kopf. Im Gegensatz dazu auf dem Wasser, beim Surfen, muss ich mich sehr konzentrieren und vergesse schnell alles um mich herum. Das ist eine schöne Auszeit, wonach ich auch ganz schnell ins Gleichgewicht komme. Im Alltag kann ich mir Erlebnisoasen schaffen, indem ich bewusst die Zeit nehme und an schöne Bilder denke, wie vom letzten Urlaub, vom letzten gemeinsamen Essen oder Ähnlichem.

Was war der beste Ratschlag, den du jemals erhalten hast? Was ist deine Erkenntnis?
Mein Cousin ist Fotograf und ist viel in der Welt rumgekommen. Er sagt: *Du gewinnst im Leben oder du lernst im Leben.* Das ist die große Erkenntnis. Meistens laufen die Dinge nicht so, wie wir uns das vorstellen. Es ist dann in Ordnung, sich zu fragen, wie wir es anders machen können. Damit verlieren wir nicht, sondern wir lernen dazu.

Möchtest du jemandem etwas beweisen? Wenn ja, wem?
Nein, möchte ich nicht, muss ich auch nicht. Mir war nur wichtig, mir selbst zu beweisen, dass ich es schaffe, die Welt zu sehen. Bis achtzehn bin ich nicht über Dänemark und Österreich hinausgekommen, während andere schon damals nach Mallorca geflogen und in den Skiurlaub gefahren sind. Ab neunzehn legte *ich* dann los und flog knapp dreißig Jahre lang durch die Welt. Bis auf Australien habe ich fast alles gesehen. Das war für mich wichtig.

Wie wichtig ist es dir, was andere über dich denken?
Überhaupt nicht wichtig. Nur wenn meine Mutter mich darum bittet, beim Essengehen mich nicht wie ein Surfer oder ein Camper anzuziehen, dann tue ich es für sie. Ansonsten ist es mir überhaupt nicht wichtig.

Woran hältst du fest?
An meinen Anspruch mir selbst gegenüber, die Dinge bestmöglich
zu machen und niemandem dabei wehzutun oder auf Kosten von
anderen Menschen zu handeln. Das Wichtigste für mich ist, andere
so zu behandeln, wie ich selbst behandelt werden will.

Hast du ein Ziel/ Ziele in deinem Leben? Wie realisierst du diese?
Ich habe viele Ziele gehabt. Im Moment möchte ich möglichst lange
noch ein gesundes und aktives Leben führen, tolle Reisen auch mit
meinen Kindern machen und mit ihnen mehr Zeit verbringen. Ich
möchte meinen Kindern die Plätze zeigen, wo ich überall mal war.
Ansonsten habe ich aktuell kleinere Ziele, wie mal wieder eine Sprache zu lernen, mein Französisch zu verbessern, im Surfen besser zu
werden, zu segeln ...

**Wenn du auf dein bisheriges Leben zurückblickst, worauf bist du
stolz?**
Alles hat seinen Preis im Leben. Ich habe einen hohen Preis dafür
gezahlt, dass ich extrem viel gesehen und ein spannendes Leben
hatte. Meine Ehe ging so in die Brüche und ich hatte zu wenig Zeit
mit meinen Kindern. Insofern kann ich einerseits nicht stolz sein,
andererseits schon, weil vieles erst dadurch möglich wurde, dass ich
das Geld dafür verdient hatte. Die tolle Ausbildung meiner Kinder, in
der insbesondere meine Tochter aufblüht, und das Umfeld, in dem
sie groß geworden sind, wären anders nicht möglich gewesen.

Wenn ich zurückblicke, denke ich auch, dass ich viel Glück hatte und bin irgendwie schon stolz darauf, dass ich mit Mitte fünfzig
unabhängig bin und mir kein Chef mehr sagen kann, was ich tun
soll. Lange genug hatte ich den Druck, und da ich heute mein Leben
eigenständig nach meinen Vorstellungen gestalten kann, finde ich
schon, dass ich das gut gemacht habe.

Gehst du denselben Weg weiter? Worauf freust du dich?
Ja, auf dem Weg möchte ich weitergehen und ich freue mich darauf,
einen Bridge-Einsteigerkurs zu machen, wieder mal einen Sprach-
kurs zu besuchen und Ähnliches.

Worauf achtest du zukünftig mehr? Hast du Zukunftsängste?
Zukünftig möchte ich morgens mehr Sport machen und abends weniger Eis essen, also mehr auf meine Gesundheit achten.

Zukunftsängste habe ich nicht und die helfen genauso wenig wie
Sorgen. Es gibt immer etwas, was dich besorgen könnte. Deswe-

gen ändere ich das, was ich ändern kann und wenn ich etwas nicht ändern kann, dann mache ich mir darüber auch keine Sorgen. Das blende ich dann aus.

Gibt es weitere Fragen, die du in diesem Interview noch beantworten möchtest?
Ja. *Wie willst du sterben?* Selbstbestimmt. Nach einem Abschied von meinen Lieben. Auf keinen Fall möchte ich ein Leben im Bett mit Schläuchen und es wäre schön, wenn aktive Sterbehilfe bis dahin auch in Deutschland möglich wäre. In einem gewissen Stadium, wenn alle es wollen, ist Abschiednehmen angebracht und es ist dann auch gut so.

MARTINA

erzählt von ihrem Glauben und ihrer Verbundenheit an das große Ganze, von der Kraft, sie selbst zu sein und ihrem Streben nach einem natürlicheren und menschlichen Miteinander

Hast du ein Lebensmotto?
Ein Lebensmotto, was ich verbalisieren könnte, habe ich nicht. Ich habe aber eine Handlungsmaxime und ich kann dir sagen, was mir wichtig ist. Mir ist wichtig, dass ich echt und authentisch bin, dass ich *ich selbst* bin und so handele, wie ich fühle und denke. Ich arbeite daran, im Hier und Jetzt präsent zu sein und weniger zu quatschen.

Hast du ein Vorbild? Wenn ja, aus welchen Gründen gerade sie/ihn?
Im Moment bin ich in einer der Menschheit gegenüber eher kritischen Phase. Mir sind, ehrlich gesagt Tiere, die ich liebe, ein besseres Vorbild. Unsere Hündin beispielsweise finde ich sensibler als den sensibelsten Menschen, dem ich je begegnet bin. Von ihr kannst du wirklich lernen. Auch Eulen beobachte ich gerne. Wir wohnen neben einem Wald und ich höre, wie sie nachts rufen und weiß, dass sie da draußen in den dunklen Bäumen keine Angst haben und hellwach sind. Ich sehe vor mir, wie sie fliegen, jagen, sitzen und auch mal kuschelig miteinander sind. Das sind für mich echte Vorbilder. Wir Menschen haben uns in eine der Natur gegenüber sehr respektlose Richtung entwickelt, und das macht mir diese Spezies unheimlich.

Mit wem hattest du zuletzt eine tiefgreifende Diskussion und worüber?
Mit meiner fünfzehnjährigen Tochter hatte ich eine tiefgreifende Diskussion neulich darüber, wie kurz das Leben ist. Sie erzählte mir, dass sie deswegen schon anfangs viel Geld verdienen möchte, um früh aussteigen zu können und das Leben danach in vollen Zügen zu genießen. Ich habe da eine etwas andere Sichtweise, denn wir wissen ja nicht, wie alt wir werden. So hatten wir über die Themen *Freiheit* und *Geld* intensiv und auch kontrovers diskutiert.

Was ist für dich das Wichtigste im Leben?
Spiritualität ist für mich ein tragendes Lebensfundament. Mir ist wichtig, mich mit dem Universum verbunden zu fühlen. Ohne diese Anbindung läuft mein Leben aus dem Ruder. Du kannst es dir wie eine Zwiebel vorstellen. In der Mitte ist die Spiritualität, die nach außen von den verschiedenen Lebensbereichen wie Familie, Freunde, Arbeit, die Natur und so weiter umhüllt wird. Ohne den Kern ist die Zwiebel leer und fault schnell.

Was bedeutet für dich ein erfülltes Leben?
Ein erfülltes Leben ist für mich ein Leben, in dem ich mit dem Uni-

versum verbunden bin und so aus meiner Mitte heraus leben kann. Ziel ist dann eigentlich laufend an der *besten Version meiner Selbst* zu arbeiten. Das ist schon eine ganz schöne Herausforderung.

Wobei fühlst du dich lebendig?
Wenn Projekte im Job gut laufen, privat bei etwas Kreativem wie Basteln oder Kochen. Dabei fühle ich mich immer hellwach.

Was bedeuten für dich Erfüllung, Erfolg und Glück?
Erfüllung ist angebunden sein an die liebende Intelligenz, in meiner Mitte sein. Erfolg ist das, was daraus folgt. Glück sind schöne Momente, Dankbarkeit und Augenblicke, in denen wir die Gesamtheit aufnehmen können. Glückliche Momente sind wie Lichtpunkte auf unserem Weg.

Wie viel Familie verträgt ein erfülltes Leben?
Es gibt viele Arten von Familie und davon können wir nur unseren Partner aussuchen. Kinder, Geschwister und Eltern sind gegeben. Ich habe über die Jahre gelernt, dass es wichtig ist, sehr bewusst mit den Themen *Nähe* und *Distanz* umzugehen, und dass du für dich auf ein jeweils gesundes Maß achten musst.

Was ist deine Kraftquelle? Sind Familie und Freunde Kraftquellen?
Die gemeinsame Zeit mit Familie und Freunden soll schön sein und das gibt uns zeitweise auch die Kraft. Sie können nicht auf Dauer unsere Kraftquellen sein und wenn wir es von ihnen erwarten, dann überfordern wir sie. Die eigentliche Quelle ist in uns selbst, in unserem offenen Herzen. Die Kraft ist in Form von Energie um uns herum. Wir müssen uns dafür öffnen und bereit sein, uns damit zu verbinden, also auch mal still sein und die Ruhe finden. *In der Ruhe liegt die Kraft* stimmt. Ich hole meine Kraft aus der Meditation. Wenn ich in dieser Stille sitze, suche ich bewusst die friedliche Energie, die liebende Energie. Irgendwo habe ich mal gelesen, dass Gott eine Art liebende Intelligenz sei, ein Kraftfeld. Mit diesem Kraftfeld verbinde ich mich gern.

Was bedeutet Freiheit für dich?
Wir sollten uns da glaube ich, nichts vormachen, Freiheit ist eng mit materieller Unabhängigkeit verbunden. Das habe ich bereits nach dem Studium gemerkt, als ich mein erstes eigenes Geld verdient hatte. Das war ein tolles Gefühl!
Wir sind öfters in Afrika unterwegs. Dort erlebe ich viele sehr arme

Menschen, die gar keine Möglichkeit haben, etwas aus ihrem Leben zu machen. Sie sind absolut unfrei und müssen ihr Leben lang Jobs machen, die sie weder wollen noch mögen. Das finde ich schlimm. Früher habe ich mir über Geld wenig Gedanken gemacht. Heute weiß ich, dass Geld nicht *nur* Geld ist. Erst durch Geld stehen uns die Mittel und Möglichkeiten zur Verfügung, an uns zu arbeiten, das Beste aus uns herauszuholen und etwas aufzubauen.

Freiheit bedeutet für mich auch, dass meine Familie mich loslässt, das zu tun, was mir wichtig ist und es auch respektiert.

Beschreibe deine Beziehung zu dir selbst.
Meine Beziehung zu mir selbst ist durch die Meditation geprägt und auch durch das tiefe Selbstverständnis, ein lebenslanger Lerner zu sein.

Beschreibe deine Beziehungen zu deinen Freunden.
Ich habe wenige langjährige gute Freunde, für oberflächliche Beziehungen habe ich keine Zeit und keine Kraft.

Wer sind die wichtigsten Menschen in deinem Leben?
Das ist meine direkte kleine Familie, also meine Tochter und mein Mann.

In welchem Verhältnis stehen Freiheit und Beziehung zueinander?
Nur freie Menschen können gesunde Beziehungen haben. Gerade lerne ich mit meiner Tochter, die in einem Schüleraustausch in Kanada ist, wie schmerzhaft es ist, loszulassen. Es tut sehr weh und gleichzeitig sehe ich in dieser Freiheit auch ihr Wachstum.

Wie viel Präsenz braucht eine Beziehung?
So wichtig Freiheit in einer gesunden Beziehung ist, genauso wichtig ist es auch sagen zu können, wenn es einem reicht und mal zu viel oder zu lang wird. Dann dürfen wir den anderen auch wieder mal *einfangen* und ihm sagen, dass wir ihn brauchen.

Wie sieht für dich die ideale Beziehung aus?
Wichtig ist, dass wir den anderen nicht verändern wollen. Wenn der andere sich anpassen muss, um zu passen, dann hat er keine Chance mehr, sich selbst zu sein. Das ist für mich das Ende der Liebe. Toleranz ist für mich nicht optional, sondern die Voraussetzung, eine notwendige Haltung in einer Beziehung.

Gibt es in deinem näheren Umfeld Menschen, deren Beziehung du bewunderst?
Ich bewundere einige Ehepaare, die zusammen arbeiten und, obwohl sie bei der Arbeit so eng verbunden sind, trotzdem als Paar noch eine schöne Ausstrahlung haben.

Wie wichtig ist Treue in einer Beziehung?
Treue ist wichtig fürs Vertrauen.

Wie stehst du zu Ehrlichkeit? Ist sie in jeder Situation ratsam? Bist du zu dir selbst ehrlich?
Wir sollten mit uns selbst im Reinen, authentisch und dessen bewusst sein, was wir denken und fühlen. Wir sollten andere nicht anlügen. Wir müssen aber nicht immer alles sagen. Immer genau zu sagen, wie es ist, und in jeder Situation immer alles rauszuhauen, finde ich unklug. Wir können einiges zurückhalten und manchmal ist es auch besser, einfach den Mund zu halten. Wenn wir aber etwas sagen, das sollte dann anständig und ehrlich sein.

Was ist Liebe?
Liebe ist eine Energie. Liebe ist auch eine Haltung. Liebe ist, Menschen so anzunehmen, wie sie sind im Hier und Jetzt. Liebe ist für mich eine annehmende Präsenz, worauf sich Entscheidungen und Verhalten aufbauen. Liebe bewertet und beurteilt nicht. Es geht nicht nur darum, was mir gefällt und was mir nicht gefällt. Es geht auch nicht nur darum, was ich will. Menschen sind sehr komplex. Wichtig ist, dass wir annehmen und erleben, was sich gut und was sich nicht so gut anfühlt, welche Nähe und welcher Abstand gut sind und daraus unser Verhalten ableiten. Liebe ist Aufmerksamkeit und Wachsamkeit, gepaart mit einer annehmenden Haltung.

Mit wem möchtest du den Rest deines Lebens verbringen?
Mit meiner kleinen Familie, die irgendwann vielleicht auch mal wächst. *Wer weiß?*

Glaubst du an Bestimmung/ Schicksal? Gibt es Menschen, die für uns bestimmt sind?
Ich glaube daran, dass die Familie, in die ein Kind eingeboren wird und die Genetik, womit es geboren wird, zum Großteil seine Chancen im Leben bestimmen. Nicht jeder hat die gleichen Chancen, leider. An eine esoterische Bestimmung glaube ich nicht, ich glaube an Energie. Aus der Familie, in die wir hineineingeboren werden und

aus unserer Kindheit lassen sich die meisten Themen ableiten, die uns in unserem Leben beschäftigen. An das große Schicksalsrad, das bestimmt, wer für mich *bestimmt* ist, glaube ich nicht. Wenn ich aber einen Weg gehe, der zu mir passt, der für mich stimmt, dann begegne ich dort auch den Menschen, die für mich bestimmt sind, die zu meinem Weg passen. Sie sind für mich in diesem Sinne stimmig. Es ist wie eine Schwingung. Ich begegne den Menschen, die ähnlich schwingen und wo es gewisse Überlappungen gibt mit einer gewissen Harmonie, vielleicht auch kreativer Disharmonie. Wenn ich in mir selbst nicht stimmig bin, dann wird alles um mich herum disharmonisch und es kommen nur weitere Disharmonien dazu, dann klappt es nicht. Der Weg geht immer über uns selbst, indem wir erst ein Gefühl dafür bekommen, was zu uns passt und was nicht. Das geht meist, wenn wir bereit sind, in die tiefe Stille einzutauchen, beispielsweise nach einer Krise, in der wir uns verloren haben und uns wiederfinden wollen.

Wovor hast du Angst, was ist deine größte Befürchtung?
Die größte Angst habe ich davor, dass ich durch eine Krankheit oder einen Unfall Menschen, die ich liebe, verlieren könnte oder ich selber zu früh aus dem Leben gehen muss.

Gibt es jemanden, für den du sterben würdest?
Ja, für meine Tochter oder für meinen Mann würde ich sterben.

Was macht dich verletzlich?
Die Liebe. Liebe macht verletzlich.

Was verletzt dich? Wie reagierst du darauf?
Wenn ich merke, dass einer mich rein energetisch nicht wahrnimmt oder nicht respektiert, werde ich wütend. In letzter Zeit werde ich seltener emotional, dann ziehe ich eine klare Grenze und gehe raus.

In welcher Situation neigst du zur Überreaktion? Was bringt dich aus der Fassung?
Nicht nur in der Familie, in menschlichen Beziehungen allgemein triggern uns oft noch unsere unverarbeiteten Themen. Es ist die Chance, uns zu fragen, warum uns etwas triggert. In der Arbeit hatte ich neulich ein anstrengendes Projekt und einen schwierigen Kunden, mit dem ich klarkommen musste. Irgendetwas blockierte mich und ich konnte einfach nicht mehr arbeiten. Ich holte ein großes Blatt Papier und schrieb auf, was dieser Mensch in mir triggerte.

Ich schrieb auch meine Gefühle auf, die in mir regelrecht kochten.
Danach wurde mir innerlich einmal heiß und einmal kalt, ich ver-
drückte auch eine Träne. Nun kam alles raus und ich konnte innerlich gestärkt weiterarbeiten. Eine eigenartige Erfahrung war das.

**Gibt es etwas, was dich traurig macht? Bringt dich etwas zur Ver-
zweiflung?**
Der Zustand unserer Menschheit macht mich traurig. Das ist bei mir
neu, vielleicht hat das auch mit dem Älterwerden etwas zu tun. Wenn
Menschen andere Menschen nur noch als Ware sehen. Beispielsweise im Drogenhandel, der sich aus Südamerika mehr und mehr in
Richtung Europa und Afrika ausweitet und wo dadurch der Einfluss
der Drogenkartelle auch wächst.

Auch wenn der Tierschutz in den Hintergrund gerückt wird und
wir die Tiere nur noch als Ersatzteillager für uns Menschen sehen.
Wir befinden uns auf einem gefährlichen Irrweg und wertschätzen
die Schöpfung gar nicht mehr. Dabei gibt es diese Kraft schon lange vor der Menschheit! Der einzig richtige Weg für die Menschheit
wäre meines Erachtens, uns wieder einzuordnen und bewusst zu
machen, dass es über uns hinaus noch etwas weitaus Größeres gibt.
Es ist nicht in Ordnung, dass es uns offensichtlich nicht mehr bewusst ist, und das macht mich sehr traurig.

**Hast du eine kritische Situation erlebt, die dich physisch und/ oder
emotional an deine Grenzen gebracht/ gebrochen hat?**
Mein Herz wurde von Menschen schon mal gebrochen. Das Gefühl
kenne ich und es gehört zum Leben auch dazu.

Wie gehst du im Allgemeinen mit Herausforderungen um?
Es gibt Herausforderungen, die ich leichter und gerne annehme und
welche, vor denen ich mich am liebsten drücken würde. Letztere
versuche ich auch gerne aufzuschieben. Wenn ich die Wahl habe,
wäge ich Herausforderungen bewusst ab und lehne die, die ich nicht
will, von vornherein ab.

**Welche Situation hat dich in deinem Leben stärker gemacht? In-
wiefern?**
Mich hat meine Arbeit stark gemacht. Durch meinen beruflichen
Weg bin ich immer wieder in Situationen gekommen, in denen ich
viel selbst entscheiden musste. Durch meine Arbeit bleibe ich auf
dem Boden, stehe realistisch im Leben und weiß, was ich kann und
was ich nicht kann.

**Wie schaffst du es, dein emotionales Gleichgewicht wiederherzu-
stellen/ aufrechtzuerhalten?**
Durch die Meditation, oft auch in der Natur oder beim Sport. All das
hilft mir bei meiner emotionalen Balance.

**Was war der beste Ratschlag, den du jemals erhalten hast? Was ist
deine Erkenntnis?**
Es sind zwei Ratschläge:
> Der eine lehrte mich mit Ende zwanzig, nicht alles nur schwarz-
  weiß zu sehen und gleich zu urteilen, sondern neugieriger zu sein
  und mich mit den Menschen richtig auseinanderzusetzen. Das
  war hilfreich.
> Es gab auch eine Zeit, in der ich über den Tod und was dabei auf
  uns zukommen wird, viel nachgedacht habe. In einer Yoga-Frei-
  zeit sagte mir der damalige Yoga-Lehrer Folgendes: *Im Grunde genommen wissen wir, dass der Tod auf uns zukommen wird und das ist
  unvermeidlich. Wir können uns im Leben dafür eine Haltung erarbei-
  ten, sodass wir hellwach sind und den Tod bewusst erleben können,
  wenn es so weit ist.* Das finde ich tröstlich.

Möchtest du jemandem etwas beweisen? Wenn ja, wem?
Nur mir selber. Wenn ich eine Idee habe, dann möchte ich diese umsetzen, und wenn ich mir etwas vornehme, dann möchte ich es auch
schaffen.

Wie wichtig ist es dir, was andere über dich denken?
Es ist mir nicht egal, und ich achte schon darauf, was bestimmte
Menschen über mich denken. Es ist aber nicht meine zentrale Moti-
vation oder meine Handlungsmaxime.

Woran hältst du fest?
An meinen christlichen Glauben. Nicht formal, sondern inhaltlich
in Form einer Grundhaltung. Was Jesus versucht hat, uns zu hinterlassen, damit setze ich mich auseinander. Hinsichtlich der menschlichen Würde, die jeder von uns hat, der Bedeutung des Geldes, das
nicht das Wichtigste im Leben ist, und der Freiheit sowie der Familie, achte ich darauf. Jeder sollte seiner inneren Bestimmung folgen,
das hat Jesus schon gesagt. Das Neue Testament sollte in moderne
Worte übersetzt werden. Vieles davon ist auch heute noch gültig.
Daran halte ich fest.

Hast du ein Ziel/ Ziele in deinem Leben? Wie realisierst du diese?
Ja, ich habe viele Ziele. Beruflich möchte ich an meiner Mission
Menschliches Unternehmen weiterarbeiten. Mein Beitrag als Bera-
terin für Unternehmen ist, das menschliche Miteinander einfacher
und natürlicher zu gestalten. Kollegen können sich gegenseitig bei
der persönlichen und beruflichen Weiterentwicklung sehr unterstützen.

**Wenn du auf dein bisheriges Leben zurückblickst, worauf bist du
stolz?**
Wenn ich über mein Leben nachdenke merke ich, dass ich überwiegend im Hier und Jetzt lebe und das finde ich gut so.

Worauf achtest du zukünftig mehr? Hast du Zukunftsängste?
Zukunftsängste habe ich nicht, ich mache mir nur Sorgen um die
Menschheit, um deren Verrohung und um die aktuelle nukleare
Lage. Es fühlt sich so an, als wären wir an einem Scheideweg und
ich finde, wir sollten uns etwas bescheiden, uns wieder in das große
Ganze einfügen und weniger den großen Gott spielen!

HANNA

erzählt, wie wichtig es ist, niemals aufzugeben – und wie entscheidend es sein kann, im richtigen Moment den Menschen zu begegnen, die uns helfen, aus unseren schwersten Traumata und tiefsten Krisen als Glückskinder hervorzugehen

Hast du ein Lebensmotto?
Geht nicht, gibt's nicht. Es gilt in allen Bereichen meines Lebens. Aus meiner Kindheit habe ich auch eins: *Immer, wenn du denkst, es geht nicht mehr, kommt von irgendwo ein Lichtlein her.* Egal was für eine düstere Zeit du gerade durchläufst, am Ende des Tunnels ist immer Licht. Diese beiden Mottos tragen mich durchs Leben.

Hast du ein Vorbild? Wenn ja, aus welchen Gründen gerade sie/ihn?
Nein. Viele Leute finde ich toll und sie sind, wie ich auch gerne wäre oder tun Dinge, die auch ich in meinem Leben gerne tun würde. Ein Vorbild, woran ich mich orientiere, gibt es aber nicht. Als junges Mädchen war ich auch nie Fan von irgendjemandem und habe auch keine Poster an die Wand gehängt. Ich versuche von dem einen oder anderen das, was mir besonders gut gefällt, in meinem Leben zu implementieren, was allerdings meistens nicht funktioniert, weil ich ganz anders bin.

Wenn du ein Buch schreiben würdest, um welches Thema würde es sich handeln?
Niemals aufgeben. Wenn ich ein Buch schreiben könnte und die Geduld dazu hätte, dann würde ich darüber schreiben, wie du in jeder schwierigen Situation durchhalten, daraus wieder herauskommen und danach heiter weitermachen kannst. Ich habe von Kindheit an einen steinigen Weg hinter mir und habe mich noch nie unterkriegen lassen.

Möchtest du von diesem steinigen Weg erzählen?
Viele Jahre lang ahnte ich nichts und dachte, ich hätte eine wohlbehütete und liebevolle Kindheit erlebt, in der mir nichts fehlte. Als fünfjähriges Mädchen bin ich allerdings sexuell missbraucht worden und die Männer schickte meine Mutter in mein Kinderzimmer. Wenn du damit groß wirst, geht das Urvertrauen verloren und dein Gehirn verdrängt erst mal das Furchtbare. Erst als junge Frau, als meine Tochter im selben Alter war wie ich damals, ist etwas in meinem Kopf losgetreten.
    Es begann an einem gewöhnlichen Abend, an dem mein damaliger Mann und ich uns einen Film angeschaut hatten. Darin ging es um eine junge Frau, die als kleines Mädchen missbraucht wurde und die von Zeit zu Zeit in den Gartenschuppen ging, dort losschrie und um sich herumschlug. Auf einmal sprang ich auf, kippte den Tisch vor mir um und fragte, warum sie sich bloß so anstellen würde, ich hätte

es ja auch überlebt ... Nach diesem Abend begann ein langwieriger Leidensweg. Erst mal war ich von meiner Aussage so erschrocken, dass ich mich gleich schlafen legte. Mein Mann hielt mich für verrückt. Später hätte er mit mir darüber reden wollen. Für mich war das Thema abgehakt, ich wollte das nicht. Ab dann bin ich allerdings mehrmals ohnmächtig geworden und die Ärzte konnten keine Ursache finden. Als ich neben meinem Mann auf der Autobahn wieder einmal ohnmächtig wurde und dieser mich ins nächstgelegene Krankenhaus fuhr, hatte ich großes Glück. Ich wurde von einer jungen Assistenzärztin untersucht und sie erkannte, dass mir körperlich nichts fehlte, ich nur dringend einen Psychologen brauchte.

Erst in der Therapie wurde mir nach und nach bewusst, was Brutales mir als jungem Mädchen passiert war und konnte das Geschehene aufarbeiten. Erst hier wurde mir klar, warum ich so wenig Vertrauen zu den Menschen hatte, warum ich so vorsichtig war und warum ich mich schon immer abgeschottet hatte. Meine große Angst, die ich als fünfjähriges Mädchen haben musste und die ich unterbewusst in meinem Leben mit mir trug, konnte ich in dieser Therapie überwinden. Das Geschehene hat mich natürlich geprägt. Nach der Aufarbeitung ist mein Umgang mit Menschen freier geworden.

Eine solche Geschichte entspricht nicht unserer Vorstellung, wenn du aus einer angesehenen und scheinbar guten Familie stammst, wie meine Familie nach außen war. Zu sehen war eine heile Welt, Geld, Großzügigkeit, großes Feiern, schicke Fassade und dahinter in Wirklichkeit ... eine schwer tabletten- und alkoholabhängige Mutter und ein Vater, der nichts mitbekam. Für mich als junge Frau, Ende zwanzig war es nicht einfach, diese große Ambivalenz anzunehmen und anzuerkennen. Was ans Licht kam, passte nicht in mein damaliges Weltbild, und ich wollte erst mal alles nicht wahrhaben. *Was war kindliche Fantasie, was war Realität?* Ich habe vieles infrage gestellt, und der Weg daraus war sehr holperig.

Wenn du so etwas erlebt hast, dann gehst du daran entweder kaputt oder du kommst gestärkt heraus. Letzteres ist gar nicht so schwer, wenn dich die richtigen Leute begleiten. Mir begegneten solche Menschen und halfen mir heraus. Seitdem glaube ich, dass ich ein Glückskind bin. Wenn du so etwas einmal überlebt hast, dann kann dich im Leben so leicht nichts mehr umhauen. Darüber würde ich, wenn ich könnte, ein Buch schreiben.

Welches Buch würdest du anderen unbedingt empfehlen? Warum?
Becoming von Michelle Obama. Der Tenor des Buches ist, dass egal aus welchen Verhältnissen du kommst, du alles erreichen kannst.

Wenn du nur die Disziplin hast und dich mal auch durch die Tiefe wagst, kannst du alles schaffen. Michelle Obama selbst ist nichts in den Schoss gefallen. Wie hart sie dafür arbeiten und worauf sie alles verzichten musste, wie viel Schweiß und Tränen geflossen sind, bis sie am Ende das erreicht hat, was wir sehen, beschreibt sie sehr schön in diesem Buch.

Mit wem hattest du zuletzt eine tiefgreifende Diskussion und worüber?

Mit meiner Tochter über ihren Umgang und über den ihres Mannes mit mir und mit Menschen grundsätzlich, wobei die Überschrift *Respekt, Würde und Achtung dem Menschen gegenüber* lauten müsste oder *So reden wir nicht mit anderen*. Es war ein anstrengendes und langes Gespräch. Ich denke, jeder Mensch hat seine eigene Wahrheit und seine eigene Wahrnehmung, das Thema hat grundsätzlich auch mit *Glaubwürdigkeit* zu tun. In dem Wort steckt *Würde*. Laut Grundgesetz ist die Würde des Menschen unantastbar und ich möchte, dass dem, was ich sage, die anderen Glauben schenken. Ich erwarte Würde, Anstand und Respekt mir und allen anderen Menschen gegenüber. Darüber haben wir intensiv diskutiert.

Hier sprechen wir über ein Generationenthema, finde ich, welches offensichtlich bei den Jüngeren nicht ganz so angekommen ist, wie wir Eltern es gemeint haben. Meiner Meinung nach gingen viel Respekt und Achtung verloren. Von Anfang an vertrat ich die Meinung zum Kinderkriegen, dass unsere Aufgabe als Eltern darin besteht, unsere Kinder ins Leben zu begleiten. Sobald diese ihre eigene Familie und eigene Kreise haben, ist unsere Begleitung abgeschlossen. Sie können so leben, wie *sie* es für richtig halten und wir müssen sie loslassen. Unabhängig von deren Alter sollten wir allerdings durch einen gelegentlichen Wake-up-Call mal daran erinnern dürfen, in welcher Tonalität sie unterwegs sind und dass diese nicht immer so in Ordnung ist. Sie sollen ruhig in ihrem tollen Bubble leben, sollten dabei nur den Respekt den Menschen gegenüber nicht ganz vergessen. Das ist nämlich dann für mich nicht in Ordnung.

Was ist für dich das Wichtigste im Leben?

Gesundheit. Die Grundvoraussetzung dafür, dass du alles machen, alles erreichen, alles schaffen, alle Hürden nehmen und auch an dir selber wachsen und arbeiten kannst, ist, dass du gesund bist. Daher ist Gesundheit für mich das Wichtigste.

Was bedeutet für dich ein erfülltes Leben?

Ein Leben, in dem ich die Möglichkeit habe, mich zu entfalten und mich weiterzuentwickeln, in dem ich Menschen um mich herum habe, die mich akzeptieren und respektieren, wie ich bin. Wenn du all das in deinem Leben erreicht hast, dann hast du ein erfülltes Leben. Liebe gehört natürlich auch dazu, nun in meinem Alter habe ich dahinter das eine oder andere Fragezeichen und weiß nicht, ob das immer der Schlüssel ist. *Liebe*, *Anerkennung*, *Würde* und *Respekt* sind tiefgreifende Dinge, die für ein erfülltes Leben sorgen können und wenn du das alles hast, dann geht es dir, glaube ich, gut.

Was macht dich glücklich?

Mit dem Wort *glücklich* oder *Glück* habe ich ein großes Problem. Glück zu haben oder glücklich zu sein, sind Momentaufnahmen. Ich kann nicht sagen, dass ich auf ein glückliches Leben schauen würde, sondern auf kurze Momente, auf Minuten, die harmonisch waren und die ich mit Freunden, Familie oder mit mir ganz alleine erlebt habe. Dieses Glücksgefühl, was aus mir selber herauskommt, fühlt sich auf einmal gut und rund an, es dauert aber immer nur kurz. Dieses Gefühl kann ich auch nicht an irgendetwas festmachen. Ich kann dir nicht konkret sagen, was mich glücklich macht. Wenn ich mit meinem Hund spazieren gehe, kann es mich manchmal nur nerven und manchmal ist es ganz zauberhaft, dann fühle ich mich glücklich. Auch wenn ich mit einer Freundin zusammensitze oder abends mal weggehe, kann ich mich glücklich fühlen. Es sind immer wieder nur Sequenzen oder kurze Momente, die glücklich sind. Wenn mir einer sagt, dass er ein glückliches Leben führt, dann denke ich, dass er sich etwas vormacht. Es kann nicht immer alles Glückseligkeit sein. Vor dem Wort *Glück* habe ich einen großen Respekt!

Wobei fühlst du dich lebendig?

Wenn ich am Strand spazieren gehe, fühle ich mich richtig lebendig. Manchmal aber auch beim Hausputz. Meine Freunde halten mich dafür für verrückt, dabei kann ich doch meine ganze Wut hervorragend in die Dusche stecken, die danach noch blitzeblank aussieht. Darüber freue ich mich und fühle mich ganz lebendig.

Was bedeuten für dich Erfüllung, Erfolg und Glück?

Erfüllung und Glück haben wir vorhin besprochen. Erfolg ist für mich unterschiedlich. Manchmal ist es das Monetäre, wenn ich beispielsweise einen guten Deal abgeschlossen habe und aus dem Grund auf dem Tisch tanzen könnte. In dem Fall ist der Erfolg kurz und eine Momentaufnahme. Wenn ich abends mit dem zufriedenen Gefühl ins Bett gehen kann, dass es ein guter Tag war und ich von meinem vermeintlichen Erfolg auch etwas abgeben konnte, das bedeutet grundsätzlich Erfolg für mich.

Wie viel Familie verträgt ein erfülltes Leben?
Manchmal mehr, manchmal weniger. Familie ist eher eine Herausforderung als eine Erfüllung. Das war, als meine Kinder klein waren, anders. Damals habe ich tatsächlich auf ein erfülltes Momentum geschaut, wenn sie mal vergnügt waren oder wenn wir zusammen irgendetwas unternommen haben. Seitdem meine Töchter erwachsen sind, ihr eigenes Leben leben und vor allem ihre neuen Lebenspartner an der Seite haben, ist es mit dem erfüllten Leben und Familie schwierig, insbesondere, weil starke Charaktere mit teils sehr unterschiedlicher Vorstellung von Familie aufeinandertreffen. Das Anstrengende ist in kritischen Situationen so viel Feingefühl, Toleranz, Diplomatie und am liebsten auch noch Humor zu haben, womit wir Momente, die sonst zum Pulverfass werden könnten, entschärfen können.

Der Tatsache muss ich leider ins Auge schauen, dass meine Familienplanung, wie ich diese mir als Einzelkind immer gewünscht hätte, nicht aufgegangen ist. Ich wollte sechs Kinder, einen großen Tisch mitten im Wohnzimmer und viel Leben im Haus. Es hat solange funktioniert, bis meine Töchter mit Anfang zwanzig ausgezogen sind. Bis dahin waren ihre Freunde immer bei uns, wir hatten volles Haus und ich musste morgens nur die Schuhe durchzählen, um zu wissen, mit wie vielen Leuten wir frühstückten. Das fand ich toll, damals war es immer sehr schön und munter bei uns. Mich macht es traurig, dass es in der Form heute nicht mehr möglich ist.

Was ist deine Kraftquelle?
Ausreichend Schlaf und Lesen. Wenn bei mir nichts mehr geht oder wenn ich merke, dass mein Akku leer wird, dann lege ich mich auf mein Sofa, lese, gehe mit dem Hund spazieren und schlafe viel. Nach zwei, drei Tagen habe ich daraus wieder so viel Kraft gezogen, dass ich weitermachen kann. Ich lese viel und gerne, meist zwei, drei Bücher parallel, einen Roman, ein Sachbuch und meistens noch eine Biografie.

Sind Familie und Freunde Kraftquellen?
Freunde durchaus, ich mag den guten und auch mal kontroversen Austausch mit ihnen, das gibt mir auch neue Energie. Familie ist

lebensabschnittsabhängig und aktuell lasse ich da mehr Kraft, als dass ich auftanke.

Was bedeutet Zuhause für dich? Wo fühlst du dich zu Hause?
Da, wo ich wohne, egal wo es ist, ich bin mehrfach umgezogen. Mein Zuhause ist immer auch mein Kraftort und mein geschützter Raum, wo ich nur wenige Menschen reinlasse. Das ist mein Rückzugsort, mein rettender Platz, wo ich immer wieder schnell auftanken und zu Kräften kommen kann. Hier kann ich die Tür vor der Welt hinter mir zuschließen.

Was bedeutet Freiheit für dich?
Alles. Egal, ob privat oder beruflich, ich brauche immer das Gefühl, jederzeit gehen zu können. Das ist Freiheit für mich.

Beschreibe deine Beziehung zu dir selbst.
Tagesformabhängig. Je älter ich werde, umso besser wird sie, weil ich umso mehr bei mir bin. Als kleines Mädchen, bevor alles aufploppte, hatte ich eine gute Beziehung zu mir selbst. Mit der Aufarbeitung kamen schwierige Jahrzehnte auf mich zu und es hat mich ein Stück weit auch in eine Identitätskrise gestürzt, in der ich nicht mehr wusste, wer ich war. Ich war zweimal verheiratet und nachdem ich mich das zweite Mal habe scheiden lassen, fühlte ich mich auf einmal im luftleeren freien Fall, wie ich es die Jahre davor nicht erlebt hatte. Plötzlich war ich nur für mich da, ohne Kinder, ohne Mann, ohne Verpflichtungen und musste mich neu finden. In diesem freien Fall mir selbst einen Fallschirm aufzuziehen, hat gedauert. Ich bin durch Sinnkrisen gegangen und kam mir teilweise wie eine Spätpubertierende vor, die suchte, was ihres ist. Heute führe ich wieder eine gute Beziehung zu mir selbst, wobei es immer wieder Momente gibt, in denen ich mit mir selbst hadere und es nicht gut finde, wie ich mich verhalte, wie ich mich kleide oder was ich nicht mache.

Beschreibe deine Beziehungen zu deinen Freunden.
Sehr offen, ehrlich, klar und liebevoll. Es ist ein kleiner Kreis aus sehr unterschiedlichen Menschen, die aber alle Herzensmenschen sind. Ich war noch nie jemand für die große Clique und bin es auch heute nicht. Meine Freunde sind liebevoll und wir sind für einander immer da.

Wer sind die wichtigsten Menschen in deinem Leben?
Meine Kinder und meine Freunde.

In welchem Verhältnis stehen Freiheit und Beziehung zueinander?
Nach meiner Erfahrung fast immer im Widerspruch. Die Erwartungshaltungen, die ich erlebt habe, hatten nichts mit Freiheit zu tun oder nur mit Freiheit für den anderen und nicht für mich. Es kann auch daran liegen, dass ich mir immer die falschen Männer ausgewählt habe, es soll ja Männer geben, die anders sind. Das weiß ich leider nicht.

Wie viel Präsenz braucht eine Beziehung?
Für mich nicht viel. Ich habe viele Jahre in einer Fernbeziehung mit meinem zweiten Mann gelebt und das war eine gute Beziehung. Ich hatte meine Freiheit, was mir so wichtig ist und wir haben uns jedes Mal gefreut, wenn wir uns getroffen haben. Eine gute Beziehung hat für mich nicht unbedingt mit viel Präsenz zu tun. Mir würde zu viel Präsenz die Luft nehmen.

Lebst du gerne alleine?
Ja, ich lebe tatsächlich gerne alleine. Es heißt nicht, dass ich das bewusst mache und einen Mann, der mir begegnet und bei dem es passen könnte, abweisen würde. Ganz und gar nicht! Ich wünsche mir einen Partner an meiner Seite, jemanden, der mich versteht und eine Schulter, die einfach da ist. Dennoch kann ich es gut auch alleine aushalten und fühle mich dabei nicht einsam. Das ist der große Unterschied. In meinen Beziehungen war ich häufig einsam, obwohl ich da nicht alleine war.

Wie sieht für dich die ideale Beziehung aus?
Mit einem Partner auf Augenhöhe, viel Freiheit, Spaß und für mich ganz wichtig, dass wir zusammen lachen können. Humor haben leider nicht so viele Menschen und das ist ein großer Knackpunkt. Das stelle ich immer wieder fest. Wenn du jemanden triffst, bei dem du das Gefühl hast, dass es vom Intellekt her wunderbar passen könnte, dann fehlt sehr häufig der Humor. In einer guten Beziehung müssen für mich Intellekt, Humor, Augenhöhe, Freiraum, Vertrauen und Treue gewahrt sein.

Gibt es in deinem näheren Umfeld Menschen, deren Beziehung du bewunderst?
Ja, die von meinen Nachbarn. Sie sind beide über achtzig. Sie ist sie-

benundachtzig, er vierundachtzig und es sind zwei Menschen, die ich zusammen bewundere. Seit zehn Jahren kenne ich sie schon. Sie machen vieles gemeinsam, unternehmen viel, kochen zusammen und auch wenn sie nur alleine Kaffee trinken, sitzen sie immer an einem wunderschön gedeckten Tisch mit Kerzen und Blumen. Was mich vor allem rührt, ist, wie liebevoll sie miteinander umgehen. Sie gehen morgens zusammen schwimmen, arbeiten im Garten zusammen, lesen viel, sind an der Uni, in einem Buchverein, tauschen sich über ihre Lektüren aus, gehen regelmäßig in die Oper. Sie währen sich gegenseitig auch Freiräume. Sie fährt alleine mal mit einer Freundin nach Verona und er fährt mit Freunden Segeln. Einfach herrlich! Wenn ich die beiden sehe, geht jedes Mal mein Herz auf. So eine Beziehung wünsche ich mir oder eben gar keine.

Wie wichtig ist Treue in einer Beziehung?
Ganz wichtig. Ohne Treue traue ich keiner Beziehung.

Wie stehst du zu Ehrlichkeit? Ist sie in jeder Situation ratsam? Bist du zu dir selbst ehrlich?
Ehrlichkeit finde ich sehr wichtig. Sie ist die Basis, auch wenn es manchmal wehtut. Möglicherweise bin ich zu faul, um zu lügen und mir zu merken, wem ich was gesagt habe. Das wäre mir viel zu anstrengend, das könnte und wollte ich nicht.

Mit mir selber hoffe ich, dass ich ehrlich bin und versuche es zu sein, soweit mir bewusst ist oder mein Unterbewusstsein mit mir keinen Streich spielt. Lügen und Geschichten bringen niemanden nach vorne, die will ich in meinem Leben nicht haben.

Was ist Liebe?
Das wüsste ich auch gerne! Irgendein chemischer Cocktail, der irgendwann im Körper explodiert und sich merkwürdigerweise mit der Zeit dann wieder auflöst. Wenn ich wüsste, was Liebe ist, dann wüsste ich viel. Ich habe keine Ahnung, was mit uns Menschenkindern da passiert. Es gibt auch so viele verschiedene Arten von Liebe. Du siehst mich da ratlos.

Ist Liebe auf den ersten Blick wahre Liebe?
Das habe ich tatsächlich einmal erlebt. Meinen zweiten Mann habe ich so kennengelernt. Er stand auf der Bühne und hielt eine Rede, ich saß im Auditorium. Obwohl nur ich ihn, er mich aber nicht sehen konnte, schaute er trotzdem immer in meine Richtung. Den Flash habe ich gar nicht gemerkt, das war meine Freundin, die neben mir

saß. Sie machte mich darauf aufmerksam. Anschließend gingen alle zu ihm und wollten bis auf mich ihn sprechen. Da eine Bekannte das Event organisiert hatte, gingen wir anschließend zusammen essen. Da saßen wir uns dann gegenüber. Die Liebe auf den ersten Blick habe ich so selber erlebt. Zwölf Jahre lang ging es gut mit uns. *Ob das die wahre Liebe war?*

Wie viel Nähe/ Distanz braucht die Liebe? Können wir jemanden aus der Distanz lieben oder müssen wir denjenigen, den wir lieben, in unserer Nähe haben?
Nähe und Distanz sollten ausgewogen sein. Du kannst jemanden auch sehr gut aus der Distanz lieben, musst nur dafür gemacht sein, das kann nicht jeder. Ich fand es toll!

Mit wem möchtest du den Rest deines Lebens verbringen?
Mit genau dem Mann, mit dem all das, was ich vorhin beschrieben habe, in einer erfüllten Beziehung so klappt. Gefunden habe ich diesen Mann bisher noch nicht.

Glaubst du an Bestimmung/ Schicksal? Gibt es Menschen, die für uns bestimmt sind?
Das glaube ich schon, sonst gäbe es die Liebe auf den ersten Blick nicht. Es können Menschen sein, mit denen wir Lebensabschnittsgeschichten erleben oder welche für das ganze Leben, wie bei meinen Nachbarn.

Hast du unerklärbare/ magische Situationen erlebt? Beschreibe diese.
Nein. Es gab eher viele magische Momente, die ich erst gar nicht als solche wahrnahm, die mich eher irritierten.

Wovor hast du Angst, was ist deine größte Befürchtung?
Krank zu werden, nicht mehr für mich selbst sorgen zu können und abhängig zu sein. Das ist meine größte Sorge, dass mir das passieren könnte.

Gibt es jemanden, für den du sterben würdest?
Meine Kinder.

Was macht dich verletzlich?
Wenn ich mit Menschen zusammen bin, bei denen ich mich wohlfühle, die ich mag und bei denen ich ehrlich und so sein kann, wie

ich bin, öffne ich mich. In solchen Momenten bin ich ungeschützt und wenn mir jemand dann etwas Böses sagt oder tut, dann verletzt er mich. Sobald ich rausgehe, mache ich die Schotten wieder dicht, dann kann mich keiner mehr verletzen.

Was verletzt dich? Wie reagierst du darauf?
Unaufrichtigkeit, wenn jemand mir bewusst ins Gesicht lügt oder mich ausnutzt. Obwohl es nichts direkt mit mir zu tun hat, empfinde ich es als Angriff auf meine Intelligenz und das verletzt mich. Auch wenn jemand über meine Kinder schlecht redet, verletzt er mich.

In welcher Situation neigst du dazu überzureagieren? Was bringt dich aus der Fassung?
Ungerechtigkeit und Lügen.

Gibt es etwas, was dich traurig macht?
Der Überbegriff *Familie* ist mir nicht so geglückt, wie ich es gerne gehabt hätte. Es lag vermeintlich in meiner Hand und es macht mich sehr traurig, dass es mir nicht besser gelungen ist. Selbst wenn meine Ehen in die Brüche gingen, könnten wir ein gutes Miteinander haben und patchworkmäßig mindestens am Heiligabend alle an einem Tisch sitzen. Bei uns klappt das nicht und das betrübt mich. Meine Mädchen und ich haben früher zum wöchentlichen Mädelsabend immer zusammen gekocht, auf dem Sofa blöde Filme geguckt und irrsinnig viel farbstoffhaltige Süßigkeiten in uns reingeschaufelt, bis wir irgendwann müde ins Bett fielen. Heute machen wir das nicht mehr und das finde ich auch traurig.

Bringt dich etwas zur Verzweiflung?
Nein. In dem Moment, wo ich eine Art Tsunami auf mich zukommen sehe, steuere ich sofort dagegen. Meistens mit Aktionismus und wenn das mir zu viel Kraft kostet, dann fange ich an, sinnvoll zu strukturieren und arbeite alles nacheinander ab. Verzweiflung lasse ich nicht mehr zu.

Hast du eine kritische Situation erlebt, die dich physisch und/ oder emotional an deine Grenzen gebracht/ gebrochen hat? Wie bist du damit umgegangen?
Ja. Vor zehn Jahren gab es ein Zusammenspiel von mehreren Faktoren innerhalb kürzester Zeit, die mich fast über meine Grenzen hinausbrachten. Es begann damit, dass meine Herzensfreundin, mit der wir zusammen zur Schule gingen und wie Geschwister auf-

wuchsen, die Diagnose unheilbaren Gebärmutterhalskrebs erhielt mit der Prognose, nicht mehr lange zu leben.

Im selben Zeitraum verschwand mein Mann wortlos über Nacht. Freitagabend kam er noch mit großem Blumenstrauß aus der Schweiz nach Hause, wir verbrachten ein schönes gemeinsames Wochenende, Sonntag ist er wie gewöhnlich wieder abgeflogen und am Montagmorgen erhielt ich den Anruf seiner Anwältin, dass er die Scheidung eingereicht hatte. Erst dann merkte ich, dass er alle seine privaten Sachen auch schon mitgenommen hatte.

Innerhalb einer Woche hatte ich plötzlich kein Einkommen - zu dem Zeitpunkt habe ich nicht gearbeitet -, kein Geld, meine Freundin kurz vorm Sterben und ich erfuhr noch, dass meine Tochter auch an ihre Grenzen kam. Ich hatte zusätzlich zu einem zertrümmerten Handbruch eine schwere und sehr schmerzhafte Entzündung eingefangen, wobei noch unklar war, ob alles überhaupt heilen würde oder ob ich ein Leben lang Morphium nehmen müsste. Das war im Moment ein Schluck zu viel und das zusammen hat mich fast umgebracht.

Aufgeben gibt es für mich nicht, so habe ich weitergemacht, selektiert und das, was ich tun konnte, habe ich getan. Meiner Tochter stand ich zur Seite, als sie aus der Klinik kam, so gut es mir möglich war. Meiner Freundin konnte ich im Rahmen meiner Möglichkeiten zur Seite stehen und sie in den Tod begleiten. Für meinen Arm hatte ich zum Glück einen tollen Arzt, der mich in zwei Wochen Klinikaufenthalt wiederaufgebaut hatte. Die Scheidung übergab ich einem Anwalt. Dieser hat fast mein ganzes Privatvermögen aufgebraucht und ich musste meine Wohnung verkaufen. Das war sehr unschön.

Ich habe mir eine Mietwohnung genommen und Bilanz gezogen, wie viel Geld ich noch auf dem Konto hatte. Mein damaliger Mann verlangte sehr viel Geld von mir. Nach einem Jahr habe ich den Scheidungskrieg aufgegeben und gezahlt. Anschließend überlegte ich, womit ich Geld verdienen möchte und hatte wieder Glück. Ich fand einen tollen Job und begann eine neue berufliche Laufbahn.

Wenn du offen bist, kommt immer irgendwoher Hilfe und so habe ich mein Leben wieder einmal in die Spur gekriegt.

Was war die schwierigste Entscheidung deines Lebens?
Meiner sterbenskranken Freundin habe ich versprochen, dass ich sie in die Schweiz zur Sterbehilfe begleite. Ihr Zustand verschlechterte sich allerdings so rapide, dass sie nicht mehr transportfähig war und obwohl ich wirklich alles versucht hatte, am Ende doch keinen finden konnte, der mitgemacht hätte. Das musste ich meiner

Freundin mitteilen, nachdem ich Tage lang auch überlegt hatte, sie selber zu transportieren. Das war meine schwierigste Entscheidung. Obwohl sie kaum noch bei Bewusstsein war, beschimpfte sie mich heftigst. Das war sehr übel, dass ich mein Versprechen ihr gegenüber nicht halten konnte.

Wie gehst du im Allgemeinen mit Herausforderungen um?
Die fordern mich heraus und ich nehme sie dann an. Ich lasse mich bloß nie unterkriegen.

Welche Situation hat dich in Deinem Leben stärker gemacht? Inwiefern?
Alle Situationen. Meine Scheidungen, die Geschichte mit meiner Freundin, alles. Es gibt gar keinen anderen Weg, als aus den Krisen stärker herauszukommen.

Wie schaffst du es, dein emotionales Gleichgewicht wiederherzustellen/ aufrechtzuerhalten?
Durch einen bewussten Lebensstil. Sobald ich merke, dass mein Akku sich leert, ziehe ich mich zurück. Dann schlafe ich viel, gehe spazieren, achte auf mich, mache täglich Yoga und ernähre mich vernünftig. Ansonsten habe ich meine Einstellung als Glückskind und weiß, dass ich irgendwoher immer Unterstützung bekomme und alles wieder gut wird. Meistens bin ich deswegen auch im Gleichgewicht. Wenn ich merke, dass es mir abhandenkommt, dann ziehe ich mich von allem sofort zurück, um mich bewusst nur noch um mich zu kümmern. Das ist manchmal schon eremitenhaft. Dann schaffe ich nur noch meinen Job wie im Tunnel, rede nur mit meinem Hund und lasse alles andere. Nach zwei, drei Tagen bin ich danach ausgeglichen zurück.

Was war der beste Ratschlag, den du jemals erhalten hast? Was ist deine Erkenntnis?
Doo, wat du wullt, de Lüü proot doch! von meiner Urgroßmutter. *Du kannst im Leben machen, was du willst, die Leute reden immer. Also mach gleich, was du willst und hör nicht auf die Leute!*
Ich komme aus einem Dorf und im Dorf wird ja viel geredet. Meine Urgroßmutter war eine kleine, drahtige, Mary Poppins ähnliche Frau mit ausgestelltem Reifrock, eng tailliertem Jackett und Regenschirm. Diesen Satz von ihr höre ich immer noch.

Möchtest du jemandem etwas beweisen? Wenn ja, wem?
Nein, nur mir selber.

Wie wichtig ist es dir, was andere über dich denken?
Ganz und gar nicht.

Woran hältst du fest?
An den Werten, die ich auch von meinen Kindern erwarte: *Respekt, Würde, Achtung dem Menschen und dem Lebewesen gegenüber*. Diese Werte möchte ich nie aufgeben. Wir sollten jeden respektieren, wie er ist und achten, selbst wenn er anders ist, als es uns gefällt. Meine *Aufrichtigkeit* und *Ehrlichkeit* möchte ich auch nie verlieren. Ich weiß, dass ich damit häufig anecke und nicht immer populär bin, diese Werte sind mir aber zu wichtig.

Meine Werte habe ich von meiner Urgroßmutter mitbekommen, sie war noch eine vom ganz alten Schlag, eine resolute alte Dame, die so klein und zart wie sie war, unseren Familienclan mit Achtung und Respekt zusammenhalten konnte.

Was würdest du gerne loslassen?
Ich bin sehr empathisch und spüre alles sehr stark, was zugleich ein Fluch und ein Segen ist. Obwohl ich weiß, dass es ein großes Geschenk ist, ein bisschen weniger davon wäre für mich einfacher.

Hast du ein Ziel/ Ziele in deinem Leben? Wie realisierst du diese?
Mein Lebensziel war, seitdem ich denken kann *Familie*. Das Ziel habe ich verfehlt, was mich sehr traurig macht. An dem Ziel hängen zu viele andere Menschen mit dran und ich kann nur Ziele erreichen, an denen ich selber arbeiten kann. So habe ich rekapituliert und mir ein neues Ziel gesetzt. Ich möchte mit viel Humor, viel Spaß und viel Lebensfreude alt werden.

Wenn du auf dein bisheriges Leben zurückblickst, worauf bist du stolz?
Auf meine beiden Töchter und auch ein Stück weit auf mich selbst. Meine Scheidung hat übel auch in beruflicher Hinsicht mitgespielt. Wir hatten eine gemeinsame Firma und mit meiner damaligen Naivität habe ich nicht daran geglaubt, was man mir alles antun würde, wenn es um Geschäfte geht. Obwohl ich auf die schlimmste Art betrogen worden bin und sehr viel Geld verloren habe, bin ich noch relativ munter meinen eigenen Weg im Geschäftsleben weitergegangen. Von der Branche habe ich mich verabschiedet und mich da-

rauf konzentriert, was ich selber in der Hand hatte und was für mich möglich war. Ich habe den Schwenk geschafft und mich nicht auch noch beruflich unterkriegen lassen.

Schuldzuweisungen und in der Vergangenheit herumwühlen bringen mich nicht weiter nur die Erkenntnisse daraus. Damals lag vieles fern von meiner Vorstellungskraft, bis ich so scheußliche Dinge erlebt hatte, dass ich schockiert und ohnmächtig nur dastand. Meinen Kämpfergeist fand ich erst wieder, als der Zug schon abgefahren war. Daraus habe ich gelernt!

Heute erkenne ich sehr schnell, wenn ich loslassen und wenn ich kämpfen muss und das tue ich dann auch. Zusammenbrechen oder in die Schockstarre fallen, erlaube ich mir erst hinterher. Im Leben hast du manchmal keine Alternative, als morgens aufzustehen und weiterzumachen. Ich komme aus einer stolzen Familie und dieser Stolz war ein stückweit mein Motor, mich aus den Trümmern immer wieder herauszuholen. Es ist nicht der Disziplin geschuldet, sondern der Selbsterkenntnis darüber, was mir guttut. Ich tue lieber etwas, wodurch ich mich besser fühle als etwas, was mir schadet. Nach einer halben Stunde Yoga morgens bin ich wieder ein ganz anderer Mensch.

Gehst du denselben Weg weiter? Worauf freust du dich?

Den Weg würde ich, je nach dem, was anliegt, immer modifizieren und ansonsten weitergehen. Das Leben ist nicht kalkulierbar und wenn du etwas Bestimmtes erwartest, weißt du nicht, ob nicht etwas ganz anderes Reizendes um die Ecke kommt. Ich freue mich auf das, was kommt und hoffe, dass es gute Herausforderungen sind.

Worauf achtest du zukünftig mehr? Hast du Zukunftsängste?

Je älter ich werde, umso bewusster wird es mir, dass der Körper nicht mehr so mitspielt wie früher und merke, dass ich mehr tun muss, um morgens genau so frisch auszusehen. Ich werde noch mehr Sport, Bewegung und frische Luft in meinem Leben implementieren.

Gibt es weitere Fragen, die du in diesem Interview noch beantworten möchtest?

Ich finde, es waren schon ganz schön viele tiefgreifende Fragen.

CHRISTIAN

erzählt von prägenden Vorbildern sowie seiner unbeirrbaren inneren Haltung und Besonnenheit, die ihn befähigen, sein Umfeld im Sport, im Beruf und privat zu verbessern

Hast du ein Lebensmotto?
Einen allgemeinen Leitsatz habe ich nicht. Wenn ich darüber nachdenke, nach welchen Werten und in welcher Art und Weise ich versuche, mein Leben zu leben, dann wäre mein Leitbild: *Eine bessere
Welt hinterlassen als Familienvater, als Geschäftsmann, als Sportver-
antwortlicher und als Mensch.*

**Hast du ein Vorbild? Wenn ja, aus welchen Gründen gerade sie/
ihn?**
Was Idole anbelangt, muss ich nicht weit schauen, ich hatte Glück
im Leben. Unter meinen Vorfahren fand ich Vorbilder für mehrere
Lebensbereiche. Mein Stiefvater war mein Ideal für Selbstständigkeit, Selbstbewusstsein, Opferbereitschaft und Lebenseinstellung.
Meinen Großvater väterlicherseits bewunderte ich für seine Persönlichkeit und seine Demut.

Soweit ich aus geschichtlicher Perspektive heraus mir über Julius
Caesar ein Bild machen kann, fand ich seine Persönlichkeitsentwicklung, seine Großzügigkeit und seinen Ehrgeiz vorbildhaft.

**Wenn du ein Buch schreiben würdest, um welches Thema würde
es sich handeln?**
Da ich kein ausgeprägtes Bedürfnis habe, etwas mitzuteilen und
keine künstlerischen Ambitionen hege, habe ich mir darüber bisher keine Gedanken gemacht. Wenn es aber meine Aufgabe wäre, ein
Buch zu schreiben, dann würde ich Anekdoten und Erlebnisse aus
meinem Leben, aus meiner Perspektive heraus erzählen. Das könnte
die Menschen interessieren.

Welches Buch würdest du anderen unbedingt empfehlen? Warum?
Ich empfehle gerne Bücher, meist zu historischen Themen, die ich
am liebsten lese. Die Bücher von Robert Graves sind alle lesenswert.
Er war ein Historiker mit brillanten literarischen Fähigkeiten. Seine
Werke beschäftigen sich mit der Antike wie *King Jesus* und *Ich, Clau-
dius.* Auch seine Autobiografie *Goodbye to All that* ist außergewöhn-
lich. Diese schrieb er als junger Mann mit Anfang zwanzig, nachdem
er von London nach Mallorca zog, wo er den Rest seines Lebens verbrachte. Graves besaß die Fähigkeit als Wissenschaftler mit histo-
rischer Weisheit und Demut so hinter die Fakten zu gehen, dass er
seine Leser auch für die Geschichte begeisterte.

Generell mag ich Biografien, die über die großen Persönlichkeiten
geschrieben wurden und die zu den geschichtlichen Fakten authen-
tische Zusatzinformation liefern. So *Joseph Fouché* von Stefan Zweig

finde ich auch empfehlenswert, wie die Werke des sowjetischen Historikers Tarle über die französische Geschichte, sein Spezialgebiet.

Mit wem hattest du zuletzt eine tiefgreifende Diskussion und worüber?
Mit zwei guten Freunden tauschen wir uns wöchentlich intensiv über alle möglichen Themen aus. Wir können uns auch über persönliche Dinge austauschen, ohne dass wir den anderen zu sehr belasten. Mit anderen Menschen kann ich nicht über alles, nur über bestimmte Themen tiefgehend diskutieren.

Was ist für dich das Wichtigste im Leben?
Mit dieser Frage habe ich mich sehr intensiv auseinandergesetzt, als ich in exponierten Positionen tätig war. Im Grunde genommen fühle ich mich wie ein Hobbit, lebe gerne in Frieden, liebe die Ruhe und die Gartenarbeit in der Nähe meiner Familie. Mein Streben nach innerer Harmonie und Gleichgewicht versuche ich mit meiner Persönlichkeit in Einklang zu bringen, die voller Ehrgeiz und Ambitionen ist. Die Balance zwischen den emotionalen und existenziellen Seiten meines Lebens ist mir am wichtigsten.

Was bedeutet für dich ein erfülltes Leben?
Mein Leben ist erfüllt, wenn dessen Grundpfeiler ausgeglichen sind. Diese sind mein Familienleben, meine Freundschaften, meine Existenz - frei von Angst und Stress - und angemessene soziale Anerkennung. Je nach Lebensabschnitt ändern sich die Pfeiler. Vor zwanzig Jahren hätte der sportliche Erfolg auch dazu gehört. Heute ist das Thema abgehakt, nachdem ich im aktiven Sport das für mich Mögliche erreicht habe. Ein aktuelles Thema ist meine Stellung in der Öffentlichkeit, die letztes Jahr aus politischen Gründen einen riesengroßen Schlag abbekommen hat. Diese möchte ich wiederherstellen.

Solange nur einer meiner Lebenspfeiler wackelt, kann ich mein Leben trotzdem als erfüllt betrachten.

Was macht dich glücklich?
Diese Frage kann ich ganz banal beantworten. Wenn die Dinge bei mir und bei meinen Lieben gut laufen, dann fühle ich mich glücklich. Andersrum, wenn sie mit ernsthaften Problemen kämpften und ich nur tatenlos zusehen könnte, wie ihr Leben aus dem Ruder läuft, sie auf den falschen Weg gerieten oder sie grundsätzlich unglücklich wären, dann wäre auch ich unglücklich.

Wobei fühlst du dich lebendig?
Als aktiver, agiler Mensch möchte ich auch für andere nützlich sein und das Gefühl haben, gebraucht zu werden. Wenn mein Rat nicht gefragt wird oder ich mir bedeutungslos vorkomme, gehe ich ein.

Was bedeuten für dich Erfüllung, Erfolg und Glück?
Erfolgreich sein bedeutet, auf dem richtigen Weg zu sein, für mein Umfeld nützlich zu sein, das tun zu können, was ich liebe und was meinen persönlichen Ambitionen, meinem Ehrgeiz und meinen Zielen entspricht. Dazu gehört auch eine aus meiner Sicht angemessene finanzielle und soziale Anerkennung. *Glück* bringt der Erfolg mit sich. Glück bedeutet natürlich auch Familienereignisse wie ein Enkelkind zu bekommen oder Ähnliches.

Wie viel Familie verträgt ein erfülltes Leben?
In dieser Hinsicht sollten wir uns bewusst sein, dass alles, was wir für unsere Familie tun, von Herzen kommen muss. Dafür müssen wir die Grenzen unserer eigenen Opferbereitschaft kennen und in der Lage sein, diese wo erforderlich zu setzen. Wenn wir das schaffen, erträgt ein erfülltes Leben sehr viel Familie. Wenn nicht, kann Familie belastend sein.

Ich bin ein Familienmensch und wertschätze die Zeit mit meiner Familie sehr. Für meine Seelenruhe brauche ich meine intakte Familie. Wenn ich damit allerdings nicht richtig umgehe, merke ich, dass Familie auch mal stressig werden kann. Meiner Meinung nach sollten wir uns möglichst früh im Leben darüber klar werden, was uns wichtig ist und was wir brauchen, um uns in unserer Haut wohlzufühlen. Wenn du 100% für Deine Familie da sein möchtest und in dieser Aufgabe aufgehst, solltest du es tun. Du solltest diese Entscheidung deinen Kindern allerdings nicht vorhalten oder sie später als undankbar bezeichnen, wenn sie ihr Leben irgendwann unabhängig von dir leben wollen. Das wäre sehr unfair.

Ein erfülltes Leben kann einerseits viel Familie ertragen, andererseits gibt es auch Menschen, denen Familie nicht so wichtig ist. Nur deswegen wird keiner zum schlechten Menschen. Es ist gut, wenn du rechtzeitig weißt, was *du* willst und dein Leben mit einem Menschen teilst, der in dieser Hinsicht dein Partner ist. Hier zählen nicht Worte, sondern Taten wie Anwesenheit und Aufmerksamkeit.

Obwohl ich ein familienorientierter Mensch bin, sah ich meine Kinder in ihren ersten achtzehn Lebensjahren kaum. Bei uns funktionierte die Familie dank meiner weisen Frau. Ihr war es von Anfang an bewusst, worauf sie sich mit der Entscheidung einließ, mit mir eine Familie zu gründen. Ihre Präsenz konnte meine Abwesenheit ausgleichen. Die Rolle zu Hause konnte ihr Leben solange erfüllen, bis auch unser jüngstes Kind aus dem Gröbsten herausgewachsen ist. Danach suchte sie sich auch eine berufliche Aufgabe, die zu ihrem akademischen Hintergrund und Mehrsprachigkeit passt. Ich hoffe und denke, dass sie ihr Leben auch als erfüllt betrachtet.

Was ist deine Kraftquelle? Sind Familie und Freunde Kraftquellen?
Meist brenne ich auf großer Flamme und entfache gerne das Feuer auch in anderen. Allerdings brauche ich dazu die positive Rückmeldung meines Umfeldes, ohne die ich schnell ausbrennen würde. Mein Charakter und die bedingungslose Unterstützung meiner Familie sind meine Kraftquellen. Der Rückhalt von ihnen und von meinen Freunden sind mein Fundament, ohne das ich ein großes Problem hätte. Wenn dazu meine Leistung auch noch aus objektiver Quelle positiv bewertet wird, fühle ich mich unermüdlich.

Was bedeutet Zuhause für dich? Wo fühlst du dich zu Hause?
Eigentlich kann ich mich überall zu Hause fühlen, auch im Ausland bin ich gerne unterwegs. Ortsunabhängig fühle ich mich dort zu Hause, wo mein Selbst bewusst und authentisch sein kann. Das gilt auch in meiner Familie. Auch in deiner eigenen Familie kannst du dich entfremden, wenn dort eine Atmosphäre entsteht, in der du dir selbst nicht mehr sicher sein kannst.

Was bedeutet Freiheit für dich?
Selbstbestimmtheit und Unabhängigkeit. Beide sind kostbare, rar gesäte Schätze. Wo sie nicht möglich sind, in einem Abhängigkeitsverhältnis ist mir eine gegenseitige Vertrauensbasis wichtig. Jeder sollte seine Meinung frei äußern dürfen, ohne die Beziehung zu gefährden oder das Vertrauen zu beschädigen.

Beschreibe deine Beziehung zu dir selbst.
Grundsätzlich halte ich mich für einen glücklichen Menschen und weiß, wenn es mal regnet, dass bald darauf wieder die Sonne scheinen wird.

Welche Rolle spielen Freunde in deinem Leben? Beschreibe deine Beziehungen zu deinen Freunden.
Meine Freundschaften sind ehrlich und tragfähig mit eher wenigen Menschen. Dazu kommt ein größerer Freundeskreis meiner Frau hinzu. Auch diese gehen über die oberflächlichen Bekanntschaften

hinaus, sind tiefgehend und auf gegenseitigem Vertrauen aufgebaut.

Wer sind die wichtigsten Menschen in deinem Leben?
Das sind meine nähere Familie und meine Freunde.

In welchem Verhältnis stehen Freiheit und Beziehung zueinander?
Keineswegs dürfen sie sich gegenseitig ausschließen. Das Bedürfnis nach Freiheit verändert sich zwar im Laufe der Zeit, eine Beziehung darf dennoch nie die persönliche Freiheit weiter einschränken als das, was für eine Beziehung notwendig ist. Anders funktioniert eine Beziehung nicht auf Dauer. Bei diesem Punkt begehen viele Menschen den Fehler, das Leben des anderen leben zu wollen. Das ist ein Irrweg! Niemandem dürfen wir vorschreiben, was er zu tun hat, weder unseren bereits eigenständigen Kindern noch unserem Partner. Der Grat zwischen *beunruhigt sein* und *sich sorgen* ist sehr schmal, diesen als Rechtfertigung zu nutzen ist heikel. Niemand ist dem anderen Rechenschaft schuldig. Diese Haltung beanspruche ich für mich und erwarte sie auch von anderen. Niemand soll *mein* Leben leben, wie auch ich nicht das Leben eines anderen leben will.

Wie viel Präsenz braucht eine Beziehung?
Das ist individuell. Es kommt auf die Kompatibilität zwischen zwei Menschen in einer Partnerschaft an. Je nachdem, mehr oder weniger.

Du lebst in einer langjährigen Partnerschaft. Warum ausgerechnet mit ihr? Was schätzt du an ihr? Was hält euch zusammen?
Darüber habe ich damals intensiv nachgedacht und meine Antwort würde ich heute als einen guten Rat formulieren, den ich gerne auch meinen Kindern geben möchte, sollten sie mich jemals danach fragen. Entscheidend ist, mit wem du dich in deinem Alltag am besten fühlst. Wir sollten begreifen, dass das Leben nicht aus Wochenenden, Freitagabenden, grandiosem Sex und Urlauben in Frankreich besteht, sondern aus Montagmorgens, Katern, Frustrationen, gemeinsamen Problemen und deren Lösungen.

Auch mit der Tatsache sollten wir uns abfinden, dass in einer Partnerschaft jeder eine bestimmte Vorstellung von seinem eigenen Leben hat. Dir sollte klar sein, was der andere will und ob er dabei auch dich auf deinem Weg unterstützen kann. Gemeinsame Werte, Freude und Spaß im Alltag machen den Unterschied. Ganz im Gegensatz zur großen Leidenschaft, die leicht auf Irrwege führen kann und mit der Zeit garantiert verschwindet.

Wie sieht für dich die ideale Beziehung aus?
Ideal ist das Bestmögliche. Abgesehen von den banalen Mindestanforderungen wie gegenseitiges Interesse und intellektuelle sowie körperliche Anziehung trägt die ideale Beziehung zur Erfüllung im Alltag bei und gibt zusätzlich die Kraft, wobei keiner in das Leben des anderen eindringt. Emotionale Balance und ein gegenseitig ausgewogenes Maß an Engagement halten eine Beziehung aufrecht.

Gibt es in deinem näheren Umfeld Menschen, deren Beziehung du bewunderst?
Ja, ich sehe vorbildhafte Einstellungen in manchen Beziehungen oder solche, wo Krisen besser bewältigt worden sind, als es uns gelungen ist. Meine Beziehung würde ich trotzdem gegen keine andere tauschen. Wir leben in Harmonie und das wertschätze ich umso mehr, da ich weiß, dass ich keinen einfachen Charakter habe.

Es gibt nur wenige, denen ich abnehme, dass sie in einer tatsächlich guten Beziehung leben. Einige von außen betrachtete Katastrophenbeziehungen kenne ich auch, wo dennoch beide behaupten, glücklich miteinander zu sein.

Wie wichtig ist Treue in einer Beziehung?
Treue ist wichtig, den Begriff sollten wir nur klar definieren. Denn sie ist facettenreich und daher leicht unterschiedlich interpretierbar. Die Frage ist, wo die Linie zur *Untreue* gezogen wird. Die *körperliche Treue* definiere ich wie die Franzosen etwas großzügiger, auf gegenseitiger Basis. *Wo beginnt Untreue? Ist ein One-Night-Stand bei einem Teambuilding-Event nach vierzehn Gin Tonics so schlimm wie eine Affäre? Ist eine platonische Liebe keine Untreue?* Es ist ein schwieriges Thema. Für die meisten ist körperliche Untreue ein Scheidungsgrund. Für mich bedeuten zwanzig, dreißig Jahre langes Zusammenleben mehr, als dass es ein einmaliger Seitensprung für immer kaputtmachen könnte.

Im Allgemeinen zeigt sich, dass lebenslange Monogamie mit nur einem Partner für das Leben nur schwer mit unserer Realität und mit der menschlichen Natur zu vereinbaren ist. Polygame Beziehungen halte ich aber auch nicht für erstrebenswert. Als einzig praktikable Lösung sehe ich zwei Menschen mit ähnlicher Auffassung, die gemeinsame Regeln aufstellen und sich an diese halten.

Wie stehst du zu Ehrlichkeit? Ist sie in jeder Situation ratsam? Bist du zu dir selbst ehrlich?
Das Leben wird nicht aufrichtig gelebt. Was andere verletzen würde

oder ihrem Selbstvertrauen schaden könnte, halten wir zurück. Ein Leben, in dem wir in jeder Situation ehrlich sind, ist nicht möglich. Dazu gibt es einen sehr guten Film *The Invention of Lying* von Ricky Gervais als Regisseur. Er zeigt, wie grausam ein Leben komplett ohne Lügen wäre. Unsere Privatsphäre sollten wir bewahren dürfen. Ich möchte nicht, dass andere alle meine Schritte und Gedanken kennen. Lügen müssen wir nicht, nur auch nicht allen alles erzählen – das ist taktvoller. In einer Beziehung kennen wir den Menschen an unserer Seite gut, seinen familiären Hintergrund, seine Stärken und Schwächen. Auf wunde Punkte sollten wir bei unserer Ehrlichkeit achten und ihm auch genügend Raum lassen, damit er zu uns in jeder Situation ehrlich bleiben kann!

Zu mir selbst ehrlich zu sein, glaube ich nicht, dass es mir gelingt. Wenn ich mir mein eigenes Spiegelbild vorhalten und darin etwas sehen würde, was mir nicht gefällt, müsste ich mich verändern. Persönlichkeitsentwicklung halte ich für eine wichtige, aber auch sehr holperige und anstrengende Sache. Daher versuche ich die Erkenntnis soweit wie möglich hinauszuzögern, obwohl ich weiß, dass Verbesserungspotenzial in mir steckt. Wer genug innere Kraft findet und die Willensstärke besitzt, sich selbst in die Augen zu schauen, wird mit gewisser Intelligenz und der richtigen Schlussfolgerung zu großen Sachen fähig sein. Daher finde ich Ehrlichkeit zu sich selbst grundsätzlich wichtig und richtig. Die meisten von uns tun sich nur schwer mit Veränderungen und belügen sich lieber selbst, um mit den eigenen Fehlern nicht konfrontiert zu werden.

Was ist Liebe?
Liebe ist, dem anderen selbstlos das Beste zu wollen. Es ist ein positives Gefühl, das durchaus auch einseitig und bedingungslos sein kann, wie in der klassischen Eltern-Kind-Beziehung. Leidenschaftliche Liebe entsteht unbewusst und ist meines Erachtens ein zu vermeidender Zustand, der für Entscheidungsfindung völlig ungeeignet ist. Nur aus Liebe zu heiraten oder ein Kind zu bekommen ist unvernünftig und langfristig zu wenig.

Wahre Liebe unterscheidet sich von der einseitigen Liebe dadurch, dass sie gegenseitig ist. Liebeskummer meiner Freunde oder meiner Kinder löst daher bei mir kein Mitgefühl aus, darin sehe ich keinen Grund für Traurigkeit. Ich denke, *die große Liebe* hätte nicht Schluss gemacht.

Ist Liebe auf den ersten Blick wahre Liebe?
Liebe auf den ersten Blick ist eine Faszination oder Verliebtsein. Es

ist ein Gefühl, das ich noch nie für etwas Positives hielt, wonach ich auch nie gesucht habe. Es bringt mich in keiner Weise weiter.

Wie viel Nähe/ Distanz braucht die Liebe? Können wir jemanden aus der Distanz lieben oder müssen wir denjenigen, den wir lieben, in unserer Nähe haben?
Wenn du verliebt bist, ist Distanz sicherlich schwer zu ertragen. Bedingungslose Liebe erfordert keine Nähe. Sie ist selbstlos, daher zählt nur, ob der andere glücklich ist und nicht, ob du ihn vermisst.

Mit wem möchtest du den Rest deines Lebens verbringen?
Auf die Frage fällt mir die Antwort leicht, ich bin zu Hause richtig.

Glaubst du an Bestimmung/ Schicksal? Gibt es Menschen, die für uns bestimmt sind?
Nein. Ich glaube allerdings daran, dass die Familie, in die wir hineingeboren wurden und unsere Veranlagung bestimmend für unser Leben sind. Unser Intellekt, unsere körperliche Veranlagung, unsere Hautfarbe, unsere Religion und unser Geburtsort sind alles Faktoren, die unser Leben leider zum großen Teil mitbestimmen. Aus prägenden Lebensverhältnissen auszubrechen ist schwierig. Unser Leben kann in dieser Hinsicht leicht für uns bestimmt werden.

An einen höheren Willen, der unser Schicksal bestimmen soll, oder gar an eine Vorherbestimmung aufgrund von Sünden und Wohltaten in einem früheren Leben glaube ich nicht. Wir bestimmen unser Schicksal selbst im Rahmen unserer Möglichkeiten und Gelegenheiten.

Hast du unerklärbare/ magische Situationen erlebt? Beschreibe diese.
Ja, es sind meine Anekdoten, die ich gerne in der Runde mal erzähle. Eine davon passierte während meiner sportlichen Laufbahn bei den Olympischen Spielen, wo wir die Silbermedaille gewonnen haben. Im Achtelfinale passierte etwas, was ich damals als göttliche Intervention empfand. Gegen Kanada sah es für uns so schlecht aus, dass ich zusammengebrochen bin und völlig außer mich geriet, wir gewannen trotzdem. Diesen damaligen psychischen Zustand kann ich nicht in Worte fassen. Dort passierte einfach ein Wunder.

Es gab auch andere magische und fabelhafte, unwahrscheinliche, kleinere Dinge. Wie der Anruf meiner Mutter aus Aruba, die früher regelmäßig Urlaub auf Guadeloupe machte. Als sie von Board ging und in ein Taxi stieg, traf sie auf einen Taxifahrer, der gleichzeitig der Präsident eines arubanischen Sportverbandes war und ihr erzählte, dass er einen einzigen Menschen aus unserem Land kannte, nämlich mich über den Sport. *Wie groß ist die Wahrscheinlichkeit, dass meine Mutter am anderen Ende der Welt ausgerechnet in einem Taxi sitzt und diesen Mann trifft?*

Magische Situationen finde ich unerklärlich, schön zu erleben und unterhaltsam zu erzählen.

Wovor hast du Angst, was ist deine größte Befürchtung?
Gerne möchte ich glauben, dass die Gesundheit und das Wohlgehen meiner Liebsten das ist, worum ich mich am meisten sorge, gleichzeitig spüre ich meine Angst vor meiner eigenen Vergänglichkeit, die noch größer ist. Nicht vor dem Tod habe ich Angst, sondern vor der Art und Weise und vor der Zeit davor mit starken Schmerzen. In meinem direkten Umfeld habe ich es mehrfach miterlebt, wie grausam unser Leben enden kann, wenn wir nicht das Glück haben, plötzlich auf der Straße umzufallen und zu sterben. Die letzte Phase des Lebens kann furchtbar sein und davor habe ich große Angst.

Darüber hinaus beängstigt mich natürlich auch jegliches Unglück, das meine Liebsten treffen oder Furchtbares, was ihr Leben nachhaltig ruinieren könnte. Davor habe ich sogar mehr Angst als davor, dass ihr Leben frühzeitig ein abruptes Ende finden könnte.

Gibt es jemanden, für den du sterben würdest?
Bewusst nur für meine Kinder. Unbewusst würde ich wahrscheinlich in einer Schnellschussreaktion auch für ein unbekanntes Kind mein Leben riskieren und es retten wollen.

Was verletzt dich? Wie reagierst du darauf?
Nur wer mir absichtlich wehtut, kann mich verletzen. Absichtliche Verletzungen finde ich unwürdig, sie kränken mich trotzdem. Ich versuche so schnell und so leicht wie möglich über sie hinwegzukommen. Die Ursache solcher Angriffe sehe ich nicht bei mir, sondern beim anderen, daher setze ich mich damit meist auch nicht lange auseinander.

Wenn ich zu Unrecht oder grundlos beschuldigt werde, grübele ich länger, weil mein Gerechtigkeitsempfinden getroffen wird. Menschen, die mir das antun, gönne ich allerdings niemals die Freude zu sehen, wie schlecht es mir geht und zeige daher meine Betroffenheit nicht nach außen. Diese Haltung habe ich von meinem Onkel und im Sport gelernt. Dort geht es um große Emotionen. Mein Onkel legte besonderen Wert darauf, jede Niederlage in Würde und mit nur einem Lächeln zu akzeptieren. Niemals hätte er lamentiert. Er zog wortlos seine Maske übers Gesicht und gratulierte so dem Sieger. Diesen besonderen Moment des Handschlages mit dem Sieger kenne ich zu gut, in dem du knallhart mit der Tatsache deiner Niederlage konfrontiert wirst. In diesem Moment Haltung zu bewahren ist sehr schwer! Deinen inneren Schmerz nicht nach außen zu zeigen, ist aber deine einzige Chance, beim Gegner das Hochgefühl seines Sieges an sich nicht noch mit der Freude des Sieges *über dich* zu steigern. Meine Gefühle behielt ich daher im Sport bis zur Umkleidekabine immer für mich selbst und ließ ihnen erst dort freien Lauf.

Es ist eine sportliche Haltung, die ich auf andere Lebensbereiche auch übertragen habe. Niemand, der mich verletzt, erfährt meine wahren Gefühle oder Betroffenheit. Niemandem gönne ich die Freude, über mich zu triumphieren. In mir selbst regele ich alles und vergesse nichts. In tiefgehenden Diskussionen kommt es manchmal später raus, doch über meine Gefühle rede ich auch dann nur objektiv. Emotionalität an der Stelle hilft niemandem und bringt auch mich nicht weiter.

In welcher Situation neigst du zur Überreaktion? Was bringt dich aus der Fassung?
Meine innere Gefühlslage oder meine Aufgewühltheit zeige ich nie in meinen Handlungen oder Worten. Heftige Reaktionen versuche ich zu vermeiden. Wenn ich mal ungeduldig oder sehr leidenschaftlich bei einem Thema bin und auf der anderen Seite große Ignoranz und Unwissenheit herrschen, dann kann es mal passieren, dass es mir mit der Beherrschung nicht so gut gelingt.

Gibt es etwas, was dich traurig macht?
Ja, unser öffentliches Leben und die durch meine Mitmenschen verursachte aktuelle Lage in der Welt. Generell nehme ich einen moralischen Verfall wahr, besonders in meinem Land bzw. in meinem direkten Umfeld und finde es sehr armselig, wohin es führt.

Bringt dich etwas zur Verzweiflung?
Dummheit.

Hast du eine kritische Situation erlebt, die dich physisch und/ oder emotional an deine Grenzen gebracht/ gebrochen hat? Wie bist du damit umgegangen?
Physisch bisher nicht, ich bin stark. Als Sportler bin ich oft an meine physischen Grenzen und darüber hinaus gegangen, aber das ist eine

andere Kategorie. Emotional gelang ich im vergangenen Jahr an einen kritischen Punkt, als mich die nationale Politik an der Spitze des Olympischen Komitees auf mieseste Art und Weise fertiggemacht und zum Rücktritt gezwungen hat. Das war eine Erfahrung der brutalsten Art! Nie hatte ich davor gedacht, in meinem Leben jemals so tief fallen zu können. Es entstand eine unkontrollierbare Situation. Die vier bis sechs Wochen bis zu meinem Rücktritt waren kaum auszuhalten. Die wahren Gründe dahinter werde ich nie erfahren.

Wie ich damit umgegangen bin? Ich versuchte weiter zu existieren, mehr ging nicht. So eine Situation stehst du nur durch, indem du weiterhin abends ins Bett gehst und morgens wieder aufstehst. Deine Wunden, je nachdem wie tief diese sind, heilen mit der Zeit langsam wieder. Die Sonne geht auf, und wenn dir bewusst ist, dass die Zeit alle Wunden heilt, hilft dir das etwas. Gegen einen so großen Schlag gibt es kein Rezept, außer, dass du es *irgendwie* überleben musst.

Was war die schwierigste Entscheidung deines Lebens?

In meinem Leben habe ich schon viele Entscheidungen getroffen, keine davon fiel mir wirklich schwer. Es war keine dabei, die mein Leben unwiderruflich bestimmt hätte, wenn ich mich an dem Punkt falsch entschieden hätte. Daher empfand ich sie nicht als schwierig. Die Richtung kannte ich immer und wusste, welchen Weg ich einschlagen soll. Es ging also nie um die Entscheidung selbst, sondern darum, wie ich die Situation gestalten konnte, damit die Entscheidung gut wurde.

Ein Beispiel: Als mir nach fünfzehn Jahren Tätigkeit in einem Unternehmen eine Position als Vorstandsvorsitzende einer anderen Organisation angeboten wurde, wusste ich, dass ich diese Chance ergreifen musste. Trotz meiner Angst, meiner Ehrfurcht, meiner Selbstzweifel und meiner Unsicherheit, ob ich der Aufgabe gewachsen war, wusste ich, dass dies mein nächster richtiger Schritt war. Schwierig fiel mir also nicht die Entscheidung an sich, sondern die Überlegung, wie ich es mir mit der Entscheidung so leicht machen konnte, damit es funktionierte. Niemand würde sich gegen ein so attraktives Angebot entscheiden, daher ist es auch nicht wirklich eine Wahl, es sei denn, du möchtest in deinem alten Leben auf der Stelle stehen bleiben. Im Grunde genommen wissen wir meistens, welche Entscheidung wir für unseren nächsten richtigen Schritt treffen müssen.

Im privaten Bereich habe ich es mir einfacher gemacht und mich gefragt, ob ich meinem Herzen folgen oder auf meinen Kopf hören sollte, und ich weiß, dass mein Kopf sich immer richtig entscheidet.

Bezüglich der großen Fragen des Lebens fand ich so bisher immer den richtigen Weg. Daher empfand ich meine Entscheidungen bisher nicht als schwierig.

Wie gehst du im Allgemeinen mit Herausforderungen um?

Eine Herausforderung ist etwas Positives, was zu unserem Leben dazugehört. Im Gegensatz dazu stehen unsere Probleme von der Autopanne bis zu Krankheiten, die wir in unserem Leben nicht brauchen. Beide versuche ich mit einer positiven Einstellung lösungsorientiert anzunehmen.

Welche Situation hat dich in Deinem Leben stärker gemacht? Inwiefern?

Über die Ereignisse des letzten Jahres, die mich zum Rücktritt geführt haben, bin ich stärker und weiser geworden. Durch die Erkenntnis über mich selbst und vieles, was ich davor nicht wusste oder dachte. Rückblickend finde ich, dass ich die Situation gut bewältigen konnte, das hätte ich mir davor nicht zugetraut. Zwar hoffe ich sehr, dass eine solche psychische Belastung sich nicht wiederholen wird, doch ab jetzt könnte ich damit besser umgehen.

Ich finde jede Herausforderung und jedes Problem, was du gemeistert hast, bringt dich ein Stück weiter und macht dich stärker wie das Training im Sport.

Wie schaffst du es, dein emotionales Gleichgewicht wiederherzustellen/ aufrechtzuerhalten?

Mein emotionales Gleichgewicht ist meist nach oben gerichtet und wenn nicht, kann ich leicht zurückschwenken. Aufgrund meiner Vergangenheit, meiner Familie, meinen Freunden und meiner Natur brauche ich mir darüber nicht allzu viele Gedanken zu machen.

Was war der beste Ratschlag, den du jemals erhalten hast?

Es waren zwei Ratschläge meines Vaters.

> *Freundlichkeit umsonst (Gentillesse gratuite): Sei bedingungslos immer zu jedem freundlich, ohne im Gegenzug etwas zu erwarten.*

> *Argumentiere nie mit Idioten, weil du diese sowieso nicht überzeugen kannst.* Diese innere Haltung meines Vaters, die ich als *spirituelle Eleganz (élégance spirituelle)* bezeichne, ist schwer in der Umsetzung, weil wir im Laufe unseres Lebens vielen Idioten begegnen. Dennoch, es lohnt sich zu üben!

Möchtest du jemandem etwas beweisen? Wenn ja, wem?

Mir ist die Gewissheit wichtig, dass meine Vorfahren und mein Stief-vater mein Tun gutheißen würden.

Wie wichtig ist es dir, was andere über dich denken?
Ist leider sehr wichtig, befürchte ich.

Woran hältst du fest?
Am großen Ganzen halte ich fest, da die wichtigen Säulen und meine Prioritäten in meinem Leben richtig sind. Ich hoffe sehr, dass diesbezüglich keine großen Veränderungen mehr auf mich zukommen werden. Den richtigen Weg habe ich gefunden und möchte daher meine Einstellung nicht verändern. Eine gewisse Flexibilität und Agilität halte ich auch für die Zukunft bereit.

Hast du ein Ziel/ Ziele in deinem Leben? Wie realisierst du diese?
Mein Ehrgeiz und meine Ambitionen verlangen von mir, dass ich meinen gesellschaftlichen Status, der mir meiner Meinung nach zu Unrecht genommen wurde, in der Öffentlichkeit wiederherstelle.

Wenn du auf dein bisheriges Leben zurückblickst, worauf bist du stolz?
Im Grunde genommen habe ich in den letzten fünfzig Jahren das, was ich bekommen habe, nicht vergeudet. Mehrere erfolgreiche, selbstbewusste und weitsichtige Menschen haben mich geprägt und ich denke, dass es mir gelungen ist, aus ihren Einflüssen das, was ich für gut hielt, zu übernehmen.

Gehst du denselben Weg weiter? Worauf freust du dich?
Ja, bis auf die gewisse Persönlichkeitsverzerrung, die ich in meiner Position erlitt und was mein Verhältnis mit meinem Umfeld belastete. Wenn dir keiner mehr widerspricht, kann es leicht passieren, dass du arrogant wirst, dich für unfehlbar hältst und anders mit den Menschen umgehst, als es dir lieb ist. Nach dieser Erkenntnis weiß ich, dass es mir zukünftig nicht noch einmal passieren wird.

Worauf achtest du zukünftig mehr? Hast du Zukunftsängste?
Zukunftsängste habe ich nicht, ich bin ein optimistischer Mensch.

FINN

erzählt über sein erlebnisreiches Leben, das von Neugier und Interesse auf Neues angetrieben wird und warum die Zeit, die wir uns selbst und unseren Kindern schenken, so wichtig ist

Haben Sie ein Lebensmotto?
Nein. Lebensmotto wäre eine Richtschnur oder ein Leitfaden, wonach ich lebe, und das würde nicht zu mir passen. So bin ich nicht. Ich bin neugierig und wenn ich etwas kann, dann reicht mir das, muss es nicht ausüben. Ich will dann wieder etwas Neues lernen.

Haben Sie ein Vorbild? Wenn ja, aus welchen Gründen gerade sie/ihn?
Ein Vorbild habe ich nicht. Es gibt Menschen, die in unterschiedlichen Lebenssituationen Dinge getan haben, die mir gut gefallen und Charakter gezeigt haben. Das habe ich mir gemerkt, um in ähnlichen Situationen bewusst zu handeln. Es sind keine Vorbilder, sondern Menschen, die ich bewundere, denen ich nicht nacheifern will und auch nicht könnte. Es sind Menschen, die anderen geholfen haben oder im Unternehmertum Unglaubliches geleistet haben.

Wenn Sie ein Buch schreiben würden, um welches Thema würde es sich handeln?
Wenn ich ein Buch schreiben würde, dann würde ich darüber schreiben, was ich in meinem Leben erlebt habe, um es meinen Kindern mitzuteilen. Es wäre kein Buch für die Allgemeinheit, sondern für meine Kinder, um zu erzählen, wie ich war, bevor sie mich kennengelernt haben.

Welches Buch würden Sie anderen unbedingt empfehlen? Warum?
Ich kann kein Buch einer Person empfehlen, wenn ich die Person nicht kenne. Wenn ich etwas gut finde, muss es nicht unbedingt zu der anderen Person passen, also wüsste ich momentan nicht, wem ich welches Buch empfehlen würde. Politikern würde ich etwas über den gesunden Menschenverstand empfehlen, Unternehmern eher etwas dahingehend, damit sie sich mehr um ihre Kinder kümmern. Ein *bestimmtes* Buch aber gibt es nicht, das ich gut finde und denke, dass es jeder lesen sollte.

Das Parfum von Patrick Süskind habe ich in einer Nacht verschlungen, weil *ich* es einfach auf einmal durchlesen musste. Das habe ich auch empfohlen, jedoch nicht bewusst und nicht, weil ich denke, dass dieses Buch *alle* lesen sollten.

Mit wem hatten Sie zuletzt eine tiefgreifende Diskussion und worüber?
Mit einem guten Freund von mir, einem ehemaligen hohen Beamten im Außenministerium. Wir haben uns über die deutsche Außenpoli-

tik, insbesondere in Afrika unterhalten. Es trafen zwei sehr diverse Meinungen aufeinander. Jemand wie ich, der aus dem Unternehmertum kommt, denkt und fühlt ganz anders als jemand, der sein Leben lang als Beamter in einem Kokon eingehüllt war und politischen Vorgaben folgen musste; unabhängig davon, ob er diese für gut hielt oder nicht. Ich bin jemand, der den Mund aufmacht, wenn er etwas nicht gut findet, und er ist einer, der dann nickt. Es war eine hochinteressante Diskussion, weil wir uns gegenseitig achten und schätzen, obwohl wir völlig konträr sind. Wenn beide die gleiche Meinung haben, kommt meist nichts Gutes dabei heraus. Aus der Gegensätzlichkeit erwachsen Ideen und Gedanken. Aus der Gleichförmigkeit erwächst überhaupt nichts!

Was ist für Sie das Wichtigste im Leben?
Darüber habe ich mir noch keine Gedanken gemacht. Ich würde sagen, dass ich lebe und die Möglichkeit habe, in meinem Leben vieles zu tun.

Was bedeutet für Sie ein erfülltes Leben?
Auf einer Skala von hundert werde ich die Hundert nie erreichen, weil immer irgendetwas fehlen wird. Wenn ich die Punkte jedoch, die mir im Leben wichtig sind und meine Prioritäten möglichst gut ausgefüllt habe, dann sind die anderen Dinge nicht mehr so wichtig. Ich werde nie alles tun können, was ich mir vorgenommen habe oder was ich mir wünsche. Die Möglichkeit zu haben, mir etwas zu wünschen und etwas zu tun, ist an sich schon mal etwas sehr Positives.
  Das Wichtigste ist *Zufriedenheit* und diese sollte aus jedem selber kommen. Jeder ist mit etwas anderem zufrieden. Es gibt Menschen, die dann zufrieden sind, wenn sie mehr *haben*, das sind für mich die *Haben-Typen*. Ich bin der Gegenpol und möchte *sein*. Mir sind Erlebnisse wichtig und nicht das Geld.

Was macht Sie glücklich?
Gar nicht viel Großes, wenn die Sonne scheint und ich mich darüber freue. Das habe ich von den Menschen gelernt, die nichts anderes haben als die Sonne, worüber sie sich freuen können. Es gibt Menschen, die über Kleinigkeiten froh sind, worüber wir uns gar keine Gedanken machen. Was für uns selbstverständlich ist, ist für andere große Luxus. Ich kann mich über solche Kleinigkeiten freuen.

Wobei fühlen Sie sich lebendig?
Wenn ich Sport treiben kann, wenn ich mich bewegen kann. Da-

bei geht es mir nicht um das Ergebnis oder um den Wettbewerb. Es geht um die verausgabende Bewegung, die ich bei meiner beruflichen Tätigkeit sonst nicht habe. Diese ist mehr oder weniger an den Schreibtisch gebunden, selbst wenn es viele Reisen sind, im Flugzeug und Hotel. Wenn ich mich beim Sport bewegen kann und Endorphine ausstoße, dann fühle ich mich lebendig.

Was bedeuten für Sie Erfüllung, Erfolg und Glück?
Auch darüber habe ich mir noch nie Gedanken gemacht. *Glück* ist ein momentaner Zustand wie ein Geburtstag oder ein Dauerzustand, in dem ich mich bewege. Für Glück können wir oft nichts tun, außer uns darauf zu verlassen, dass es uns mal zufliegt. *Erfüllung* würde bedeuten, möglichst viel ausprobieren zu dürfen und möglichst viel zu erleben. *Erfolg* messe ich nicht an materiellen Dingen, sondern wie ich mich selber weiterentwickele, wie ich mich in dem, was ich tue, wohlfühle und ob das, was ich mir vornehme, funktioniert oder nicht.

Wie viel Familie verträgt ein erfülltes Leben?
Familie ist ein Teil eines erfüllten Lebens. Es ist nicht etwas, was wir auch noch mitmachen *müssen*, sondern es ist ein Bestandteil. Wenn ein erfolgreicher Unternehmer mit einem Milliardengeschäft gleichzeitig in seiner Familie eine Katastrophe verursacht, und davon kenne ich einige, ist es kein erfülltes Leben. Erst wenn es ihm gelungen ist, seine Familie in sein erfülltes Leben zu integrieren. Ich glaube, dass Familie ein wichtiger Bestandteil eines erfüllten Lebens ist.

Was ist Ihre Kraftquelle? Sind Familie und Freunde Kraftquellen?
Meine Kraftquelle ist vermutlich die Neugier und mein Interesse an Themen, die ich noch nie gehabt habe mit der Frage, ob ich diese geregelt kriege oder nicht.

Was bedeutet Zuhause für Sie? Wo fühlen Sie sich zu Hause?
Da, wo mein Herz schlägt und das kann überall sein. *Zuhause* und *Heimat* sind für mich artverwandte Begriffe. Heimat ist, wo wir herkommen und das bleibt immer dasselbe. Zuhause war für mich immer da, wo mein Koffer gestanden hat, wo meine Wohnung war, wo ich mich wohlfühle. Mein Zuhause hat sich oft geändert, ich bin schon paarmal umgezogen.

Was bedeutet Freiheit für Sie?
Freiheit gibt es nur innerhalb von Grenzen. Wenn es keine Gren-

zen gäbe, dann gäbe es auch keine Freiheit, es wäre dann Anarchie. Freiheit ist im Alltag ein ganz wichtiges Gut. Die eigene Freiheit hört dort auf, wo die Freiheit des anderen beginnt. Frei zu leben bedeutet nicht, dass ich nur das mache, was ich will, sondern dass ich auch auf andere Rücksicht nehme. Da beginnen meine Grenzen. Es gibt Leute, die diese Grenzen nicht erkennen, die irgendwo rumrandalieren oder sich festbinden. Das hat mit Freiheit überhaupt nichts zu tun!

Wir können es auch mit der Musik vergleichen. In der Musik gibt es Harmonieschemen. Wenn ich in der Harmonie bleibe, klingt es schön. Wenn ich die Harmonie verlasse, klingt es katastrophal.

Wenn *ich* an Freiheit denke, denke ich deshalb auch immer daran, wo die Grenzen meiner persönlichen Freiheit sind und ob ich diese erweitern kann. Das ist Freiheit für mich.

Beschreiben Sie Ihre Beziehung zu sich selbst.

Es gibt sicher Sachen, von denen ich heute weiß, dass ich sie vor zwanzig Jahren hätte anders machen müssen oder besser bleiben lassen. Ich versuche alles in *der* Situation zu betrachten, in der es passiert ist und aus der Perspektive heraus, was ich damals wusste. Daher bedauere ich oder bereue ich nichts, sondern weiß, dass es die Realität ist, die damals so war und heute anders ist.

Wenn es etwas zu lernen gibt oder ich etwas verbessern kann, dann mache ich es und das mache ich gerne. Manchmal bin ich auch gerne einfach nur faul. Ich versuche keine permanente Unzufriedenheit zu erzeugen, indem ich mich selbst unter Druck setze.

Beschreiben Sie Ihre Beziehungen zu Ihren Freunden.

Ich habe sehr viele Bekannte und wenige Freunde. Meine Freunde, mit denen ich schon sehr lange befreundet bin, wohnen nicht hier, sie sind weiter weg. Wir sehen uns vielleicht einmal oder zweimal im Jahr, manchmal überhaupt nicht. Wenn sie jedoch etwas haben, dann kommen sie zu mir und ich komme zu ihnen. Die anderen sind nettere Bekanntschaften, die öfters mit meinem Wohnort wechseln. Meine Freundschaften bleiben, auch wenn ich meinen Wohnort wechsele.

Wer sind die wichtigsten Menschen in Ihrem Leben?

Meine Kinder und meine Lebenspartnerin.

In welchem Verhältnis stehen Freiheit und Beziehung zueinander?

Es ist die Frage, unter welchem Aspekt wir es sehen. Unter dem sexuellen Aspekt wird das Verhältnis ziemlich eng und diametral.

In einer Beziehung, in der jeder dem anderen den Freiraum lässt, den dieser braucht, ist das Verhältnis gut. Ich denke, Freiheit in einer Beziehung bedeutet, jedem den Freiraum zu lassen, den er benötigt. Niemand kann vierundzwanzig Stunden permanent mit einem anderen zusammen sein.

Wie viel Präsenz braucht eine Beziehung?
Es kommt auf die Beziehung an, obwohl ich denke, dass Präsenz in einer Beziehung wichtig ist. Eine Fernbeziehung auf Dauer ist ein Thema, obwohl wir heute durch die neuen Kommunikationsmittel bessere Möglichkeiten haben als früher. Die persönliche Anwesenheit halte ich nach wie vor für erforderlich und davon brauchen die einen mehr und die anderen weniger.

Sie leben in einer Partnerschaft. Warum haben Sie gerade sie gewählt? Was schätzen Sie an ihr? Was hält Sie zusammen?
Ich habe mich damals in ihrer Gegenwart einfach wohlgefühlt. Bei sehr unterschiedlichen Charakteren, Lebensansichten und Auffassungen respektieren wir uns gegenseitig, wie auch die Meinung des anderen, selbst wenn wir diese nicht immer unbedingt teilen. Außerdem fühlen wir uns wohl, wenn wir zusammen sind. Meistens sind es die einfachen Dinge, die entscheiden.

Wie sieht für Sie die ideale Beziehung aus?
Die gibt es nicht. Ideal wäre hundert Prozent, in jedem Punkt alles perfekt. Daran glaube ich nicht. Wenn wir die ideale Beziehung vom Ideal runterbrechen, dann bedeutet es, dass wir zusammen leben können, selbst wenn wir Probleme haben, gemeinsam an einem Strang ziehen und zufrieden sind mit unserem Partner, wenn wir zusammen sind. Wer hundert Prozent erwartet, wird enttäuscht sein.

Gibt es in Ihrem näheren Umfeld Menschen, deren Beziehung Sie bewundern?
Ja, ein mir bekanntes Ehepaar, wo er leider schon verstorben ist, die aber ein tiefes Miteinander hatten. Es war eine Beziehung, in der er nicht zwei Stunden ohne sie sein konnte. Für ihn war es wichtig, dass sie *immer* dabei war. Wenn sie zusammen waren, dann hatten sie in der Sprache ein hohes Frustrationslevel. Es war dennoch eine tolle Beziehung, weil sie einander brauchten, jeder auf seine Art. Er brauchte ihre Emotionalität und ihre Unterstützung, sie stand immer hinter ihm. Sie brauchte seine Art, die Dinge anzupacken. Die beiden habe ich bewundert!

Ich kenne auch ein anderes Ehepaar, mit denen wir in Indien tolle Feste zusammen feierten. Das ist auch ein Paar, das schon sein Leben lang sehr gut und intensiv zusammen ist.

Wie wichtig ist Treue in einer Beziehung?

Was ist Treue? Die meisten verstehen darunter sexuelle Treue. *Was ist, wenn der eine rumflirtet? Ist das Untreue?* Ich denke, das hängt vom Paar ab, ob sie sich emotional aufeinander verlassen können und was die Gemeinsamkeiten sind. Es gibt Leute, denen die absolute Treue wichtig ist, andere können mit dem Thema lockerer umgehen. Es ist wichtig, dass keiner in der Beziehung leidet.

Wie stehen Sie zu Ehrlichkeit? Ist sie in jeder Situation ratsam? Sind Sie zu sich selbst ehrlich?

Ehrlichkeit gegenüber Menschen, die ich liebe, ist unbedingt wichtig. Ehrlichkeit im Geschäft halte ich, obwohl ich Anwalt bin, auch für wichtig. Es gibt allerdings auch gute Gründe, wenn wir den Mund halten. Ich muss nicht unbedingt jedem meine ehrliche Meinung sagen und wenn ich etwas höre, was mir nicht gefällt, dann kann ich auch mal schweigen. Ich muss auch nicht alles verpetzen. Das ist nicht Ehrlichkeit. Ehrlichkeit ist nicht immer die Wahrheit zu sagen, sondern eine aufrichtige innere Haltung!

Was ist Liebe?

Liebe ist ein Gefühl, eine Emotion. Versuchen Sie mal Emotionen rational zu beschreiben - ich kann es nicht.

Ist Liebe auf den ersten Blick wahre Liebe?

Kann nicht sein, weil wahre Liebe tiefgreifender ist als eine momentane Verliebtheit, die vielleicht mal paar Wochen hält, bis wir aus dem Traum wiedererwachen. Zur Liebe gehört auch eine Vertrautheit, die wächst. Wenn etwas nicht gewachsen ist, dann kann es per Zufall wunderbar passen. Es kommen aber noch paar Proben, die es überstehen muss. Dazu muss es wachsen. Liebe ist wie ein Bäumchen oder eine Pflanze. Sie muss gegossen werden, sonst geht sie kaputt. Wenn es gegossen wird, dann wird es ein großer Baum. Es kommt nur nicht als großer Baum auf die Welt, sondern ist gewachsen. Das ist der Unterschied zur ursprünglichen Verliebtheit, also zur Liebe auf den ersten Blick.

Wie viel Nähe/ Distanz braucht die Liebe? Können wir jemanden aus der Distanz lieben oder müssen wir denjenigen, den wir lieben, in unserer Nähe haben?
Jemanden, den ich nicht kenne, ist schwierig, jemanden, den ich kenne, kann ich auch aus der Distanz lieben. Nähe und Distanz, die wir brauchen, sind individuell. Jede Beziehung auf Distanz endet irgendwann. Entweder mit der Trennung oder mit dem Zusammenziehen.

Mit wem möchten Sie den Rest Ihres Lebens verbringen?
Mit meiner Partnerin.

Glauben Sie an Bestimmung/ Schicksal? Gibt es Menschen, die für uns bestimmt sind?
Das ist ein hochinteressantes Thema. Ich hatte ein Erlebnis in Thailand, wo ich mich morgens vor der Arbeit in einer klassischen Thai Massageschule massieren ließ. Diese lag neben einem Kloster, woher auch die Mönche kamen, um sich morgens auch massieren zu lassen. Einer dieser Mönche hat mich so genau analysiert, dass ich nicht glauben konnte, dass das wahr war. Er war ein guter Menschenkenner. Er konnte nicht in die Zukunft sehen, er konnte aber aufgrund der Tatsache, dass er erkannt hat, wie ich bin, extrapolieren, was ich in bestimmten Situationen tun könnte oder tun würde; wie ich mich dann verhalten würde.

Ich glaube, aufgrund der Tatsache, wie wir gestaltet sind, wird sich auch unser Leben in etwa gestalten. An die große Schicksalstrommel oder an Vorbestimmung glaube ich nicht, sondern an der natürlichen Entwicklung unserer Charaktere und wie wir sind, weshalb wir uns in bestimmten Situationen so und nicht anders verhalten werden.

Wenn wir jemanden kennenlernen, das ist für mich ein Zufall und kein Schicksal. Wäre ich erst zehn Minuten später am selben Ort gewesen, dann hätten wir uns einfach nicht kennengelernt. Das ist Zufall.

Haben Sie unerklärbare/ magische Situationen erlebt? Beschreiben Sie diese.
Unerklärbare Situation wüsste ich jetzt nicht. Magische Momente habe ich in der Musik im Konzert erlebt, wenn ich merke, dass etwas Besonderes passiert.

Wovor haben Sie Angst, was ist Ihre größte Befürchtung?
Angst habe ich nicht.

Gibt es jemanden, für den Sie sterben würden?
Es ist eine extrem schwierige Frage, weil im ruhigen Zustand, also
ohne eine Gefährdung oder ohne einen Drang handeln, denken,
agieren und sprechen wir anders als in einer direkten Situation, in
der wir uns entscheiden müssen. Menschen reagieren in Krisensi-
tuationen völlig anders als sie denken oder als andere denken. Da
wachsen einige über sich heraus, andere werden zu Feiglingen. Deshalb maße ich es mir nicht an, sagen zu können, wie ich in so einer
Situation handeln würde.

Ich habe Situationen, in denen ich Todesangst hatte, schon mal
erlebt. Beim ersten Mal bin ich völlig zusammengeklappt und war
komplett gelähmt; konnte gar nichts mehr machen. Danach ging es
besser. Ich habe es also selbst erlebt, wie es ist, in Situationen handeln zu müssen und nicht handeln zu können. Das hätte ich nie vorher von mir gedacht. Deshalb weiß ich, dass es keiner vorhersagen
kann, wie er in einer Notsituation handeln würde.

Was macht Sie verletzlich?
Darüber habe ich mir noch keine Gedanken gemacht, kann ich nicht
sagen.

Was verletzt Sie? Wie reagieren Sie darauf?
Unehrlichkeit, Unaufrichtigkeit und nicht begründete Vorwürfe
oder wenn einer mich bewusst anlügt. Meine Reaktion darauf ist ge-
mütsabhängig. Mal reagiere ich mit Deeskalation, mal mit Gebrüll.
Mal vernünftig und mal unvernünftig. Das ist situationsabhängig.

Wenn wir verletzt werden, dann wird eine Emotion verletzt und wir
reagieren dann nicht immer rational, obwohl wir es sollten. Manchmal können wir es und manchmal nicht. Es ist bei mir genauso.

**In welcher Situation neigen Sie zur Überreaktion? Was bringt Sie
aus der Fassung?**
Wie ich vorhin beschrieben habe, wenn einer bewusst lügt, um
Schaden zu verursachen oder um etwas zu verbergen, dann werde
ich sauer.

**Gibt es etwas, was Sie traurig macht? Bringt Sie etwas zur Ver-
zweiflung?**
Zur Verzweiflung bringt mich nichts. Mich macht soziales Leid bei
Tieren und bei Menschen traurig. Ich hätte nie einen sozialen Beruf
ergreifen können, weil ich mit dem Leid nicht gut umgehen kann. Wie
ein Arzt, der den ganzen Tag mit Kranken zusammen sein, ein Tier-

arzt, der mit kranken Tieren umgehen oder ein Sozialhelfer, der mit Problemfällen umgehen kann, kann ich es nicht an mich heranlassen. Ich weiß, dass mich das so traurig macht, dass ich es nicht kann. Ich kann keinen Schutzpanzer gegen mein eigenes Gefühl anlegen.

Haben Sie eine kritische Situation erlebt, die Sie physisch und/ oder emotional an Ihre Grenzen gebracht/ gebrochen hat? Wie sind Sie damit umgegangen?
Mehrfach habe ich solche Situationen erlebt. Im Leben bleibt so etwas nicht aus. Emotional war es beim ersten Mal eine komplette Katastrophe. Ich war völlig konfus und musste mich erst mal wieder sortieren. Die zweite emotionale Situation war meine Ehescheidung, wonach ich drei Monate brauchte, bis ich wieder auf der Reihe war. Das zweite Mal ging alles schneller und ich konnte damit besser umgehen, weil ich es schon einmal in der anderen Situation davor erlebt hatte. Es ist wie beim Trainieren. Wenn etwas das zweite Mal passiert, wissen wir, dass wir es das erste Mal auch schon überlebt haben.

Ich war beim Militär und da ist es üblich, im Sport die physischen Grenzen auszutesten. Das hat mit Rumschießen nichts zu tun. Es ist eine rein sportliche Frage, ob ich es noch schaffe oder nicht. Meine Grenzen zu kennen ist nicht schlecht, dann kann ich besser mit mir selbst umgehen. Genauso ist es mit dem Studium und mit dem Lernen. Jeder, der mal eine Nacht durchgeochst hat, weil er am nächsten Tag um neun Uhr abgeben musste und weil er zu faul war, vorher anzufangen, weiß, wovon ich rede. Wenn du das einmal gemacht hast, weißt du, dass du es das nächste Mal anders machen musst. Oder du machst es noch einmal doch genauso, weil du schon weißt, wie es geht.

Was war die schwierigste Entscheidung Ihres Lebens?
Eine solche hatte ich noch keine zu treffen. Ich hatte viele schwierige Entscheidungen getroffen, dabei ist noch keine herausgestochen, wobei ich hätte an meine Grenzen gehen müssen.

Wie gehen Sie im Allgemeinen mit Herausforderungen um?
Sehr rational und analytisch. Ich versuche das Problem zu analysieren, eine Diagnose zu stellen und die Herausforderung erst dann anzugehen oder es zu lassen. Es gibt Herausforderungen, die kann ich nicht schaffen. Zum Beispiel eine Restrukturierung - die ich schon oft gemacht habe - geht nicht, wenn kein Geld da ist. Dann ist es nicht machbar. Es gibt Situationen, wo es möglich ist, Geld zu beschaffen, auf die gehe ich dann ein.

Grundsätzlich gehe ich überlegt vor und sage nicht bei allem, dass ich es stemmen würde. Erst frage ich mich, ob das, was ich machen will, machbar für mich ist. Es gibt Situationen, die ich vorher nicht einschätzen kann und wo ich erst erfahren kann, ob ich es schaffe, in dem ich es ausprobiere. Das ist dann für mich ein kalkuliertes Risiko, das ich eingehe.

Welche Situation hat Sie in Ihrem Leben stärker gemacht? Inwiefern?

Nicht eine einzelne, sondern viele. Aus beruflichen Situationen bin ich immer gestärkt herausgekommen. Jedes Mal, wenn ich etwas Neues anfange, nehme ich aus jeder Station die Erfahrung mit und weiß, wie es ist, wenn etwas nicht funktioniert. Immer versuche ich das Gute zu behalten und das Schlechte hinter mir zu lassen. Angefangen habe ich in einer kleinen Anwaltskanzlei und war irgendwann dann Vorstandsvorsitzender in Paris. Ich wollte nie etwas dauerhaft machen und es hat mir immer viel Spaß gemacht, Neues zu beginnen und mich weiterzuentwickeln. Deshalb gibt es nicht *die eine* Situation, die mich stärker gemacht hat, sondern viele kleine Stationen, die zu dem Menschen geführt haben, der ich heute bin und der heute hier vor Ihnen sitzt.

Wie schaffen Sie es, Ihr emotionales Gleichgewicht wieder herzustellen/ aufrechtzuerhalten?

Mit Zeit. Wenn ich emotional durcheinander bin, dann brauche ich Zeit und Ruhe. Das beste Heilmittel der Welt ist Zeit.

Was war der beste Ratschlag, den Sie jemals erhalten haben? Was ist Ihre Erkenntnis?

Den Besten kann ich nicht sagen, ich habe viele Ratschläge erhalten.

> Einer, der für die innere Ruhe wichtig ist: *Wenn es dir zu dumm ist, in die Politik zu gehen, dann musst du akzeptieren, dass du von Dummköpfen regiert wirst.*
> Den anderen habe ich von einem Freund, der ein hoher Offizier im Osten war: *Wenn du nicht weißt, was du tun sollst, dann machst du erst mal gar nichts und überlegst.*
> Und der Dritte: *Wenn du wissen willst, was passiert, dann schmeiße einen Stein ins Wasser und schaue, was die Wellen machen.* Es gibt immer zwei Möglichkeiten. Abwarten und überlegen oder etwas tun und schauen, wie die anderen darauf reagieren, was ich gerade mache.

Diese Ratschläge halfen mir öfters, zum Beispiel bei Verhandlungen.

Möchten Sie jemandem etwas beweisen? Wenn ja, wem?
Nein. Nicht einmal mir selber. Das ist in der Zeit der Jugend, wenn
wir uns etwas beweisen wollen. Wenn jemand sich in meinem Alter
noch etwas beweisen möchte, dann ist es ein verspätetes Midlife-
Crisis meines Erachtens.

Wie wichtig ist es Ihnen, was andere über Sie denken?
Bei Menschen, die mir nahestehen, ist es mir wichtig. Bei ihnen liegt
mir viel an einer guten Beziehung und dazu gehört auch, dass sie
sich ehrlich äußern und ich mir darüber dann Gedanken machen
kann, ob ich etwas falsch oder richtig mache. Bei anderen ist es mir
egal. Wir leben in einer Zeit, wo Gefallen ganz wichtig ist mit Influ-
encern und Politikern, die nichts können, außer laut zu plaudern sowie sich beliebter und bekannt zu machen. Für sie ist es ausschlaggebend, was andere über sie denken. Für mich ist es egal.

Woran halten Sie fest?
Ehrlichkeit, *Aufrichtigkeit* und *Gradlinigkeit* sind mir sehr wichtig.
Ich sage oft an Seminaren: *Ich bin nicht links, ich bin nicht rechts, ich
bin gradlinig.* Gradlinige Menschen sind sehr wertvoll und sie lassen
sich nicht verbiegen, um irgendetwas zu erreichen.

Haben Sie ein Ziel/ Ziele in Ihrem Leben? Wie realisieren Sie diese?
Ich habe kein Ziel und definiere nie ein Ziel. Ich bin ein Mensch,
der sich immer schon vom Wind hat treiben lassen und der nie zielorientiert vorgegangen ist. Ich habe immer darauf geschaut, was als
Nächstes auf mich zukam, welche Herausforderung meine nächste
war. Dazu kamen meine Neugier und die Entscheidung, ob ich diese
einging oder nicht. Ich wäre der unglücklichste Mensch, wenn ich
1990 in einem Konzern angefangen hätte und dort heute noch arbeiten müsste - egal in welcher Position. Dann hätte ich zu viel im Leben verpasst, ich hätte nicht so viel gesehen, nicht so viel erlebt. All
das habe ich nur, weil ich bereit war zu wechseln und Herausforderungen anzunehmen. Ich habe das Gegenteil von einem Karrieristen
gemacht, der zielorientiert vorgeht.

**Wenn Sie auf Ihr bisheriges Leben zurückblicken, worauf sind Sie
stolz?**
Momentan fällt mir nur eine Sache ein: Die Erziehung meiner Kinder, die ordentliche Menschen geworden sind. Das ist eine große
Leistung, wenn Eltern ihre Kinder zur Ehrlichkeit und Aufrichtigkeit
erzogen haben, wenn diese einen anständigen Beruf lernen und sich

im Leben zurechtfinden. Das ist eine sehr wichtige Aufgabe und ein Punkt, der viel vernachlässigt wird - besonders bei Leuten, die Karriere machen. Viele Politiker, Vorstandsvorsitzende oder Vorstände - kenne ich auch einige - sind mehrfach geschieden und verheiratet. Die wenigen guten Beispiele, wo es funktioniert hat, finde ich deshalb so besonders. Das Wichtigste ist, was wir unseren Kindern geben können, ist Zeit. Das kriegen viele leider nicht hin und denken, dass Geld und Geschenke die Zeit ersetzen würden. Kinder brauchen aber Zeit! Deshalb ist es bei mir, was ich auf Anhieb auf diese Frage antworte, sind meine Kinder.

Gehen Sie denselben Weg weiter? Worauf freuen Sie sich?
Ich bin nach wie vor neugierig auf Neues. Beruflich habe ich meine Tätigkeiten auf interessante Projekte in der Beratungswelt reduziert und auf diese freue ich mich. Ich könnte mich nicht ändern und plötzlich sagen, dass ich in zehn Jahren etwas Bestimmtes erreicht haben möchte - das ist nicht meins.

Worauf achten Sie zukünftig mehr? Haben Sie Zukunftsängste?
Altersbedingt auf meine Gesundheit und auf eine gesunde Ernährung. Im Umgang mit Menschen bin ich wählerischer geworden. Und ich habe angefangen, eine Brille zu tragen. ;-)

Gibt es weitere Fragen, die Sie in diesem Interview noch beantworten möchten?
Das sind viele emotionale und persönliche Fragen gewesen. Über viele davon habe ich mir noch nie, über einige schon mal Gedanken gemacht. Ich wüsste jetzt nicht, was ich noch beitragen könnte. Wenn Ihnen noch etwas einfällt, können Sie mich gerne noch einmal ansprechen.

ELENA

erzählt, warum sie ihre Auswanderung aus ihrer Heimat als Bereicherung empfindet und wie sie ein schönes freies Leben in einem ihr ehemals unbekannten Land aus eigener Kraft aufbaute

Hast du ein Lebensmotto?
Frei sein. Mich frei bewegen zu können. Nur das tun zu müssen, was ich für richtig halte. Nicht darauf achten zu müssen, anderen zu gefallen. Zu wissen, dass ich mich auf mich selbst verlassen kann, weil ich in der Lage bin, mein Leben selbst zu meistern. Keine Angst zu haben und auf niemanden angewiesen zu sein. Das alles ist Freiheit für mich.

Hast du ein Vorbild? Wenn ja, aus welchen Gründen gerade sie/ihn?
Iris Berben. Sie ist eine wunderschöne und elegante Frau, eine sehr gute Schauspielerin. Sie ist sich selbst als Mensch immer treu geblieben und ist nie über ihre eigene Vergangenheit gestolpert.

Wenn du ein Buch schreiben würdest, um welches Thema würde es sich handeln?
Eine *Autobiografie* würde ich schreiben. Über meine Kindheit in Osteuropa und über unsere Auswanderung nach Deutschland, in der Hoffnung auf eine bessere Zukunft in diesem Land. Warum ich mich mit neunzehn Jahren über einen Yoghurt im Flüchtlingslager so freuen konnte und mich dort so wohl fühlte, als wäre ich im Paradies angekommen. Auch über unsere Zeit danach im Obdachlosenheim würde ich erzählen und davon, wie ich mein neues Leben in diesem mir damals fremden Land anfing, aufzubauen. Diese Erlebnisse haben mich nie traurig gemacht, obwohl sie teilweise nicht einfach waren. Trotzdem empfand ich sie als Bereicherung für mein Leben und bin heute stolz darauf, was ich alles geschafft habe. Meine damaligen Gefühle würde ich mit dem schnellen Frust der jungen Leute von heute ins Verhältnis setzen, die teilweise in materiellem Überfluss aufwachsen und schon wegen unbedeutender Kleinigkeiten sehr enttäuscht werden können.

Auch über *meine Erfahrungen als Frau in Deutschland* würde ich gerne schreiben. Wie mein femininer Stil, der ein Teil von mir ist, hier von Frauen und Männern sehr unterschiedlich wahrgenommen wird. Während sich die Männer meist einfach freuen, sind Frauen oft irritiert. Wie ich mich als Frau wohlfühle, mich benehme und kleide, nur für mich und nicht, um einem Mann oder im Allgemeinen den Männern zu gefallen, können manche Frauen nicht nachvollziehen. Auf eine humorvolle Art und Weise würde ich über meine Erfahrungen in diesem Bereich auch gerne schreiben.

Mit wem hattest du zuletzt eine tiefgreifende Diskussion und worüber?
Mit einer Freundin über ihre Ängste, die sie mittlerweile lähmen und ihr Leben beherrschen. Ich habe versucht, ihr zu helfen. Mir scheint es, als hätte ich weniger Ängste als viele andere, was vielleicht daher kommt, dass ich meist keine andere Wahl hatte, als mich meinen Ängsten zu stellen und sie zu überwinden. Daher habe ich dieser Freundin empfohlen, sich auch mit ihren Ängsten zu konfrontieren, weil ich sicher bin, dass diese dann verschwinden würden.

Was ist für dich das Wichtigste im Leben?
Dass es meiner Tochter gut geht und sie glücklich ist.

Was bedeutet für dich ein erfülltes Leben?
Ich bin seit über fünfundzwanzig Jahren berufstätig und hatte immer das Gefühl, dass mein Job mir ein glückliches und angenehmes Leben sichert. Durch meine Arbeit und mein sicheres Einkommen konnte ich mir ein tolles Leben leisten und meiner Tochter auch eine gute Ausbildung finanzieren. Ich bin viel im Urlaub, kann regelmäßig zum Sport gehen, mit Freunden unterwegs sein, gutes Essen kaufen und ins Restaurant gehen. Mein Leben ist erfüllt, bis auf meine Beziehungen, die nicht immer so glücklich waren.

Was macht dich glücklich?
Wenn ich Menschen, die mir am Herzen liegen, glücklich sehe, insbesondere meine Tochter, dann bin ich auch glücklich.

Wobei fühlst du dich lebendig?
Bei meinen Aufgaben. Sitzen und warten kann ich nicht. Schon immer habe ich mich selbst weitergebracht, indem ich meinen Kopf gefordert habe. Das hielt mich lebendig und ich fühlte mich nie kaputt. Stillstand kenne ich nicht. Heute mache ich viel Sport und habe für mich das Tanzen entdeckt. Kein Paartanz, sondern Zumba und Salsa als Bewegung mit der Musik im Sportunterricht. Das hätte ich mir früher nie zugetraut und fühle mich heute dabei so richtig frei und lebendig.

Was bedeuten für dich Erfüllung, Erfolg und Glück?
Unabhängig sein, frei sein, gesund sein und eine Tochter zu haben.

Wie viel Familie verträgt ein erfülltes Leben?
Ein erfülltes Leben lässt eine glückliche Familie zu.

Was ist deine Kraftquelle? Sind Familie und Freunde Kraftquellen?
Meine glückliche Tochter und unser tolles Verhältnis zueinander. Ich habe Freunde und auch Familienmitglieder, die meine weiteren glücklichen Kraftquellen sind.

Was bedeutet Zuhause für dich? Wo fühlst du dich zu Hause?
Mein Zuhause habe ich bisher noch nicht ganz gefunden, aber meine Stadt, in der ich lebe. Hier fühle ich mich wohl und frei, weil ich hier sein kann, wie ich bin und keiner mich verurteilt. Ich muss nichts tun, was ich nicht will, um akzeptiert zu werden. Das ist angenehm und sehr sympathisch, aber nicht in jeder Stadt selbstverständlich. Das ist der Grund, warum ich mich *hier* zu Hause fühlen kann.

Was bedeutet Freiheit für dich?
Nachdem ich mein Leben lang gearbeitet habe, kann ich mir dafür jetzt die Freiheit nehmen, mein Leben so zu gestalten, wie ich es möchte. Das ist Freiheit für mich.

Beschreibe deine Beziehung zu dir selbst.
Ich achte und respektiere mich selbst, so wie ich bin.

Beschreibe deine Beziehungen zu deinen Freunden.
Wir lachen und weinen zusammen und sind füreinander da, wenn wir uns brauchen. Wir sind ehrlich zu einander.

Wer sind die wichtigsten Menschen in deinem Leben?
Meine Tochter.

In welchem Verhältnis stehen Freiheit und Beziehung zueinander?
Keine Beziehung sollte die persönliche Freiheit einschränken. Liebe bedeutet für mich Vertrauen.

Wie viel Präsenz braucht eine Beziehung?
Wenn wir gerne zusammen sind, dann ist Präsenz selbstverständlich und wir verbringen gerne die Zeit miteinander.

Wie sieht für dich die ideale Beziehung aus?
Mir ist wichtig, dass wir miteinander lachen und vieles gemeinsam unternehmen können.

Gibt es in deinem näheren Umfeld Menschen, deren Beziehung du bewunderst?
Ja, die von meiner Tante und ihrem Mann. Bis zum Tod meines Onkels haben sie sich vom tiefsten Herzen geliebt, sie bedeuteten alles füreinander und hätten alles füreinander getan. Die Bedingungslosigkeit ihrer Zusammengehörigkeit habe ich immer bewundert.

Wie wichtig ist Treue in einer Beziehung?
Treue sollte in einer glücklichen Beziehung selbstverständlich sein.

Wie stehst du zu Ehrlichkeit? Ist sie in jeder Situation ratsam? Bist du zu dir selbst ehrlich?
Grundsätzlich sollten wir immer ehrlich sein, wir sollten dabei nur nie jemanden beleidigen.

Was ist Liebe?
Liebe ist, sich mit jemandem glücklich zu fühlen.

Ist Liebe auf den ersten Blick wahre Liebe?
Liebe auf den ersten Blick ist meiner Meinung nach eine Faszination und keine wahre Liebe.

Für mich war der Vater meiner Tochter Liebe auf den ersten Blick. Obwohl er als Frauenheld bekannt war und mich aus diesem Grund alle vor ihm gewarnt hatten, liebte ich ihn so, wie *ich* ihn wahrgenommen hatte. Was er mir geben konnte, fand ich schön und genug. Alles andere wollte ich über ihn nicht wissen. Bis zu diesem einen Moment, in dem seine Geliebte vor unserer Tür stand und meine Augen für die Realität öffnete. Als sie plötzlich so vor mir stand, erklärte sie mir, wie auch *sie* meinen Mann liebte. Dieser Moment änderte plötzlich alles für mich. Ich nahm einen Koffer, packte seine Sachen und drückte der Frau auf der Stelle alles in die Hand. Sie sollte mit meinem Mann gleich auch seine Sachen mitnehmen! Es war kein schöner Moment und ich war damals schockiert, gleichzeitig sehr entschlossen.

Heute kann ich an diesen Mann mit Dankbarkeit zurückdenken. Wegen unserer wunderbaren Tochter und dafür, dass er mir die Augen öffnete. Seit meiner Erfahrung mit ihm bin ich nicht mehr so naiv.

Mit wem möchtest du den Rest deines Lebens verbringen?
Am liebsten mit meinem Traummann. Mit dem ich Sport treiben kann - oder der wenigstens mich Sport treiben lässt -, mit dem wir

gerne gemeinsam viel unterwegs und auf Reisen sind und der einen guten Humor hat. Da ich nicht studiert habe, brauche ich niemanden für tiefgehende Diskussionen über Politik und Geschichte, ich möchte mit ihm aber über das Leben selbst, über gute Filme und schöne Geschichten diskutieren können. Meine Erfahrung mit intellektuellen Menschen ist, dass sie manchmal kein Glück ausstrahlen können und vieles als gegeben hinnehmen. Das mag ich nicht. Ich mag aufgeschlossene und unkomplizierte Menschen, die gerne auf andere zugehen und die eine herzliche und attraktive Aura haben.

Wovor hast du Angst, was ist deine größte Befürchtung?
Vor einer schmerzhaften Krankheit, die mich daran hindert, für die Menschen da zu sein, die mir wichtig sind oder dass meiner Tochter irgendetwas Schlimmes zustoßen könnte.

Was macht dich verletzlich?
Die Liebe macht mich verletzlich. Auch wenn jemand meine Tochter oder meine Gefühle verletzt, die ich für sie empfinde. Meine Tochter ist die wichtigste Person in meinem Leben. Aus dem Grund habe ich schon mal eine Beziehung zu einem Mann beendet, weil er mit den Gefühlen meiner Tochter sehr unsensibel umgegangen ist. Er hat mich damit so tief verletzt, dass ich nicht länger mit ihm zusammenbleiben konnte, obwohl ich ihn bis heute liebe.

Was verletzt dich? Wie reagierst du darauf?
Menschliche Bosheit und Dummheit.

In welcher Situation neigst du zur Überreaktion? Was bringt dich aus der Fassung?
Enttäuschungen und Lügen.

Gibt es etwas, was dich traurig macht? Bringt dich etwas zur Verzweiflung?
Herzlosigkeit, Menschen ohne Emotionen und solche, die keine Bindungen eingehen können.

Hast du eine kritische Situation erlebt, die dich physisch und/ oder emotional an deine Grenzen gebracht/ gebrochen hat? Wie bist du damit umgegangen?
Meine Mutter war im hohen Alter sehr lange krank. Die Situation als sie im Sterben lag, brachte mich an meine Grenzen. Die Haltung einer Bekannten verschlimmerte noch alles. Sie warf mir vor, zu viel

zu trauern, dafür, dass meine Mutter schon so alt war. Sie konnte meine Gefühle nicht nachvollziehen. Ihre Herzlosigkeit konnte ich nicht ertragen, so brachte ich den Kontakt zu ihr ab. Bis heute konnte ich ihr nicht verzeihen.

Wie gehst du im Allgemeinen mit Herausforderungen um?
Ich stelle mich nur Herausforderungen, die ich schaffen kann. Herausforderungen, bei denen ich weiß, dass ich mich definitiv nicht überwinden kann, lehne ich ab. Englisch lernen ist beispielsweise etwas, worauf ich mich freue. Meine Höhenangst hingegen werde ich nie überwinden können. Daher vermeide ich Situationen, wie zum Beispiel neulich in einer Ausstellung, wo ich über einen Glasboden hätte darüberlaufen müssen. Das konnte ich nicht, weil ich dabei die Tiefe unter mir gesehen hätte. Das hätte ich niemals geschafft und bin umgedreht.

Welche Situation hat dich in deinem Leben stärker gemacht? Inwiefern?
Als ich eine langjährige Beziehung mit einem stark dominanten Mann beenden wollte, versuchte er mir einzureden, dass auf mich ohne seinen finanziellen Beitrag ein armes Leben warten würde. Er erdrückte mich mit seiner Eifersucht und wollte aus mir eine angepasste Frau machen. Ich wollte aber weder von jemandem finanziell ausgehalten noch beeinflusst werden und wünschte mir nichts mehr als ein normales Leben mit meiner Tochter an meiner Seite. So packte ich unsere Sachen, suchte uns eine Wohnung und begann ein neues Leben auf eigenen Beinen. Das war schön!

Der Kontakt zu diesem Mann entwickelte sich seitdem zu einer guten Freundschaft. Wenn er mir heute sagt, dass er es mir damals nicht zugetraut hätte, dass ich mein Leben ohne ihn schaffe, dann merke ich, wie stolz ich auf mich und auf mein neues, unabhängiges Leben bin. Die Erfahrung, mein Leben aus eigener Kraft gemeistert zu haben, hat mich stark gemacht.

Wie schaffst du es, dein emotionales Gleichgewicht wieder herzustellen/ aufrechtzuerhalten?
Durch Sport, insbesondere durchs Tanzen.

Was war der beste Ratschlag, den du jemals erhalten hast? Was ist deine Erkenntnis?
In der Schule war ich sehr brav. Als ich einmal keine Hausaufgaben gemacht hatte und mein damaliger Lehrer mich darauf ansprach,

schaute ich ihn mit einem gewissen Blick an, der ihn offensichtlich berührte. Er sagte, dass ich seiner Meinung nach mit dem Blick noch viel im Leben erreichen würde. Seine Aussage ermutigte mich und es prägt mich bis heute, denn er sagte damit etwas Wichtiges. Mit unserer Mimik können wir manchmal den anderen besser erreichen als mit Worten. Ob wir uns in einer schwierigen Situation in die Opferrolle begeben oder wir lieber die Menschen für uns gewinnen, liegt in unserer Hand. Das entscheiden wir.

Möchtest du jemandem etwas beweisen? Wenn ja, wem?
Nein, es wäre für mich, als wollte ich mich verteidigen. Wir sollten uns selber beweisen, dass wir in der Lage sind, unsere eigenen Entscheidungen zu treffen und selbstverantwortlich zu handeln. So bin ich erzogen worden und so habe ich es auch meiner Tochter weitergegeben. Für unser Glück sind wir selbst zuständig.

Wie wichtig ist es dir, was andere über dich denken?
Aus einer gewissen Unsicherheit heraus denke ich im Berufsleben heute noch etwas falsch zu machen, wenn mir keiner ein Feedback gibt. Schweigen verunsichert mich, selbst wenn mir zwischendurch meine Kollegen nur positive Rückmeldungen geben. Es ist ein Thema, das mich beschäftigt, obwohl ich weiß, dass ich es im Leben nie allen recht machen kann. So ist es auch damit, was die Leute über mich denken. Ich weiß, dass das weniger mit mir als mit ihnen selbst zu tun hat. Trotzdem beschäftigt es mich.

Hast du ein Ziel/ Ziele in deinem Leben? Wie realisierst du diese?
Leider habe ich in der Schule kein Englisch gehabt und so diese omnipräsente Weltsprache bis heute nicht gelernt. Mein nächstes Ziel ist es also, Englisch zu lernen. Ich werde es so erlernen wie sonst vieles, nicht aus Büchern, sondern direkt aus dem Leben.

Wenn du auf Dein bisheriges Leben zurückblickst, worauf bist du stolz?
Sehr stolz bin ich auf meinen Weg und meine Fähigkeit, in einem mir damals fremden Land aus eigener Kraft so ein schönes Leben aufzubauen. Darauf bin ich sehr stolz. Ich bin stark und habe immer an mich geglaubt, ich habe nie aufgegeben und hart gearbeitet. Jeden Tag sehe ich als eine gute Herausforderung und ich habe vor keiner Situation jemals wirklich Angst gehabt. Ich überlege nicht lange und erledige die Aufgaben, die mir das Leben stellt.

Gehst du denselben Weg weiter? Worauf freust du Dich?
Da ich mein Leben lang nicht nur gearbeitet, sondern viele Herausforderungen bewältigt und auch gut investiert habe, bin ich heute finanziell unabhängig und kann selbst entscheiden, was ich mache. Aktuell mache ich viel Sport und das ist eine neue Art von Herausforderung, wobei es nicht mehr ums Geldverdienen geht, sondern um meine Gesundheit und mein Wohlbefinden.

Worauf achtest du zukünftig mehr? Hast du Zukunftsängste?
Zukunftsängste habe ich nicht, ich bin eher gespannt darauf, was alles noch passieren wird. Wegen des Krieges in Europa mache ich mir natürlich Sorgen. Nicht meinetwegen, sondern wegen der Zukunft unserer Kinder. Ich frage mich, in welche Welt wir sie irgendwann entlassen werden, in der ein unberechenbarer Mensch innerhalb weniger Wochen so viele Menschen in massive Zukunftsängste versetzen kann. Das finde ich gruselig. Dass wir Menschen möglicherweise zeitweise nicht ausreichend versorgt sind und weniger Energie haben, kenne ich aus meiner Kindheit und das macht mir weniger aus. Die Auswirkungen der Gräueltaten des Krieges auf die Menschen, die deswegen mit der täglichen Angst leben müssen, finde ich furchtbar. Diese Menschen werden durch die Angst für ihr Leben geprägt. Auch nach dem Ende des Krieges werden sie damit weiterleben müssen. Das finde ich schlimmer, als durch einen Atomkrieg oder durch eine Umweltkatastrophe zu sterben, wonach wir einfach nicht mehr da wären.

MERLE

erzählt von ihrer Feinfühligkeit als Lebensbegleiterin, von Liebe und Freiheit als ihre wichtigsten Werte und vom Weg unseres Herzens, den wir über unseren Verstand hinaus folgen sollten

Hast du ein Lebensmotto?
Sei glücklich, sei präsent und genieße den Moment. Seitdem ich alleine lebe, hat sich da viel verändert. Früher war ich so intensiv mit Kindergedanken beschäftigt und von alltäglichen Sorgen, Ängsten und dem abzuarbeitenden Tagesprogramm vereinnahmt, dass der Moment in meinem Leben kaum eine Rolle spielte. Seitdem die Kinder aus dem Haus sind und meine Ehe in die Brüche gegangen ist, erinnere ich mich täglich daran, lebe und genieße den Moment.

Hast du ein Vorbild? Wenn ja, aus welchen Gründen gerade sie/ ihn?
Jeden, der seinen eigenen Weg geht, der ehrlich, wahrhaftig und gerade ist, der sich nicht verbiegen oder unter Druck erpressen lässt, finde ich toll.

Wenn du ein Buch schreiben würdest, um welches Thema würde es sich handeln?
Wenn ich den Weg zur Erleuchtung gefunden habe, schreibe ich über meinen Weg dorthin.

Mit wem hattest du zuletzt eine tiefgreifende Diskussion und worüber?
Mit einem Freund über einen möglicherweise bevorstehenden Polsprung und seine Folgen für die Meere, das Klima und das Leben auf unserer Erde. Es ist ein sehr spannendes Thema, worüber sonst wenig gesprochen wird.

Was ist für dich das Wichtigste im Leben?
Liebe und *Freiheit*, das sind meine Grundwerte. Ein *erfülltes Leben* und am Ende sagen zu können, dass ich meine Lektionen gehabt, gelernt und daraus das Beste gemacht habe.

Was bedeutet für dich ein erfülltes Leben?
Ein Leben voller *Liebe*, *Fülle* und in *Freiheit*. Ein Leben mit gemeisterten Aufgaben und dem guten Gefühl, das Potenzial genutzt zu haben, dem Herzen gefolgt zu sein.

Was macht dich glücklich? Wobei fühlst du dich lebendig?
Momente, in denen ich wahrhaftig und authentisch sein kann und ich mich gesehen, angenommen und von Herz zu Herz oder von Seele zu Seele verstanden fühle. Das sind für mich die kostbarsten Momente. Das können auch Momente sein, die ich alleine verbringe,

voller Ruhe in meinem Herzen. Es sind friedliche Momente, in denen ich mich mit allen verbunden fühle, ganz unabhängig vom Außen.

Was bedeuten für dich Erfüllung, Erfolg und Glück?
Für mich hängt das alles zusammen und bedeutet, wenn ich meine bisherigen Herausforderungen betrachte, dass es immer darum geht, Lektionen anzunehmen und zu lernen. Aus jedem Tal habe ich gestärkt herausgefunden. Nichts hat mich kaputtgemacht. Ich habe meinen Fokus geändert und denke heute, dass es so, wie es war, alles richtig war. Ich habe meine Lektion gelernt, was mich stolz und glücklich macht.

Wie viel Familie verträgt ein erfülltes Leben?
Als Kind hörte ich oft von meiner Mutter, dass ich ungewollt war und sie meinetwegen heiraten musste. In der Schule war ich eine Außenseiterin, weil ich still und anders war. Schon damals war ich sehr feinfühlig, konnte Schwingungen und Erwartungen spüren. Immer wollte ich eine *liebe Tochter* sein und gab mir größte Mühe, alle Erwartungen zu erfüllen. Meinen Traumberuf der Flugbegleiterin bezeichnete mein Vater als *blöde Saftschupse in der Luft*, ich ließ es mir leider ausreden, obwohl das der richtige Job für mich gewesen wäre. Ich reise leidenschaftlich gerne, finde es toll, Neues (kennen) zu lernen und mich in der Welt umzuschauen. Ich hätte so eine Chance gehabt, die Welt zu sehen und zu erleben.

Stattdessen habe ich Jura studiert und mein Studium mit einem bedauernswerten Zeugnis abgeschlossen, weil ich es überhaupt nicht mochte. Das anschließende Referendariat hat mir schon mehr Spaß gebracht. Dort hatte ich einen tollen Ausbilder, bekam Verantwortung und lernte in Verhandlungen kriminelle Gangs hautnah kennen, auch wie gefährlich es sein kann, als Staatsanwältin zu arbeiten. Es war spannend und gefährlich zugleich. Am Gericht in der Strafkammer erlebte ich Urteile, auf die ich keine Antwort fand. Manchmal ersetzten Interessen Recht und Gesetz.

Ich habe mir immer Kinder gewünscht und als ich meine eigene Familie hatte, sorgte ich dann dafür, dass es allen gut ging und machte auch vieles meinem Mann zuliebe. Es hat funktioniert, *ich* habe einfach funktioniert und keine Zeit mehr gehabt, über mich selbst nachzudenken. Wenn ich mir Fotos aus dieser Zeit heute ansehe, sehe ich erst, wie müde ich damals immer war.

In der Zeit nach unserer Scheidung habe ich das erste Mal in meinem Leben erlebt, wie es ist, meine eigenen Entscheidungen zu treffen. Seitdem habe ich diverse Sachen ausprobiert. Ich ließ mich als Channel Medium ausbilden, habe Heiler-Kurse belegt (und in diesem Bereich mein Talent erkannt), eine Speaker-Ausbildung, war auf der Bühne und legte live Karten im Schweizer Fernsehen. Ich probierte ausgefallene Sachen aus und war erfolgreich damit. All das hätte ich wahrscheinlich niemals unternommen, wären wir noch verheiratet.

Was ist deine Kraftquelle? Sind Familie und Freunde Kraftquellen?
Ich habe mehrere Kraftquellen auf unterschiedlichen Ebenen. Das Allerwichtigste ist die innere Ruhe im Herzen, die durch nichts zu erschüttern ist. Wenn das gelingt, kann im Außen sein, was will. Für mich ist es zudem wie ein Auftanken an der See zu sein. Je natur-belassener, umso besser. Seeluft, Wind, Sand an den Füssen und einfach sein … Auch ein tiefgreifendes Gespräch mit Freunden kann eine Kraftquelle und bereichernd sein. Ein Austausch ohne Bewer-tung, offen und bereichernd. Meine Kinder um mich herum zu ha-ben, ist eine ganz andere Ebene der Kraftquelle. Ich genieße es, bin dann natürlich in der Rolle.

Was bedeutet Zuhause für dich? Wo fühlst du dich zu Hause?
Da fragst du jetzt eine, die sich heimatlos fühlt. Seit Jahren bin ich auf der Suche nach dem richtigen Ort für mich. Aus räumlicher Sicht bin ich eher ein Nordlicht. Aus menschlicher Sicht fühle ich mich überall dort zu Hause, wo ich sein kann, wie ich bin.

Was bedeutet Freiheit für dich?
Alles. Neulich habe ich gelesen, *Flügel zu haben reicht nicht, um fliegen zu können, musst du auch frei sein.* So sehe ich es auch und deshalb finde ich Freiheit so wichtig. Worte wie *müssen* oder irgendwelche Zwänge sehe ich sehr kritisch. Ich möchte frei entscheiden können und selbstbestimmt sein. Ich möchte nicht, dass mir irgendjemand vorschreibt, was ich zu tun habe und reagiere ziemlich empfindlich, wenn jemand genau weiß, was für mich das Beste ist …

Beschreibe deine Beziehung zu dir selbst.
Früher war für mich wichtig, was andere über mich dachten. In den letzten Jahren konnte ich mich davon lösen und heute interessiert mich nur, was *ich* für gut halte. Ich gehe meinen eigenen Weg. Seit-dem erhielt ich mehr Komplimente als in den dreißig Jahren davor. Mein Selbstbild hat sich so verändert und ich bin dankbar für alles, was passiert ist. Ich liebe mich. Und ich habe auch gelernt, dass *Nein* ein ganzer Satz ist.

Beschreibe deine Beziehungen zu deinen Freunden.
Ich habe wenige wirklich gute Freunde, mit denen ich mich offen austausche und von denen ich offene und ehrliche Rückmeldungen bekomme bzw. von denen ich diese auch annehmen kann.

Ich tausche mich gerne mit neuen Menschen aus und finde es interessant, andere Lebenswege zu hören. Zu erfahren, wie sie mit Situationen umgegangen sind, wie sie Dinge ganz anders meistern, als ich sie angehen würde usw. Je mehr Kontakt ich zu anderen habe, umso mehr Verständnis bekomme ich und sehe die Notwendigkeit, das Leben auch mal aus anderen Blickwinkeln zu betrachten und nichts zu bewerten.

Wer sind die wichtigsten Menschen in deinem Leben?
Meine Kinder und ja auch ich selbst natürlich.

In welchem Verhältnis stehen Freiheit und Beziehung zueinander?
Die beiden gehören zusammen. Ich kann nur dann eine Beziehung eingehen, wenn ich frei bin. Frei von allem Alten wie z. B. Belastungen aus früheren Beziehungen oder woher auch immer. Mitunter wundert mich, wie schnell manch einer eine neue Beziehung startet. Für mich ist es wichtig, erst jede energetische Verbindung vom alten Partner zu lösen.

Freiheit in einer Beziehung finde ich sehr wichtig, die Basis sollte immer ein freiwilliges Miteinander sein, voller Vertrauen und Respekt. Ich kann und will auch niemanden kontrollieren. Eine Beziehung mit Ängsten, Pflichten, Zwängen oder abgerufenen Erklärungen ist nichts wert. In einer guten Beziehung passiert alles freiwillig und du fühlst dich frei. Ich brauche niemanden, nur um täglich mit ihm am Tisch zu sitzen.

Wie viel Präsenz braucht eine Beziehung?
Präsenz finde ich für die emotionale und körperliche Nähe wichtig. 24/7 muss nicht sein, aber ich könnte an meiner Seite niemanden vorstellen, dem Hand-in-Hand-Spazierengehen zu eng ist. So eine Beziehung hatte ich einmal und ich möchte mein Nähebedürfnis nicht noch einmal dermaßen unterdrücken müssen.

Lebst du gerne alleine?
Je länger ich wieder alleine lebe, desto mehr genieße ich das ... Ich kann mir aber auch gut vorstellen, wieder mit einem Partner zusammen zu leben.

Ein kleiner Exkurs aus meinem Datingleben: Neulich erklärte mir ein Mann, der noch mit seiner Frau zusammenlebt und den ich noch nicht einmal getroffen habe, dass er dann doch direkt von ihr zu mir ziehen könne ... Ohne Worte ... vielleicht sollte ich über all das Erlebte mal ein Buch schreiben.

Wie sieht für dich die ideale Beziehung aus?
Meine ideale Beziehung ist geprägt von Liebe, Vertrauen, Respekt und Humor. Sehen und gesehen werden - Achtsamkeit und Akzeptanz finde ich genauso wichtig wie bereichernde, inspirierende Gespräche und körperliche Nähe. Erziehungsversuche gehören definitiv nicht in meine Wunschbeziehung! Die hatte ich auch schon mehrmals erlebt und verzichte dankend.

Gibt es in deinem näheren Umfeld Menschen, deren Beziehung du bewunderst?
Nein, um mich herum sehe ich eher, dass alle Beziehungen auseinanderbrechen. Es bricht auseinander, was nicht passt.

Wie wichtig ist Treue in einer Beziehung?
 Finde ich wichtig. In letzter Zeit habe ich allerdings einige polyamor lebende Menschen kennengelernt. Alles reflektierte Männer, mit denen ich mich zu diesem Thema ernsthaft ausgetauscht habe. Polyamorie nicht als Fremdgehen, sondern so in Absprache lebend. Diese Männer erzählten mir, wie erfüllend ihre Ehe nach der Öffnung geworden ist und wie sie ihre Partnerin so auf eine ganz andere Art und Weise schätzen gelernt haben.
 Natürlich habe ich dann darüber nachgedacht, ob dieses Modell auch für mich funktionieren könnte, glaube ich aber eher nicht. Momentan denke ich, dass es bei mir mehr Schmerzen als positive Gefühle hervorbringt. Körperliche Nähe ohne Gefühl geht bei mir nicht, das kann ich nur exklusiv. *Kann ich das aber von einem anderen so erwarten? Kann eine Person alle meine Bedürfnisse erfüllen oder funktioniert eine Aufteilung besser? Kann ich mehrere Menschen gleichzeitig lieben?* Vielleicht ist es an der Zeit, sich mit diesen Fragen zu beschäftigen. Im Grunde genommen geht es darum, dass ich mein Seelenheil nicht davon abhängig mache, was ein anderer Mensch mit anderen tut, sondern ich für mein Energielevel selber verantwortlich bin. Ich versuche mich davon nicht beeinflussen zu lassen, was andere über mich denken und ich akzeptiere, dass ich keinen Einfluss darauf habe, was andere Menschen tun. Je besser es mir gelingt, davon unabhängig zu sein, umso besser geht es mir. Das Thema beschäftigt mich ...

Wie stehst du zu Ehrlichkeit? Ist sie in jeder Situation ratsam? Bist du zu dir selbst ehrlich?

Ehrlichkeit halte ich für wichtig. Allerdings finde ich es besser, nicht gleich und nicht zu emotional zu reagieren und erst kurz zu reflektieren, danach nicht verletzend, sondern schonend ehrlich zu sein. An einer ehrlichen Rückmeldung kann ich wachsen, selbst wenn diese manchmal schmerzhaft ist. Blinde Flecken kann ich nur so sehen ...

Genauso ist es mit der Ehrlichkeit zu mir selbst. Manchmal tut es weh, bringt mich aber weiter als meine Schatten weiter zu ignorieren oder wegzuschauen.

Was ist Liebe?

Liebe ist Verbundenheit, ist allumfassend, grenzenlos, annehmend, etwas Schönes und Großes.

Ist Liebe auf den ersten Blick wahre Liebe?

Kommt darauf an, was in dem Moment passiert. Wenn sich zwei Seelen erkennen, dann kann es echte Liebe sein, etwas ganz Starkes. So einen Moment habe ich noch nicht erlebt. Du kannst im ersten Moment aber eine magische Anziehung fühlen.

Wie viel Nähe/ Distanz braucht die Liebe? Können wir jemanden aus der Distanz lieben oder müssen wir denjenigen, den wir lieben, in unserer Nähe haben?

Ich glaube, dass wir auch aus der Distanz lieben können.

Mit wem möchtest du den Rest Deines Lebens verbringen?

Mein Leben lang möchte ich Kontakt zu meinen Kindern haben. Und ich möchte mein Leben mit diesem tollen Mann verbringen, mit dem ich meine Traumbeziehung leben werde und der schon auf dem Weg zu mir ist. ;-)

Glaubst du an Bestimmung/ Schicksal? Gibt es Menschen, die für uns bestimmt sind?

Ja, daran glaube ich. Ich glaube auch an dem Seelenplan, den wir hier in unserem Leben zu erfüllen haben mit Aufgaben, die wir in unseren vorangegangenen Leben nicht geschafft haben. Wir werden mit diesen Aufgaben so lange konfrontiert, bis wir sie lösen können. Auch die Menschen, mit denen wir intensive Beziehungen eingehen, sind unsere Engel oder Arschengel. Wir sollten auch für die Arschengel dankbar sein, weil diese uns die Dinge zeigen, an denen wir wachsen können. Sie verabschieden sich aus unserem Leben, sobald sie ihren Job bei uns erledigt haben.

Hast du unerklärbare/ magische Situationen erlebt? Beschreibe diese.
Ja. Es gab mal eine Situation, in der ich in dem Moment, wo ich eine Frage tippte, gleich schon die Antwort darauf kam. Das war eine eigenartige Verbundenheit, irgendwie magisch.

Wovor hast du Angst, was ist deine größte Befürchtung?
Ich habe keine Angst.

Was macht dich verletzlich? Was verletzt dich? Wie reagierst du darauf?
Wenn ich anderen so viel Macht gebe, dass deren Tun mein Wohlbefinden beeinflusst. Das möchte ich nicht und daran arbeite ich. Übungsmöglichkeiten gibt es ja genug ...

Gibt es etwas, was dich traurig macht? Bringt dich etwas zur Verzweiflung?
Das Heimatthema ist etwas, worauf ich stark reagiere. In meiner Familie gibt es Fluchtopfer. Darüber wurde bei uns immer nur häppchenweise gesprochen. Inzwischen sind meine betroffenen Verwandten alle gestorben, so kann ich das Thema mit ihnen nicht mehr auflösen und trage es in mir weiter.

Hast du eine kritische Situation erlebt, die dich physisch und/ oder emotional an deine Grenzen gebracht/ gebrochen hat? Wie bist du damit umgegangen?
Ja! Die Situation, die zu meiner Scheidung führte: Nach knapp dreißig gemeinsamen Jahren in Hamburg wollte mein Mann nicht mehr selbstständig sein und nicht mehr in Hamburg leben. Wir entschlossen uns gemeinsam für einen Neustart im Allgäu und er nahm dort eine neue Stelle an. Als dann auch ein neuer Arbeitsplatz für mich organisiert, eine neue Schule für die Kinder ausgesucht und ein neues Haus gefunden war, teilte er mir ganz knapp vor dem Umzugstermin per Mail mit, dass er nun mit einer neuen Frau zusammen sei. Das hat mich in ein tiefes Loch gestoßen und unfassbaren Schmerz ausgelöst. Ich fühlte mich wie eine Statistin im eigenen Film. Unter diesen Voraussetzungen bin in ein Dorf ans andere Ende von Deutschland gezogen und kam gar nicht zurecht.
Was mir damals (ungefähr zwei Jahre später) geholfen hat, war der

Satz einer Therapeutin. Nicht, dass ich nicht schon viele gut gemeinte Ratschläge gehört hätte, dieser kam im richtigen Moment und erreichte mich wirklich. Sie sagte: *Sie sitzen immer noch an einem ausgetrockneten Brunnen und warten darauf, dass er wieder anfängt zu sprudeln.* Genau so war es und nach der schlagartigen Erkenntnis ging es endlich bergauf. Ich konnte auch das von vielen Seiten gut gemeinte *lass ihn doch einfach los* nicht mehr hören. Hätte ich das gekonnt, hätte ich es gemacht, das ist sicher!

Was war die schwierigste Entscheidung deines Lebens?
Nachdem meine Kinder ausgezogen sind, bin ich aus dem Allgäu wieder nach Hamburg zurückgekehrt. Das war eine schwierige, aber für mich genau die richtige Entscheidung. Nach einer Ewigkeit mit Familie habe ich wieder alleine gelebt. Alles neu und auf Anfang sozusagen.

Wie schaffst du es, dein emotionales Gleichgewicht wieder herzustellen/ aufrechtzuerhalten?
Durch Zeit mit mir selbst und Ruhe in meinem Herzen unabhängig von der Außenwelt. Und die Natur hilft auch ...

Was war der beste Ratschlag, den du jemals erhalten hast? Was ist deine Erkenntnis?
Die Metapher vom *ausgetrockneten Brunnen* hatten wir schon und diese half mir sehr damals, meinen Mann loszulassen. Loslassen ist etwas Großes, was wir aus der Sicht unserer Seele heraus betrachten müssen, wozu uns unser Verstand alleine nicht befähigen kann.
   Es gibt drei weitere Ratschläge, die mir immer wieder helfen, in emotional nicht einfachen Situationen richtig zu handeln, daher gebe ich sie an dieser Stelle gerne auch weiter:
> *Während der Verstand durch das Schlüsselloch guckt, sieht die Seele das Ganze.*
> *Dinge, die du im Kopf weißt, müssen im Herzen ankommen und du musst so lange hüpfen, bis sie ins Herz rutschen.*
> *Suche Glück nicht im Unbeständigen!*

Möchtest du jemandem etwas beweisen? Wenn ja, wem?
Nein.

Woran hältst du fest?
Ich habe Schwierigkeiten damit, den Kontakt zu Menschen zu beenden, die mir nicht guttun, weil ich niemandem wehtun möchte. Hier

darf ich noch dazulernen ...

Hast du ein Ziel/ Ziele in deinem Leben? Wie realisierst du diese?
Ich möchte immer die innere Stille genießen, die Einheit fühlen und die Illusionen erkennen. Ich möchte Fülle auf allen Ebenen und meine Fähigkeiten zum Wohle aller einsetzen. Dazu halte ich meine Schwingung so hoch es geht und die Ruhe im Herzen ebenso. Und ich habe einen lang gehegten Traum, den ich noch unbedingt realisieren möchte: mit einem Wohnmobil durch die Welt fahren.

Wenn du auf dein bisheriges Leben zurückblickst, worauf bist du stolz?
Auf meinen bisherigen Weg, der mich dahin geführt hat, wo ich heute bin. Auf drei gesunde Kinder und den guten Kontakt zu ihnen, was nicht selbstverständlich ist. Auf alle meine Erfahrungen, mein Wachstum und am Ende die Erkenntnis, dass wir alle eins sind.

Gehst du denselben Weg weiter? Worauf freust du dich?
Schauen wir mal. Ich habe beschlossen, keine Langzeitplanungen mehr aufzustellen und zu schauen, was kommt, wer kommt und darauf freue ich mich.

Worauf achtest du zukünftig mehr? Hast du Zukunftsängste?
Zukünftig möchte ich auf meine innere Stimme mehr hören und diese nicht mehr ignorieren aus Neugier oder anderen Gründen. Ich möchte nur noch den Weg meines Herzens gehen, mir selbst und meiner Seele vertrauen.

GEORGE

erzählt, wie die bedingungslose Liebe seiner Frau ihn befreite und warum wir alle großartige Geschöpfe Gottes sind, denen ein Leben in Wahrhaftigkeit und Liebe den Himmel auf die Erde bringt

Hast du ein Lebensmotto?
Vor ungefähr vierundzwanzig Jahren habe ich mir die Frage gestellt:
Warum? Genau in dem Zimmer, in dem ich jetzt sitze. *Warum passiert mir das alles!? Entweder erklärst du mir das jetzt oder du lässt mich
sterben. Ich will so nicht mehr leben.* Leiden wollte ich nicht mehr.
Mein Herz schickte mir dann folgende Botschaft bzw. Antworten:
*Verstehe dich selbst und du verstehst die Welt, denn du bist in allem und
alles ist in dir. Erkenne deine Großartigkeit! Du bist ein Kind Gottes und
mit dem Allerbesten ausgestattet.*

Erst habe ich das nicht verstanden. Ich komme aus einer autori-
tären Familie, wo ich Dinge erfüllen musste, um geliebt zu werden
und hatte daher erst mal Angst, *Nein* zu sagen. Meine jetzige Frau
schaffte es dann innerhalb der nächsten fünfzehn Jahren mich lernen zu lassen, zu widersprechen und hat mich damit in die Freiheit
gebracht. *Ihre* Liebe ist bedingungslos. Mit ihrer Hilfe habe ich es
dann verstanden. Den Alltag können wir erst in Ordnung bringen,
wenn wir unser Leben bewusst leben und wie ein Kind staunend
und freudig jeden Moment neu entdecken, mit Gott an unserer Seite, mit der höchstmöglichen Energie. Die Voraussetzung dafür ist,
erst mal auf den Spiegel zuzugehen und reinzuschauen. Sobald wir
verstehen, wer *wir selbst* sind, können wir erst alles andere verstehen. Wichtig dabei ist, dass wir unsere Glaubenssätze wertschätzend und nicht verurteilend hinterfragen, weil wir sonst uns selbst
verurteilen. *So wie du denkst und glaubst, so wird dir geschehen.*

**Hast du ein Vorbild? Wenn ja, aus welchen Gründen gerade sie/
ihn?**
Jesus Christus. Er hat Wahrhaftigkeit und Liebe gelebt. Er ist der
einzige, der sagte: *Ich bin der Weg und die Wahrheit und das Leben*
und hat das exemplarisch auf der Straße auch gelebt. Das Gleiche
mache ich jetzt auch. Wenn wir auf der Straße die Wahrheit einfor-
dern, dann gibt es Veränderung. Ein Mensch kann große Dinge in
Gang setzen.

**Wenn du ein Buch schreiben würdest, um welches Thema würde
es sich handeln?**
*Wie wir den Himmel auf die Erde holen, anstatt uns gegenseitig die Hölle
heißzumachen.* Über die Großartigkeit Gottes und wie ich seine Liebe
auf der Straße lebe.

Welches Buch würdest du anderen unbedingt empfehlen? Warum?
Gespräche mit Gott 1, 2, 3 von Neale Donald Walsch. Du darfst Gott

immer wieder infrage stellen, *er* hat damit kein Problem. So war es auch bei Jesus Christus. Die Wahrheit hast du in deinem Herzen. Ob jemand ein Menschenfreund oder ein Machthaber ist, kannst du erkennen. Wer wahrhaftig ist, dem darfst du alle Fragen stellen. Im Gegensatz zum Lügner, der aufpassen muss, damit seine Lügen nicht ans Licht kommen. Der geht aus dem Gespräch raus. Das Gespräch ist jedoch die einzige Möglichkeit, Konflikte friedlich zu lösen. So tat es auch Jesus Christus.

Mit wem hattest du zuletzt eine tiefgreifende Diskussion und worüber?

Jeden Tag mit den Menschen, mit denen ich auf der Straße über die Themen meines Herzens, über *Wahrhaftigkeit,* die *Liebe* und die *Essenz des Menschseins* diskutiere. Früher, wenn in intensiven Gesprächen meine spirituellen Gedanken infrage gestellt oder sogar ganz kaputt gemacht worden sind, war ich wütend, bin nach Hause gegangen und wollte aufgeben. Ich dachte, es brächte nichts, weil die Menschen mich nicht verstünden. Bis ich die versöhnende Stimme Gottes hörte, die mich auf die Ursache zurückführte und mir sagte, dass *ich* noch nicht gut genug sei. Jede Situation, in der du von anderen hinterfragt wirst, ist für dich eine Chance zu wachsen und besser zu werden.

Menschen, die uns hinterfragen, sind nicht gegen uns, sie sind für uns, indem sie prüfen, wo wir stehen und wie stark wir sind. Heute lasse ich mich nicht mehr so leicht aus meiner Mitte werfen. Ich weiß, dass es am wichtigsten ist, im Gespräch zu bleiben und es ist auch die Möglichkeit für mich, weiter zu wachsen.

Was ist für dich das Wichtigste im Leben?

Gott jeden Tag explizit an meine Seite einzuladen und dann Wahrheit und Liebe zu leben.

Was macht dich glücklich?

Wenn ich einen Menschen berühren bzw. erinnern kann und er es erkennt, was er für ein großartiges Geschöpf ist. Was er daraus macht, liegt an ihm. Wenn es mir gelingt, einen Menschen auf diese Weise zum Aufblühen zu bringen, wie eine Blume, das ist für mich das größte Geschenk.

Was bedeutet für dich ein erfülltes Leben?

Erfüllt ist noch stärker als glücklich, das ist eine tiefe Harmonie im Austausch. Goethe hat es so formuliert: *„Was ist herrlicher als Gold?",* *fragte der König. „Das Licht“, antwortete die Schlange. „Was ist erquicklicher als Licht?“, fragte jener. „Das Gespräch“, antwortete diese.*

Wenn wir da hinkommen in unserer Welt, dass wir Menschen echte gute Gespräche miteinander führen (lernen im echten Kontakt) und ich dazu beitragen darf, dann bin ich zutiefst erfüllt.

Wobei fühlst du dich lebendig?
Wenn ich all das, was ich hier sage, auf der Straße lebe. Im echten Kontakt mit den Menschen, so wie Jesus es tat. Es ist meine Überzeugung, dass jeder von uns mit einer goldenen Festplatte von Gott ausgestattet ist und diese in sich trägt. Nur im Laufe des Lebens ist viel *Müll* darüber angesammelt worden - aus Stress, verdrehten Glaubenssätzen, Unrecht, Verraten, Verurteilungen usw. Wenn du dich im Gespräch davon nicht irritieren lässt und dich nur auf die Festplatte fokussierst, dann kommst du an die Wirklichkeit, an die Essenz der Menschen. So schaffst du es, Liebe und Wertschätzung im Alltag zu leben.

Was bedeuten für dich Erfüllung, Erfolg und Glück?
Dreiunddreißig Jahre lang war ich im Vertrieb für Lebensmittel tätig und ich mochte meinem Beruf. Die Begegnung mit Menschen hat mir schon immer Freude bereitet und im Vertrieb war ich auch erfolgreich. Meine beruflichen Erfolge erfüllten mich damals auch mit Glück. Mit der Zeit wuchs aber der Druck in Richtung immer mehr Profitorientierung. Die Orientierung am Menschen und auch die Menschlichkeit wurden immer weniger. Irgendwann ging es mir nicht mehr gut damit. Das war mir nicht egal, ich wollte nicht nur einen Job machen. Aus dem Grund habe ich gekündigt. In mir wollte das, was ich eigentlich bin, auch gelebt werden. Jetzt bin ich in der Neuorientierung und komme meiner Berufung, meiner Bestimmung immer näher. Ich möchte den Menschen erzählen, wie genial sie in Wirklichkeit sind.

Wie viel Familie verträgt ein erfülltes Leben?
In der Familie fühle ich mich grundsätzlich wohl, ich habe drei Geschwister. Wichtig ist auch hier, wie in jedem menschlichen Miteinander, dass wir begreifen, nichts zu *müssen*, sondern der Stimmigkeit zu folgen.

Was ist deine Kraftquelle? Sind Familie und Freunde Kraftquellen?
Gott ist meine Kraftquelle. Meine Frau, Familie und Freunde auch. Ich habe nicht viele Freunde, weil ich anders bin.

Was bedeutet Zuhause für dich? Wo fühlst du dich zu Hause?
Bei mir zu Hause mit meiner Frau, meinem *göttlichen Engel*, fühle ich mich sehr wohl. Auch in spirituellen Zentren, wo ein gutes Miteinander und Harmonie sind, also mit Menschen zusammen, mit denen wir in einer guten Schwingung sind. Vor dem Rathaus in unserer Stadt, wo ich jeden Mittwoch öffentlich diskutiere, merke ich, wie ich mich mittlerweile auch richtig wohlfühle.

Was bedeutet Freiheit für dich?
Freigeist in Herzensverbundenheit. Wie meine Frau sagte: *Tradition, Religion, Kultur interessieren mich nicht. Mich interessiert Freiheit, Freiheit, Freiheit, Liebe und Wahrhaftigkeit.*

Beschreibe deine Beziehung zu dir selbst.
Das ist das Allerwichtigste, diese jeden Tag neu zu entdecken. Je mehr ich mich selbst liebe, achte und ehre, umso schöner wird mein Leben. Je mehr Selbstliebe und Selbstwert ich in mir aktiviere, umso freier bin ich von der Liebe und Zustimmung anderer. Selbstliebe, nicht Selbstverliebtheit gibt mir die Freiheit, die Wertschätzung meiner Selbst. *Liebe dich zuerst selbst und dann kannst du den Nächsten auch so lieben wie dich selbst.*

Beschreibe deine Beziehungen zu deinen Freunden.
Ganz gut, denn bei Problemen sage ich immer: *Lass uns miteinander reden und gemeinsam eine Lösung finden.* Meine Freunde wissen immer mehr, dass es mir bei der Lösung nicht um mich, sondern darum geht, dem anderen zu vermitteln, dass er die Lösung in sich trägt und ich ihm so seine Freiheit belasse.

Wer sind die wichtigsten Menschen in deinem Leben?
Meine Frau und immer mehr die Menschen, denen ich begegne. Wir alle sind Geschöpfe der Liebe und wir sind eins, wie Jesus Christus es sagte.

In welchem Verhältnis stehen Freiheit und Beziehung zueinander?
Das Wort *muss* gibt es in unserer Beziehung nicht. Entweder ist der andere in der Lage, es mir so gut zu erklären, dass es für mich *ist* oder er kommt nicht infrage. Wenn ich einen Menschen nicht erreicht habe, dann lag es vielleicht auch an mir, weil ich noch nicht den richtigen Zugang zu ihm gefunden habe. Dann war ich nicht gut genug, die richtigen Worte zu finden und sein Herz zu berühren. Einen Menschen kannst du nur in Liebe erreichen. Einen anderen

Weg gibt es nicht, weil er nur dann bereit ist, sich zu öffnen. Das ist *geduldiges Lieben*, wie Hermann Hesse es sagte.

Wie viel Präsenz braucht eine Beziehung?
Die Präsenz, unser Beieinandersein ist uns wichtig. Wenn meine Frau und ich unterwegs sind, kann es passieren, dass die Leute der Meinung sind, wir seien noch nicht lange zusammen. Wir sind seit dreiundzwanzig Jahren ein Paar und gehen nach wie vor spielerisch miteinander um. Wir erlauben uns sogar, dass unsere inneren Kinder miteinander spielen und entdecken uns immer wieder neu. Wenn meine Frau mich anruft, erscheint auf dem Display *Göttlicher Engel ruft an*. So erlebe und empfinde ich meine Frau.

Du lebst in einer Partnerschaft. Warum hast du gerade sie gewählt? Was schätzt du an ihr? Was hält euch zusammen?
Nach einer ersten Ehe und schmerzhaft gescheiterten Beziehung suchte ich damals bewusst nach einer Frau, die nicht meinen früheren Mustern entspricht. Meine jetzige Frau hat auch andere Qualitäten wie Spiritualität, Naturverbundenheit und Natürlichkeit. Entscheidend für mich war, in ihr einen wirklichen Gesprächspartner zu haben, mit dem ich mich austauschen kann und die auch bereit ist, mit mir über alles zu reden. Auch ihre Bereitschaft zu lernen, für ihre Gefühle die Verantwortung zu übernehmen und diese nicht auf mich zu projizieren, gehörte damals zu meinen Kriterien.

Auf dieser Basis konnten wir aufbauen, was natürlich dann noch viel Arbeit bedeutete, weil die Prägung aus meiner Familie sehr autoritär war. Ich war wie ein Rohdiamant, den kannst du auch nicht mit einem Wattebäuschchen schön bekommen. Der braucht ein starkes, aber auch liebevolles Gegenüber.

Es ist eine riesige Chance, wenn zwei Menschen dazu bereit sind, sich im ehrlichen Austausch miteinander in immer weitere Höhen zu entwickeln. So etwas ist in ständig wechselnden Beziehungen nicht möglich. Richtig in die Tiefe gehen kannst du nur mit einem Menschen.

Gibt es in deinem näheren Umfeld Menschen, deren Beziehung du bewunderst?
Die Beziehung meines jüngeren Bruders zu seiner Ehefrau fand ich immer gut. Als sie sich dennoch entschieden haben, nicht mehr ein Ehepaar zu sein und sich wirklich im Guten als Freunde getrennt haben, sind sie merkwürdig angeguckt worden. Es hat einfach nicht mehr gepasst und sie gingen daher einvernehmlich auseinander. Sie

halten einen guten Kontakt und haben zwei Kinder, die beiden am Herzen liegen. Sie haben sich in einer Leichtigkeit getrennt, was die Leute nicht verstehen konnten, warum sie dann nicht mehr zusammenbleiben wollten.

So eine Beziehung, wie meine Frau und ich leben, kenne ich nicht noch eine. Wir sind ein Dream-Team, so sagte es uns einmal ein spiritueller Lehrer.

Wie wichtig ist Treue in einer Beziehung?
Treue und Vertrauen sind uns/ mir sehr wichtig. Das Gute ist, wir können tatsächlich auch in diesem Bereich offen über alles sprechen.

Wie stehst du zu Ehrlichkeit? Ist sie in jeder Situation ratsam? Bist du zu dir selbst ehrlich?
Die Menschen verraten sich immer wieder selbst, um anderen zu gefallen. Das habe ich früher auch getan. Damit hatte ich mich selbst belogen. So kann keine Beziehung funktionieren. Ich habe es gelernt, zu mir ehrlich zu sein und sehe mich mittlerweile als ein wertvolles Geschöpf. Je mehr ich meine eigene Genialität erkenne, umso größer wird meine Wertschätzung mir selbst gegenüber und umso mehr erkenne ich diese Genialität auch in anderen.

Ehrlichkeit ist wichtig, einen Menschen im Alltag dürfen wir trotzdem nie zur Rede stellen im Sinne von Bedrängen - es sei denn, er ist übergriffig, ein Sexualstraftäter oder Ähnliches. In einem normalen Kontext ist es nicht in Ordnung, jemanden zu bedrängen. Machtstrukturen andererseits, die uns in unserer Freiheit mit Angst und Lügen einengen und systematisch dumm halten, müssen zur Rede gestellt werden, da sonst Missbrauch geschieht.

Was ist Liebe?
Jesus hat sich in jeder Situation für die Liebe entschieden. Nur in der Liebe findet der Wandel zum Guten statt. Wenn du einen Menschen wirklich erreichen willst, geht das nur über die Liebe.

Liebe heißt für mich, den anderen bedingungslos und ohne Wertung anzunehmen. So hat es auch der Vater in der von Jesus erzählten *Geschichte vom verlorenen Sohn* getan. Der Sohn fordert sein Erbe ein, zieht in die Welt, verprasst dasselbe und kommt völlig mittellos und kleinlaut wieder nach Hause. Der Vater richtet aus Freude über die Rückkehr seines Sohnes ein großes Fest aus. Damit bringt er die große Liebe gegenüber seinem Sohn zum Ausdruck. Das ist für mich Liebe aus einem großen Herzen heraus.

Ist Liebe auf den ersten Blick wahre Liebe?

Das kann es sein, das gibt es manchmal. *Warum nicht?* Wenn zwei Menschen voneinander so intensiv fasziniert sind und wenn es dann sein soll, dann ist sie es. Wir sind die Kreativen, die Schöpfer, daher können wir Liebe auf den ersten Blick leben und von der ersten Begegnung an mit jemandem bis ans Lebensende glücklich sein.

Wie viel Nähe/ Distanz braucht die Liebe? Können wir jemanden aus der Distanz lieben oder müssen wir denjenigen, den wir lieben, in unserer Nähe haben?

Die Begegnung und das Gespräch sind am wichtigsten. Wir sind außerdem fühlende Wesen und brauchen den anderen unmittelbar - die Aura, die Energie. Auf die Distanz leben wir aus der Fantasie. Das ist auch schön und eine Beziehung auf Distanz hat auch einen bestimmten Reiz. Wenn wir aber mit jemandem in die Tiefe gehen möchten, dann ist Zusammensein wichtig.

Mit wem möchtest du den Rest deines Lebens verbringen?

Du weißt ja. :-) Wenn meine Frau aber morgen sterben würde, dann weiß ich, dass es ihre Seele war, die entschied zu gehen. Wahre Liebe lässt los, daher würde ich sie loslassen und vom Herzen ihr das Allerbeste wünschen - egal wie schmerzhaft es sein könnte.

Glaubst du an Bestimmung/ Schicksal? Gibt es Menschen, die für uns bestimmt sind?

Es gibt keinen Zufall. Und jede Begegnung ist mir dienlich. Zusätzlich gibt es vorinkarnatorische Verabredungen. Meine Frau und ich sind auch verabredet für dieses Leben in der zweiten Lebenshälfte.

Hast du unerklärbare/ magische Situationen erlebt? Beschreibe diese.

Als ich einmal im tiefsten Leid sehr verzweifelt war, hatte ich eine sogenannte Seinserfahrung. Auf einmal spürte ich eine gewisse Energie, die mich trug und sie ließ mich fühlen, dass alles gut war. Diese göttliche Liebe wuchs seitdem immer weiter in mir. Seitdem höre ich *Gespräche mit Gott* und wenn es mir mal nicht so gut geht, hilft mir die Erinnerung an meinen göttlichen Ursprung. Mein Leben mache *ich* mir nur selbst manchmal kompliziert. Alles, was passiert, dient mir letztlich, damit ich weiterwachse. In dieser Erinnerung, dass es bei Gott keine Zufälle gibt, geht es mir besser. Dann frage ich mich nämlich, wozu die schwierige Situation jetzt gut ist.

Auch als vierzehnjähriger Junge hatte ich schon mal eine magische

Situation erlebt und hatte das Gefühl, dass Jesus bei mir war, mit mir sprach und ich sah, wie er durch die Wand verschwand.

Das waren zwei Seinserfahrungen, die mich in großer Verzweiflung getröstet haben.

Wovor hast du Angst, was ist deine größte Befürchtung?
In der Corona Zeit habe ich Angst davor gehabt, was Mächtige im Hintergrund alles veranstalten. Mir ist damals schlecht geworden vor Angst, ich war in regelrechter Panik und teilweise auch gelähmt. Ich konnte es einfach nicht fassen, was alles passierte, ohne jegliches Korrektiv! Ich habe dann gelernt, auch diese Bedrängnis anzunehmen und mit Gottes Hilfe in mir zu verwandeln.

Gibt es jemanden, für den du sterben würdest?
Die Liebe opfert sich nicht. Das Leben für einen anderen hergeben würde ich nicht, aber ich würde in einer lebensbedrohlichen Situation für einen Menschen vieles geben, ohne mich selbst in Lebensgefahr zu bringen.

Was macht dich verletzlich? Was verletzt dich? Wie reagierst du darauf?
Meine Frau und ich haben uns einmal heftig gestritten, wonach ich nur noch dachte, dass wir es vergessen könnten. Ich hatte mich in diesem lauten Wortgefecht nicht geachtet gefühlt. In meiner darauffolgenden Diskussion mit Gott verstand ich, dass sie nur meine Themen berührte und an meine Knöpfe drückte - an *meine* Knöpfe. Daraufhin ging ich zu ihr zurück und bedankte mich für ihren Mut, ihre Wahrheit mir gegenüber zu leben, weil ich mich dadurch entwickele.

Ansonsten bin ich mittlerweile bewusst genug, um zu wissen, dass keiner mich absichtlich verletzen möchte und es nur aus Unbewusstheit tut. Daher gehe ich nicht mehr aus der Situation heraus, wenn ich angemacht werde. Ich frage dann nach, warum mir gegenüber so gehandelt wird und was ich dem Menschen angetan habe. Mein Vorbild Jesus Christus hat auch die Menschen gefragt: *Warum tust du das?* Manchmal entschuldigt sich dann mein Gegenüber bei mir. Jeder Angriff ist auch ein Hilferuf und geschieht aus einer früheren Verletzung.

Gibt es etwas, was dich traurig macht? Bringt dich etwas zur Verzweiflung?
Ja, mich macht zum Beispiel traurig, dass während die katholische

Kirche eine Friedenskette in Gang setzte zwischen Münster und Osnabrück, ein katholischer Bischof Waffenlieferungen befürwortete und damit die Weiterführung des Krieges befeuert, sodass noch mehr Menschen im Krieg zerfetzt werden. Das macht mich traurig und ärgerlich. Die Friedenskette ist dann auch nicht echt, sondern nur noch Heuchelei. Mich stört es auch, dass alle Religionen zum Krieg schweigen und nichts unternehmen, um ihn zu beenden. Das ist sehr traurig. Jesus Christus hätte dazu niemals geschwiegen.

Hast du eine kritische Situation erlebt, die dich physisch und/ oder emotional an deine Grenzen gebracht/ gebrochen hat? Wie bist du damit umgegangen?
Es war die Situation, als ich mir das Leben nehmen wollte, weil alles keinen Sinn mehr für mich machte. Als ich meine jetzige Frau gerade kennenlernte, war im Prinzip mein ganzer Lebensentwurf zerbrochen. Im Beruf lief es schlecht, mit den Eltern gab es Probleme, meine erste Ehe war gescheitert. Auch in den Religionen fand ich keine Lösungen.

Damals waren meine jetzige Frau und ich öfters beim Channeln, in Kontakt mit der geistigen Welt. Die Channellings hatte ich auf Kassetten und diese habe ich mir solange angehört, bis mir die Botschaft klar wurde. Nicht mehr mit dem Verstand habe ich zugehört, sondern mit dem Herzen. Bei einem Channelling stellte ich dann auch eine Frage, die normalerweise dort nicht beantwortet wird, ob ich im richtigen Beruf sei. Die Antwort lautete *ja* und ich würde darin wachsen, bevor dann eine Aufgabe auf mich zukäme, die meiner wahren Größe entsprechen würde. Die geistige Welt, die universelle Liebe wusste also, dass sie mir in dem Moment einen Sinn, eine Perspektive geben musste, damit ich nicht verzweifele. Dafür bin ich sehr dankbar.

Was war die schwierigste Entscheidung deines Lebens?
Damals, als ich so verzweifelt war, habe ich mir die Frage gestellt, was noch wichtig wäre, wenn ich tot wäre. Das war mein Anti-Stress Programm, denn dann wäre ja nichts mehr wichtig gewesen. Das half mir damals, mir nicht das Leben zu nehmen und anzufangen, in positive Gedanken hineinzugehen.

Wie gehst du im Allgemeinen mit Herausforderungen um?
Wenn ich eine Situation ablehne, fragt mich Gott, was mit mir los ist, weil die Situation für mich und durch mich geschaffen ist, um weiter zu wachsen. Es geht natürlich nicht um gefährliche Herausforde-

rungen. Gefahr ist etwas anderes und da gehe ich nicht rein. Wie meine Frau sagt, *gehe nur den Schritt, den du fühlst*. Auch hier gibt es kein *Muss*, sondern nur ein *du darfst* wachsen, wenn du möchtest.

Welche Situation hat dich in deinem Leben stärker gemacht? Inwiefern?

Als vor ungefähr fünfundzwanzig Jahren meine damalige Freundin unvermittelt mit mir Schluss machte und das auch noch telefonisch, brach für mich eine Welt zusammen. Dann wollte ich es endlich wirklich wissen, was *die Welt, im Innersten Zusammen hält* (Zitat Goethe). Ich erkannte, dass all das Leid und Schwierige, was in meinem Leben passiert war, mir dienlich war und mich an diesen Punkt bringen sollte, dass ich endlich offen für ganz neue Denkweisen wurde.

Wie schaffst du es, dein emotionales Gleichgewicht wieder herzustellen/ aufrechtzuerhalten?

Ich höre mir *Gespräche mit Gott* an und versuche in den Dialog mit meinem Herzen zu kommen. Da finde ich die Ruhe. Oder ich meditiere oder jogge in der Natur. Meine Frau und ich sind uns auch gegenseitig ein starker Anker.

Was war der beste Rat, den du jemals erhalten hast? Was ist deine Erkenntnis?

Meine Frau hat mir öfters einen guten Rat gegeben - deshalb ist sie auch mein *göttlicher Engel*. Als ich in der Firma mit einem Chef einen Konflikt hatte, sagte sie zu mir: *George, wir wollen doch nicht in die Konfrontation gehen*. Das werde ich nie vergessen. An dieser Stelle war Diplomatie wichtig, sonst hätte es üble Konsequenzen für mich haben können.

Meine Erkenntnis ist, dass es gut ist, für einen Rat offen zu sein und dann in sich hineinzuhören, was sich richtig anfühlt.

Möchtest du jemandem etwas beweisen? Wenn ja, wem?

Nein. *Wieso soll ich irgendjemandem etwas beweisen wollen, wenn ich weiß, dass jeder Mensch ein geniales Geschöpf Gottes ist?*

Wie wichtig ist es dir, was andere über dich denken?

Früher war es mir vielleicht wichtig, um zu wissen, was eine Frau von mir denkt, damit ich sie erreichen konnte. Heute höre ich es mir an, was andere denken, überprüfe es, richte mich aber nicht unbedingt danach. Meine Priorität ist, mir selbst treu zu sein und jeden Tag immer ein wenig mehr Wahrhaftigkeit und Liebe in jeder Situation zu leben.

Woran hältst du fest?

Es ist immer gut, wenn wir die Dinge fließen lassen, *festhalten* erschafft Leiden. Ich halte fest an meiner Vision für die Welt und an meine Gottesbegeisterung. An der Liebe zu meiner Frau halte ich ebenfalls fest. Wichtig finde ich, dass ein Festhalten nie starr ist, sondern eher ein Commitment, das Spielraum für lebendige Entwicklung lässt.

Hast du ein Ziel/ Ziele in deinem Leben? Wie realisierst du diese?

Mein Ziel ist es, das mir von Gott gegebene Potenzial zu entfalten, eine Christusnachfolge zu leben in der heutigen Zeit. Dies nach seiner bekannten Aussage: *Ich bin der Weg und die Wahrheit und das Leben.*

Wenn du auf dein bisheriges Leben zurückblickst, worauf bist du stolz?

Es macht mich glücklich - vielleicht bin ich auch stolz darauf -, dass es mir immer mehr gelingt, meine Lebensvision, wofür ich hier bin, nun endlich zu leben. Das Wichtigste dabei ist, dass ich dranbleibe, denn dann wird es auch möglich sein, das Weltgeschehen mit der universellen Liebe zum Guten zu wenden.

Gehst du denselben Weg weiter? Worauf freust du dich?

Denselben Weg gehe ich weiter und ich freue mich auf neue Erlebnisse, weil ich weiß, dass diese mir von Gott zugespielt werden. Auch auf meine Selbstständigkeit, die ich bald beginnen werde, freue ich mich. Es wird sehr interessant!

Worauf achtest du zukünftig mehr? Hast du Zukunftsängste?

Ich möchte meinen sprachlichen Ausdruck noch klarer gestalten lernen, denn die Sprache ist eins meiner Hauptwerkzeuge, um die Menschen im Herzen zu erreichen.

Zukunftsängste habe ich immer weniger. In meinem Herzen spüre ich immer stärker, dass wir es alles zum Guten wenden werden. In der Liebe Gottes ist alles möglich. Lasst uns gemeinsam mit der universellen Liebe einen wundervollen Engelskreislauf in Gang setzen und die zweitausend Jahre Botschaft Jesus Christus nun endlich in die Tat umsetzen und leben. In dieser unendlichen Liebe, die in jedem von uns ist, ist alles möglich!

JOHANN

erzählt von seiner Leidenschaft für die Naturwissenschaften – und warum Gefühle wie Freude, Toleranz und Respekt uns zu gegenseitiger Achtung und Lebensfreude führen

Haben Sie ein Lebensmotto?

Ja, es sind drei Worte, die ich erst mit dem fünfzigsten Lebensjahr für mich gefunden habe. Sie lauten *Freude, Toleranz und Respekt.*

Freude bedeutet für mich, dass das Glas halb voll und selten halb leer ist. Freude bedeutet auch eine gesunde Einstellung zum Glück. Ich entscheide, was mich glücklich macht, ich richte meinen Fokus darauf und das macht eben mein Glas halb voll. *Toleranz* ist ein Gefühl, das vieles zulässt, nicht alles, aber vieles. Ich muss nicht über jeden richten, ich kann auch einfach mal die Klappe halten und den anderen so akzeptieren, wie er ist. Ich muss deshalb nicht die ganze Welt lieben, aber ich muss sie auch nicht in meinem Sinne bekehren. Das wäre geradezu narzisstisch. Jeder Mensch hat im Laufe seines Lebens völlig andere Erfahrungen gesammelt und seine eigenen Bedürfnisse nach Schutz, Anerkennung und Selbstverwirklichung geprägt. Daher tickt jeder von uns etwas anders und darüber müssen wir nicht richten, solange die Menschen keine anderen gefährden. *Jedem Tierchen sein Pläsierchen.* Der *Respekt* verbindet sich für mich eng mit der Toleranz. Das Fremde, das manchmal Unverständliche, können wir einfach akzeptieren, statt zu kritisieren.

Ich glaube, dass Freude, Toleranz und Respekt zur gegenseitigen Achtung und Lebensfreude führen - in der Beziehung, in der Gesellschaft und zwischen den Kulturen. Ich finde es so besser als Rechthaberei, Belehrung und Verachtung.

Haben Sie ein Vorbild? Wenn ja, aus welchen Gründen gerade sie/ihn?

Ein echtes Vorbild habe ich nicht. Ich lese gerne Zitate vom Dalai Lama, Albert Einstein und anderen berühmten Persönlichkeiten. Ich sammele diese Zitate auf Pinterest und ordne sie zu Themen. Ich freue mich über die Beobachtungen, die hinter diesen Sprüchen stecken und die oft so konzentriert mit einem einzigen Satz ins Ziel treffen können. Es sind diese besonderen Konzentrate, die mich berühren und mich weiterbringen.

Wenn Sie ein Buch schreiben würden, um welches Thema würde es sich handeln?

Ich habe zwei Bücher geschrieben, allerdings unveröffentlicht und nur für mich selbst. Es sind Sachbücher, die die Entstehung der Welt, des Lebens und des Homo sapiens beschreiben. Gerne wäre ich Forscher geworden, habe aber eine kaufmännische Richtung eingeschlagen. Ich war schon immer naturwissenschaftlich interessiert. Jetzt nutze ich meine Freizeit und meine Neugier, um diese naturwissenschaftlichen Themen für mich zu entdecken. Die Erkenntnisse daraus möchte ich nicht vergessen und verlieren, deshalb entstanden aus den Notizen und Illustrationen zwei Bücher mit jeweils zweihundert Seiten. Ein weiteres Buch wird sich mit der Zukunft beschäftigen, aufbauend auf vielen Entwicklungen, die in der Vergangenheit und in der Gegenwart bereits begonnen haben. Für ein weiteres Buch sammele ich schon lange Fakten und Illustrationen *Das menschliche Selbstbewusstsein und seine Adaption durch die KI*. Alle Themen hängen in irgendeiner Weise mit dem dünnen Band des Lebens zusammen, das uns mit den ersten Zellen und mit den zukünftigen Wesen verbindet. Wäre es in den Milliarden von Jahren nur einmal unterbrochen worden, gäbe es uns heute nicht. Das finde ich faszinierend.

Welches Buch würden Sie anderen unbedingt empfehlen? Warum?
Ich kann mich leider nicht für *ein* Buch entscheiden, ich habe sieben Lieblingswerke:
> *Die Reise unserer Gene* von Johannes Krause und Thomas Trappe. Ein Paläogenetiker ist in der Lage, mit dem Genmaterial uralter Knochen den Weg der Menschheit aus seiner Keimzelle in Ostafrika bis zu seiner Verbreitung über den gesamten Erdball zu beschreiben. Wunderbar unterhaltsam erklärt!
> *5 Dinge, die Sterbende am meisten bereuen* von Bronnie Ware, eine australische Palliativpflegerin, die Sterbende pflegt und außerdem eine gute Zuhörerin ist. Sie schreibt über den Punkt, der irgendwann kommt und an dem wir merken, dass es zu spät ist. Wir bereuen dann alles, was wir je wollten und nie gemacht haben, mehr als alle unsere Fehler. Bronnies Beobachtungen sind spannende Rezepte für unser Leben.
> *Traumfänger* von Marlo Morgan ist als Roman deklariert, scheint jedoch autobiografische Bezüge zur Hauptfigur zu beinhalten. Es ist die Geschichte einer mutigen Frau, die mit den Aborigines ein halbes Jahr durch den roten Kontinent wandert. Die untrennbare Beziehung der Aborigines zur Natur, ihr Wissen und ihr mystischer Glaube lassen unser westliches Weltbild schwanken. Diese Menschen leben seit fünfzigtausend Jahren im absoluten Einklang mit der Natur. Entdecke ihre überraschenden Fähigkeiten!
> *Mut zur Freiheit* von Yeonmi Park. Die Nordkoreanerin flüchtete über China und die Mongolei nach Südkorea. Die Autorin erzählt von den extrem bedrückenden Lebensumständen und Repressalien in Nordkorea, den grauenhaften Umständen in der chinesischen Unterwelt der Schmuggler und Menschenhändler und ihrer

Ankunft in der freien Welt Südkoreas, die ihr völlig fremd ist und die sie zunächst nicht verstehen kann. Heute ist sie eine führende Menschenrechtsaktivistin bei der UNO.

> *Superintelligenz* von Nick Bostrom. In diesem Sachbuch geht es um die möglichen Folgen einer künstlichen Intelligenz (KI). Es ist vielleicht die letzte Erfindung, die der Mensch macht. *Wird die KI unser Freund oder unser Feind?* Das Buch ist ziemlich wissenschaftlich geschrieben, manche Kapitel musste ich zweimal lesen, um den Sinn und die Tragweite zu verstehen. Der Autor ist Professor der Philosophie in Oxford. Das Buch ist mit Vorkenntnissen auf diesem Gebiet zu empfehlen.

> *Das männliche Gehirn* und *Das weibliche Gehirn* von Prof. Louann Brizendine. Sie lehrte Neuropsychiatrie an der University of California, San Francisco. Sie stammte aus der Hippiegeneration und wollte eigentlich beweisen, dass die Gehirne von Jungen und Mädchen gleich sind und die Geschlechterrollen nur durch die Erziehung geprägt werden. Im Laufe ihrer Forschungen erkannte sie aber die überragenden Einflüsse der Hormone auf unser Denken und Handeln, so musste sie ihren ursprünglichen Forschungsansatz verwerfen. Die Hormone bauen bereits im Mutterleib unsere Gehirne geschlechtsspezifisch um. Durch die Zugabe von Hormonen können wir jeden Menschen komplett manipulieren und verändern!

Mit wem hatten Sie zuletzt eine tiefgreifende Diskussion und worüber?

Mit wem, weiß ich nicht mehr. In vielen Diskussionen geht es um unsere Welt, die komplexer und komplizierter wird und die immer schwerer zu beherrschen ist. Es geht um die Umwelt, die Kriege und die drohenden Finanzkrisen. *Ist der Mensch in der Lage, die kommenden Aufgaben zu bewältigen? Oder reduzieren wir uns von zehn Milliarden Menschen auf eine Milliarde, die der Planet wahrscheinlich besser ertragen könnte?* Die Evolution ist nicht zu Ende. Die Dinosaurier lebten circa hundertsiebzig Millionen Jahre auf diesem Planeten, der Homo sapiens erst seit dreihunderttausend Jahren. Die Menschheit steckt also noch in den frühen Kinderschuhen. Wir sind gerade die ersten weisen und wissenden Homos. *Wie sehen unsere Nachfolger in einer Million Jahren aus? Und wie in hundert Millionen Jahren? Welche Aussterbeereignisse überleben wir, welche nicht?*

Was ist für Sie das Wichtigste im Leben?

Das Leben leben. Eigentlich wollte ich es nicht erläutern - es spricht für sich - ich kann es doch nicht lassen. *Das Wichtigste* in der obigen Fragestellung ist vermutlich die Frage nach dem Sinn unseres Lebens. *Hat das Leben einen Sinn?* Das Universum benötigt kein Leben für seine Entwicklung und Existenz. Die Planeten benötigen uns ebenso wenig für ihre Existenz. Nur das Leben benötigt das Leben. Wir sind auf unsere grüne *Bioblase* angewiesen, in der sich das Leben ernährt, erneuert und stirbt. Das Leben ist aus dieser Betrachtung heraus reiner Selbstzweck: erhalten und vermehren. Es ist der dünne Faden des Lebens in diesem Universum, den wir nicht durchschneiden wollen. Insofern *Lebe gut und vermehre Dich!*

Was bedeutet für Sie ein erfülltes Leben?
Wir sollten das zufällige Geschenk des Lebens dankbar annehmen und dieses Privileg verantwortungsvoll genießen. Die Erfüllung dieses Lebens bedeutet für mich, meine wichtigsten Bedürfnisse erfüllen zu können. Sie fangen mit den *Sicherheitsbedürfnissen* an, gehen über *soziale Bedürfnisse* bis zu Themen wie *Selbstverwirklichung*. Als Selbstverwirklichung verstehe ich die Freiheit meiner Neugier und meinen Neigungen nachgehen zu können. In meinem Fall möchte ich zukünftig naturnah leben, viel Zeit im eigenen Garten verbringen, mich glücklich bekochen und weiterhin naturwissenschaftliche Themen in Eigenregie studieren. Außerdem ist die Liebe zu meiner Partnerin und meiner Familie mein großes soziales Bedürfnis.

Was macht Sie glücklich?
Selbstständigkeit, Freiheit, Liebe, Zuverlässigkeit, eine Blume, ein Tier, neue Erfahrungen, Reisen und gute Freunde. Lieber wenige gute Freunde als zweihundert Facebook-Freunde. *Wen interessiert schon das inflationäre Gelaber dort?* Lieber mal den Mund halten und wirklich für jemanden da sein, wenn er uns braucht. *Reden ist Silber, Schweigen ist Gold.*

Wobei fühlen Sie sich lebendig?
Wenn ich lachen kann. Wenn die Freude und der Spaß mich packen und das Dopamin mein Gehirn durchflutet. Diese Momente kann ich in vielen Situationen fühlen. Vom guten Spielfilm über die Situationskomik bis zu augenzwinkernder Selbstreflexion. Ich lache gerne. Wenn ich genießen kann. Im Urlaub, beim Essen, beim Trinken und beim Lieben.

Auch wenn es wehtut. Trauer und Schmerz sind für mich ebenso ein Teil des lebendigen Fühlens. *Was wäre der Sommer ohne den Winter? Was wäre das Sättigungsgefühl ohne den Hunger? Was wäre das*

Leben ohne den Tod? Viel zu lang. Nur wenn es langweilig ist, fühle ich mich nicht lebendig genug. Dann fängt der Kopf an zu denken, und schon kommt das nächste Thema und die nächste Idee. Meine Interessen sind mein Motor.

Was bedeuten für Sie Erfüllung, Erfolg und Glück?

Es bedeutet mir alles, es ist der Sinn meines Lebens. Dafür lebe ich. Die Details habe ich in den drei Fragen zuvor beschrieben. Wobei ich jedoch den Begriff *Erfolg* hier für mich noch nicht erläutert habe. Erfolg ist die Erfüllung meiner Bedürfnisse. Es ist für mich kein hauptsächlich berufliches Ereignis. Die Karriere spielt eine Rolle, aber nur *eine* von vielen.

Wie viel Familie verträgt ein erfülltes Leben?

Freude, Respekt und Toleranz bedeuten auch in einer Familie jedem genügend Freiraum für die individuelle Entwicklung zu lassen, um sich selbst nach seinen eigenen Neigungen zu entwickeln. Das gilt für Eltern wie für Kinder. Letztere müssen - natürlich in Abhängigkeit vom Alter - noch mehr oder weniger gefördert werden. Ich halte es für absolut wichtig, dass sich jeder in seinen Interessen weiterentwickeln kann. Nur so kann auf Dauer eine tiefe innere Zufriedenheit, die solide Basis der Partnerschaft und der Familie sein. Das stärkt jedes einzelne Mitglied der Familie und steigert die Freude und den Respekt voreinander. Die lockere Leine führt zu einer größeren Anziehungskraft als die enge Kette um den Hals geschnürt. Also loslassen, um über Freude und Respekt zueinanderzufinden. Kein Familientreffen erzwingen. Es soll kommen, wer Lust hat, dann wird es gut!

Was ist Ihre Kraftquelle? Sind Familie und Freunde Kraftquellen?

Die Ruhe, die Natur und die Wissenschaft. Familie ist für mich eher eine kleine Kraftquelle, weil ich mehr Energie hineinstecke. Ich freue mich, wenn meine Bemühungen angenommen werden, dann kommt etwas Energie zu mir zurück. Es reicht mir, wenn alle zufrieden sind. Das ist meine Aufgabe als Vater und als Sohn alter Eltern. Auch bei meinen Freunden habe ich das Gefühl, dass ich häufig ihre Kraftquelle bin. Viele suchen bei mir Rat und dieses Vertrauen freut mich. Für meine eigene Kraft bin ich selbst verantwortlich. Diese schöpfe ich aus den ruhigen Momenten und den schönen Dingen des Lebens. In solchen Momenten kommen mir oft Ideen und daraus werden dann neue Zukunftspläne.

Was bedeutet Zuhause für Sie?
Mein Zuhause ist mein Rückzugsort, wo ich manche Sorgen draußen vor der Tür lassen kann, wo ich abschalten kann und wo ich in Ruhe meinen Interessen wie den Naturwissenschaften und dem Kochen nachgehen kann. Ich kann gerne einige Tage allein sein. Aufstehen, wann ich möchte, essen, was ich möchte und Pläne schmieden, die mich antreiben.

Wo fühlen Sie sich zu Hause?
In Deutschland, im Norden, in meinem Haus und auf dem Segelboot. Ich mag die Tropen und ich mag die Polarregionen. Zu Hause bin ich, wo die Leuchttürme stehen und das Dünengras im Wind raschelt, wo die Möwe kreischt und die Luft nach Salz schmeckt. Schöner geht es für mich nicht. Hier, wo *Moin* ein ganzer Satz mit Subjekt, Prädikat, Objekt und Punkt ist.

Was bedeutet Freiheit für Sie?
Freiheit ist für mich die Möglichkeit, mein Leben selbst zu bestimmen. Diese Freiheit wird von moralischen, gesellschaftlichen und familiären Gegebenheiten eingeschränkt. Das ist normal, trotzdem kann ich entscheiden, welche Freiheiten ich mir nehme. Freiheit ist für mich auch ein Staat, der ein humanistisches Weltbild trägt und dieses in seinem Grundgesetz verankert. Freiheit ist für mich die Abwesenheit von staatlicher Willkür, Hass und Terror. Echte Freiheit gibt es nur im Frieden.

Beschreiben Sie Ihre Beziehung zu sich selbst.
Selbstkritisch oder zufrieden mit kleinen Baustellen. Als Couch-Potato sollte ich meinem Körper mehr Aufmerksamkeit schenken.

Beschreiben Sie Ihre Beziehungen zu Ihren Freunden.
Ich sehe meine Freunde meist in unregelmäßigen und größeren Abständen. Das beeinflusst nicht die Qualität der Beziehungen, wenn diese offen und ehrlich sind. Für mich ist die Qualität wichtiger als die Quantität. Ich mag tiefgehende Gespräche. Die kann ich nicht jeden Tag führen und ich brauche auch die Leichtigkeit des Seins. Dazu eignen sich gemeinsame Segelpartien. Regelmäßige Kneipentreffs mit sich ständig wiederholenden Themen finde ich ebenso langweilig wie Fußball.

Wer sind die wichtigsten Menschen in Ihrem Leben?
Meine Kinder, meine Partnerin, meine Mutter und mein Vater.

In welchem Verhältnis stehen Freiheit und Beziehung zueinander?
Individuelle Entfaltungsmöglichkeit sowie Freiheiten, die sich aus
Toleranz und Respekt ergeben, bringen Zufriedenheit und Freude
in eine Beziehung. Ich finde es großartig, wenn ich von der Entwicklung meiner Partnerin positiv überrascht bin. Auch wenn wir vieles
gemeinsam machen und vieles zusammen entscheiden, benötigt die
Beziehung Luft zum Atmen. Freiheit und Gemeinsamkeiten werden harmonisch ausbalanciert und es fühlt sich gut an, wenn es von
selbst und ohne Kraftanstrengung gelingt.

Wie viel Präsenz braucht eine Beziehung?
Für mich ungefähr die Hälfte aller Tage, an schweren Tagen mehr.

**Sie leben in einer Partnerschaft. Warum haben Sie gerade sie ge-
wählt? Was schätzen Sie an ihr? Was hält Sie zusammen?**
Ich glaube nicht an die Liebe auf den ersten Blick. Wir können von
jemandem zunächst fasziniert sein, uns dann verlieben und erst
später lieben. Es ist ein Prozess, der für mich ungefähr ein Jahr
braucht. Dabei muss es einige Facetten geben, die ich von Anfang an
mag. Mir kommt es auf ein unkompliziertes Wesen an, das gradlinig,
natürlich und unverwöhnt ist. Es muss für mich eine Frau sein, die
meine grundlegenden Einstellungen teilt und die erst mal gibt, aber
nichts erwartet. Erst wenn sich die Beziehung gefestigt hat, dürfen
wir natürlich Treue, Vertrauen und Loyalität erwarten, wie auch Offenheit für Neues.

Wie sieht für Sie die ideale Beziehung aus?
In einer solchen Beziehung besteht Vertrauen. Die positiven Seiten
des Partners werden bestärkt, während den negativen Seiten weniger Gewicht beigemessen wird. Beide haben ein großes Herz und
formen den anderen nicht nach ihren Wunschvorstellungen um. *Geben* ist wichtiger als *Nehmen*. Wir können mit positiven Worten sehr
viel geben und wer viel gibt, bekommt oft auch viel zurück. Wer gibt,
arbeitet aktiv an der Beziehung. Im Gegensatz zu dem, der dauerhaft
nur nimmt oder verlangt. Der ist eine Energiesenke und macht die
Beziehung kaputt.

In einer idealen Beziehung sollten die grundsätzlichen Einstellungen zueinander passen, wir müssen aber nicht in allem glei-
cher Meinung sein. Wir können unsere Schnittstellen miteinander
abgleichen, andere Bereiche jedem selbst überlassen. Es ist angenehm, sich nicht überall einzumischen oder die totale Einmischung
erleben zu müssen.

Gibt es in Ihrem näheren Umfeld Menschen, deren Beziehung Sie bewundern?
Leider nicht. Viele Paare nörgeln aneinander rum, haben bereits seit langem aufgegeben, ihre Probleme zu lösen, leben nur noch aus Gewohnheit miteinander, bauen wortlose Barrieren und suchen sich ihre persönlichen Freiräume. Das klingt nicht erstrebenswert.

Wie wichtig ist Treue in einer Beziehung?
Wichtig. Wenn die Treue fehlt, fehlt meist irgendetwas in der Beziehung. Darüber sollte dann offen geredet werden. Vielleicht lässt sich das Problem mit gegenseitiger Annäherung lösen oder ein gemeinsam akzeptierter Ersatz dafür finden. Wenn das Problem nicht gelöst werden kann und das, was der andere verlangt, nicht gegeben wird, wird es schwierig mit der Treue. Ich kenne Paare, die das Thema *Freiheiten* stillschweigend lösen und bewusst wegschauen. Das ist nicht optimal, doch manchmal besser als die Familie zu zerstören.

Wie stehen Sie zu Ehrlichkeit? Ist sie in jeder Situation ratsam? Sind Sie zu sich selbst ehrlich?
Ehrlichkeit kann verletzlich sein und nicht jeder kann gut mit der Wahrheit umgehen. Ich neige dazu, trotzdem lieber auch die unangenehmen Dinge ehrlich anzusprechen. Ich glaube, auf lange Sicht gesehen, ist es der bessere Weg, von Anfang an die Wahrheit zu sagen. Wer Elfenbeintürme als Lügengebäude aufbaut, belastet sich und hat Angst, dass der Schein zusammenbricht. Manchmal zerbricht es dann die betroffenen Personen und führt in die Depression.

Wenn wir das Gefühl haben, eine kleine Notlüge könnte angebrachter sein als die Wahrheit, dann können wir lieber mal den Mund halten. Wir müssen nicht jeden unserer Schritte begründen. Freunde und Partner sind keine Richter, manchmal reicht ein *ich will das nicht*.

Sich selbst belügen? Ich glaube, das tun viele, wenn sie einen Fehler gemacht haben oder wenn sie bei einer Aufgabe versagen. Dann werden tausend Gründe herangezogen und die Schuld bei den Umständen oder noch schlimmer bei den anderen gesucht. Ich finde diese Art unangenehm und durchschaubar. Menschen dürfen Fehler machen und sollten dazu stehen - dann wird ihnen auch geholfen. *Nobody is perfect. Be honest!*

Was ist Liebe?
Aus dem Bauch heraus beantwortet, *sich gegenseitig Gutes tun*. Nur darum geht es. Wertschätzung, Zärtlichkeit und Vertrauen. Das gilt

nicht nur für die Liebe unter Paaren, auch zwischen Eltern, Kindern und Freunden. Rein physiologisch betrachtet:

Liebe = anziehende Gene + positive Resonanz + Vertrauen + Bindung

Welches Muster wir anziehend finden, liegt in unseren Genen und dient der optimalen biologischen Vermehrung. Erkennen wir dieses Muster, schüttet unser Gehirn die entsprechenden Hormone aus und fördert die Sehnsucht nach dem potenziellen Partner. Sehnsucht ist ein starkes Motiv, welches uns zu weiteren Handlungen und zur Erfüllung antreibt. Eine positive Resonanz des Partners verstärkt diese Gefühle und fördert den Wunsch nach Bindung. Ist die heiße Phase des Kennenlernens erfolgreich bestanden, wird über das Vertrauen eine längerfristige Bindung aufgebaut. Das sichere Nest für den Nachwuchs kann dann entstehen.

Ist Liebe auf den ersten Blick wahre Liebe?
Nein, es ist nur eine Faszination. Was daraus wird, bleibt in diesem Moment vollkommen offen. Manchmal passt es, manchmal nicht.

Wie viel Nähe/ Distanz braucht die Liebe? Können wir jemanden aus der Distanz lieben oder müssen wir denjenigen, den wir lieben, in unserer Nähe haben?
Es geht auch aus der Distanz, fällt aber auf Dauer schwer. Ein liebevoller Blick, eine Berührung, ein nettes Wort, eine schöne Situation, die Intimität, der Humor im Alltag, zusammen kochen, gemeinsam genießen und gemeinsam neue Erfahrungen sammeln werden durch die Distanz zu sehr seltenen Momenten. Das geteilte Glück ist jedoch doppeltes Glück. Dieser Glücksklebstoff wird aus der Ferne seltener ausgeschüttet. Zum Thema Nähe verweise ich auf die Frage *Wie viel Präsenz braucht eine Beziehung?*

Mit wem möchten Sie den Rest Ihres Lebens verbringen?
Mit meiner Liebsten ... und einem Hund.

Glauben Sie an Bestimmung/ Schicksal? Gibt es Menschen, die für uns bestimmt sind?
Ich glaube nicht an Bestimmung oder Schicksal in Form einer göttlichen oder übermächtigen Fügung. Ich vertraue eher den eigenen Genen. Der Mix aus den vielen Vorfahren, die schließlich meine DNA ergaben, formte meine biologische Basis. Wie ein Schlüssel zum Schloss gibt es andere Genmixe, die mehr oder weniger gut zu mei-

ner Kombination passen. Insofern bin ich biologisch auf bestimmte Eigenschaften geprägt, die ich mit meinen Sinnen wahrnehmen kann. Daher kann es *den einen optimalen Partner* für jeden von uns geben.

Der Mensch scheint bei der Partnerwahl neben den bewussten Wahrnehmungen auch sehr viel unbewusst wahrzunehmen, beispielsweise über die Nase, den Genmix des potenziellen Partners durch seine Pheromone. Vereinfacht nennen wir diese unbewusst gesteuerte Emotionen *Bauchentscheidungen*. Unsere kognitiven Fähigkeiten, glauben sie seien der Dirigent über Hirn und Körper. Stattdessen sind wir jedoch viel stärker über unsere Natur gesteuert, als wir es wahrhaben wollen. Unsere Logik erklärt oft im Nachhinein, was der *Bauch* bereits entschieden hat. Wir können diese emotionale Bauchentscheidung zwar übersteuern, aber nicht ewig. Das würde uns psychisch erkranken lassen. Lange Rede, kurzer Sinn, unser Gencocktail entscheidet, wer unser idealer Partner ist. Alles andere ist im Kopf zusammengereimt und herbeigewünscht.

Haben Sie unerklärbare/ magische Situationen erlebt? Beschreiben Sie diese.
Nein. Es gibt manchmal ein Déjà-vu, über die ich mich wundere. Mittlerweile gibt es auch dafür einleuchtende wissenschaftliche Erklärungen. Magische Momente im Sinne von *schön* gibt es viele. Das ist hier aber nicht gemeint, glaube ich.

Wovor haben Sie Angst, was ist Ihre größte Befürchtung?
Meine größte Befürchtung wäre der Verlust meines Augenlichtes, der Sprache oder des Geschmackssinnes. Auch eine frühe Demenz wäre katastrophal.

Andere Befürchtungen wie die Erderwärmung werden leider eintreten. Seit der Entstehung der Erde vor Milliarden Jahren hat sie sechs Eiszeiten und sechs Warmzeiten erlebt. Manchmal war die Erde ein komplett zugefrorener Schneeball, manchmal war sie fast ein Wüstenplanet. Diese Klimaschwankungen werden durch eine unregelmäßige Umlaufbahn um die Sonne und dem Schwanken der Erdachse weiterhin auftreten. Weitere Effekte gleichen sich manchmal aus, manchmal addieren Sie sich auch und führen zu Klimakipppunkten. Betrachten wir nur die letzten fünfhundertvierzig Millionen Jahre. In dieser Phase kommen wir von einer Durchschnittstemperatur von fünfundzwanzig Grad und sind momentan bei vierzehn Grad angekommen. Wir leben in einer Eiszeit, die als *mindestens ein gefrorener Pol* definiert ist. Und nun wird es wieder wärmer, auch ohne das Zutun des Homo sapiens. Wir Menschen haben wahrscheinlich per CO_2 nur die Geschwindigkeit erhöht. Wir müssen uns auf Wasserknappheit, trockene Landschaften, Hunger und weltweite Migrationsbewegungen in ungeahntem Ausmaß einstellen. *Wann?* Ich befürchte, in den nächsten hundert Jahren geht es richtig los. Kein Land der gemäßigten Zonen wird in der Lage sein, die doppelte oder dreifache Anzahl an Menschen zu ernähren. Hunger, Tod und Kriege werden die Folge sein. Wir könnten es nicht einmal ändern, wenn wir ab heute null Emissionen hätten. Es reicht auch nicht, die Ursache in den Emissionen zu suchen, es ist nur das Einzige, was wir Menschen ändern können.

Gibt es jemanden, für den Sie sterben würden?
Meine Kinder. Sofort jederzeit, wenn ich sie damit retten könnte, was jedoch unwahrscheinlich ist.

Was macht Sie verletzlich?
Lügen, Unehrlichkeit und Betrug.

Was verletzt Sie? Wie reagieren Sie darauf?
Üble Unterstellungen würden mich verletzen. Meine Reaktion hinge davon ab, wer es ist. Bei manchen Personen würde ich nicht reagieren, weil sie mich nicht tangieren. In anderen Fällen wäre ich betrübt, je besser wir uns kennen, umso stärker. Behauptungen oder Unterstellungen sagen immer etwas über die Person aus, die sie verbreitet. An diesem Punkt würde meine Reaktion ansetzen und denjenigen nach Möglichkeit entlarven oder zum Mond schießen.

In welcher Situation neigen Sie zur Überreaktion? Was bringt Sie aus der Fassung?
Dummheit, die im Brustton der Überzeugung Behauptungen von sich gibt, die schlichtweg falsch sind. Das bringt mich fast aus der Fassung. Trump war so einer ... Außerdem kann ich schlecht mit sinnloser Gewalt umgehen. Da könnte mir im Ernstfall eine Sicherung durchbrennen.

Gibt es etwas, was Sie traurig macht? Bringt Sie etwas zur Verzweiflung?
Zurzeit nicht. Ich denke, das wären entweder lebensbedrohliche Situationen für meine engsten Freunde, Familie und für mich oder das Gefühl, von diesen Personen verlassen zu werden.

Haben Sie eine kritische Situation erlebt, die Sie physisch und/ oder emotional an Ihre Grenzen gebracht/ gebrochen hat? Wie sind Sie damit umgegangen?

Ja, allerdings sehr früh in meinem Leben. Mit fünf Jahren bin ich von einem Gabelstapler überfahren worden. Im Krankenhaus bin ich dann nach drei Tagen in einem Sterbezimmer aufgewacht. Die Gardinen waren zugezogen, es war sehr dunkel und zwei uralte Männer röchelten vor sich hin. Irgendwann wurde ich aus diesem Zimmer herausgeholt, weil ich wohl weiterleben wollte. Wochenlang lagen meine beiden Beine und ein Arm ebenfalls im Gipsbett.

Die plattgefahrenen Knie formten sich irgendwann wieder in ihre natürliche Form zurück und ich wurde endlich vom Gips befreit. Mit dünnen und etwas schiefen Beinen musste ich das Gehen neu erlernen. Es tat weh und war unglaublich anstrengend. Mit Teerverbänden und Zinksalben - alles roch fürchterlich - bewegte ich mich zurück in die Normalität. Mit der Einschulung war ich gerade so leidlich wiederhergestellt. Nie konnte ich schnell laufen und war natürlich auch beim Schulfußball immer der letzte Gewählte und dann auch nur als Reservebankspieler. Bedauerlich, ich wusste aber auch, dass es meiner Leistung entsprach.

Ich kann mich leider an den Moment des Unfalls noch gut erinnern. An die unfassbare Kraft und Gewalt, die mich in den Betonboden presste. Sie war so schier unglaublich, dass mein Geist diese Situation als nicht real annehmen konnte. Stellen Sie sich vor, Sie würden ein Bein verlieren, was mir zum Glück nicht passiert ist, und dieses Bein läge plötzlich abgeschnitten vor Ihnen. Diese Situation würden Sie in diesem Moment nicht verarbeiten und verstehen können. Es ist Ihr Bein und es gehört nicht dorthin. Jahrelang hatte ich Albträume, bis ich mit neunzehn Jahren endlich verstanden hatte, wie diese mit dem Unfall zusammenhingen. Ab diesem Tag waren die Albträume zum Glück verschwunden. Die Verarbeitung des Unfalls hat also vierzehn Jahre gedauert. In den vierzehn Jahren entwickelte ich mich von einem ängstlichen Kind zu einem selbstbewussten Jugendlichen. Ich hoffe, dass mich diese Geschichte im Alter nicht wieder einholen wird!

Auch wenn mir dieser Unfall in meiner frühen Kindheit passiert ist, bin ich der Überzeugung, dass diese Nahtoderfahrung vieles in meinem Leben relativiert hat. Was andere als besonders beklagenswert empfanden, konnte ich für mich nur belächeln. Vielleicht ist mein Glas deshalb immer halb voll statt halb leer.

Was war die schwierigste Entscheidung Ihres Lebens?
Die Trennung von meiner Frau und der Auszug aus dem Familien-
nest. Die Zeit danach war schwer. In meiner leeren Wohnung hörte
ich keinen Ton, keinen kläffenden Hund, keine lachenden Kinder.
Die Wochenenden zogen sich unendlich langsam dahin und ich
freute mich auf den Montag und die Menschen am Arbeitsplatz. Ich
bin am Sonntagmorgen nur zum Bäcker gegangen, um meine eigene
Stimme sagen zu hören, *zwei Brötchen bitte*. Es kam etwas trocken
und verrostet aus meinem Hals, ich war einsam und traurig.

Wie gehen Sie im Allgemeinen mit Herausforderungen um?
Herausforderungen sind gut, sie lassen mich wachsen. Ich zerlege
den Berg, der dann vor mir steht, in kleine Scheiben und gehe sie
Stufe für Stufe an. Irgendwann schaue ich zurück und denke, *Huh,
schon ganz schön weit oben!* Dabei war es immer nur eine kleine Stufe
nach der anderen, gar nicht schlimm. Wir müssen nur anfangen und
nicht lange warten.

**Welche Situation hat Sie in Ihrem Leben stärker gemacht? Inwie-
fern?**
Jede Herausforderung, ob Schule, Studium oder Beruf, hat mich gefordert und gestärkt. Manchmal fallen wir auch durch und wiederholen die Challenge. In der Regel wissen wir aber, warum wir durch-
gefallen sind und gehen die Ursache des Problems an.
　Eine starke Herausforderung war für mich meine erste Reise in die
USA. Ich war gerade neunzehn oder zwanzig Jahre alt, hatte wenig
Geld und habe meinen Schulfreund überredet, mit mir diese Reise zu machen. Wir sind in New York gestartet und mit den Grey-
hound-Bussen einmal um die gesamten Staaten herumgefahren.
Da unser Geld extrem knapp war, haben wir meist Nachtfahrten ge-
bucht, damit wir im Bus schlafen konnten. Die Klimaanlage hat uns
das Fürchten gelehrt und manch steifen Nacken beschert. Essen gab
es für uns nur bei McDonalds und in einigen wenigen All-you-can-
eat Restaurants, wo wir uns für fünf Dollar den Bauch vollschlagen
konnten – natürlich ohne Getränk und ohne Trinkgeld. Eiswasser
gab es kostenlos. Wir haben auf dieser Reise die Straßen der USA
und die sozial schwachen Menschen jeglicher Hautfarben kennengelernt. Nicht immer waren die Menschen uns wohlgesonnen. Nach
sechs Wochen Rundreise und vielen guten, manchmal auch schwierigen Erfahrungen kam unser Start- und Endziel wieder in Sicht.
Am Beginn der Reise habe ich New York als das kriminelle Krebs-
geschwür der Menschheit empfunden, am Ende der Reise war es für

mich ein toller Multi-Kulti Ort geworden, in dem ich mich sicher bewegen konnte.

Nach dieser Erfahrung konnte ich vom Reisen nie genug bekommen und bewegte mich auf Backpackerniveau durch viele Länder von Asien, Australien bis Südamerika. Eine großartige Zeit, die ich nicht missen wollte!

Wie schaffen Sie es, Ihr emotionales Gleichgewicht wieder herzustellen/ aufrechtzuerhalten?

Weiß ich nicht. Wenn es mal schwankt, dann weiß ich auch, was mich bewegt. Wir können einige der Beweggründe nicht einfach abschalten und müssen lernen, mit ihnen umzugehen. Auch das sind Herausforderungen, die wir langsam angehen müssen. Wir bekämpfen die Angst, indem wir durch sie durchgehen. Dann wissen wir, dass wir es schaffen. Übrigens, fast alle unbekannten Menschen meinen es gut mit uns. Das ist meine Erfahrung durch meine Reisen. Nie hat uns jemand schaden wollen. Ein bisschen intelligent aufpassen müssen wir natürlich schon.

Was war der beste Ratschlag, den Sie jemals erhalten haben? Was ist Ihre Erkenntnis?

Auf die Gefühle achten. Ich weiß nicht, wo der Ratschlag herkommt oder ob ich es mir irgendwann selbst so gemerkt habe, weil mich das Thema *Wie tickt der Mensch?* sehr interessiert. Sinne, Gefühle, Bedürfnisse, Emotionen und Motive sind tief in uns verankert. Dazu kommen im Laufe des Lebens Erfahrungen und die passende Literatur. Unsere Gefühle steuern uns, bevor wir sie logisch überdacht haben. Intuitiv können wir so blitzschnell Gefahren ausweichen, bevor wir darüber nachgedacht haben. Intuitiv wissen wir aber auch meist sehr schnell, was gut für uns ist. Unsere Logik steuert uns nicht annähernd so stark, wie wir vermuten.

In der Wissenschaft fragt man sich, wie viel Selbstbestimmung wir überhaupt besitzen und wie stark das Unterbewusstsein uns über Gefühle, Emotionen und Hormonausschüttungen steuert. Wie auch immer die Antwort ausfällt, die Rolle der Gefühle ist sehr stark und sie liegt in der Reaktionsgeschwindigkeit weit vor den logischen Gedanken. Eben ein Grund, warum ihre Rolle so ausgeprägt ist. Wenn wir die Gefühle der Menschen nicht wahrnehmen oder nicht verstehen, dann kommen wir mit den Menschen auch nicht gut aus. Wir können natürlich absichtlich diese Distanz suchen, das führt aber dann zu getrennten Wegen. Empathie ist die Fähigkeit, diese Gefühle aufzunehmen, mitzufühlen und entsprechend auf die Person einzugehen. Wenn ich etwas erreichen möchte, ist dieser Weg der Türöffner.

Auch für die Entscheidungen, die mich selbst betreffen, gebe ich den Gefühlen einen entsprechenden Raum. Wenn mein Bauchgefühl *Nein* sagt, ist es meist die richtige Entscheidung. Wenn ich zum Beispiel meine Partnerin von irgendetwas überzeugen möchte, muss ich vorher wissen, was sie an der Entscheidung mag und was sie ablehnen könnte. Nur wenn die guten Gefühle dafür überwiegen, wird sie sich ohne langes Zögern dafür entscheiden. Rein logische Argumente können widerlegt werden, Gefühle meist nicht.

Möchten Sie jemandem etwas beweisen? Wenn ja, wem?
Früher der ganzen Welt, heute nur mir selbst. Ich glaube, mit der Reife kommt eine innere Ruhe. Mit den Beobachtungen und den daraus gezogenen Erfahrungen kommt auch oft die Erkenntnis, *Was soll's?*

Wie wichtig ist es Ihnen, was andere über Sie denken?
Ich möchte, dass andere mich ernst nehmen und dann bin ich zufrieden. Ich möchte nicht *wichtig* sein und ich habe auch keine Lust, im Vordergrund zu stehen. Was andere denken, hängt von den anderen ab - sie kann und will ich gar nicht beeinflussen. Ich bin kein Politiker, der zum Stichtag eine Mehrheit für sich gewinnen muss. Dafür muss er sich dem Wunsch vieler Menschen anpassen und das möchte ich nicht. Jeder darf denken, was er will, wir müssen nur respektvoll miteinander umgehen. Deshalb sollte Kritik möglichst sachlich begründet sein.

Woran halten Sie fest?
An *Ehrlichkeit, Loyalität, Hilfsbereitschaft* und *Freundlichkeit*. Mit Freude, Toleranz und Respekt. Das ist die Basis für gute Beziehungen und Freundschaften. Die sind mir wichtig.

Haben Sie ein Ziel/ Ziele in Ihrem Leben? Wie realisieren Sie diese?
Mit ungefähr dreißig Jahren habe ich ein aufrüttelndes Seminar eines Motivationstrainers besucht. Dieses Seminar hat in mir einen Schalter dauerhaft umgelegt. Seitdem habe ich ein Ritual, das ich in großen Abständen wiederhole. Alle fünf Jahre nehme ich mir etwas Abstand und Ruhe vom alltäglichen Hamsterrad, um mir ein Wunschbild von meiner Zukunft auszumalen. Ich lasse mir Zeit und frage mich, wie und wo ich wohnen werde, was meine Kinder machen und wie wir unsere Beziehung leben, was ich beruflich machen

werde, wohin ich gerne reisen würde und was ich erleben möchte. Manchmal frage ich mich auch, was ich von mir erwarte und was ich noch lernen möchte. Ich schließe die Augen und male mir dazu ein Bild im Kopf aus. Ich schieße sozusagen ein Foto von meinen inneren Wunschbildern meines zukünftigen Lebens und präge mir dieses Bild ein. So wird mein bewusstes Ziel in mein Unterbewusstsein übertragen. Anschließend schreibe ich meine Ziele mit einem Erfüllungsdatum auf und lege das Papier so ab, dass ich von Zeit zu Zeit darauf stoße. So sehe ich, ob ich mich meinen Zielen angenähert habe. Oft stelle ich fest, dass ich ohne Mühe und ohne weiteres Nachdenken meine Entscheidungen in die Richtung des Ziels gelenkt habe oder sogar schon angekommen bin. Dann wird es Zeit für ein neues Ziel.

Ziele sind jedoch nur Meilensteine auf meinem Lebensweg. Wir dürfen nicht nur für einen Morgen leben! Wir leben heute und sollten möglichst jeden Tag genießen. Oft mache ich mir bewusst, wie gut es mir geht und dass meine Sorgen nicht wirklich lebenswichtig sind. Damit sind es zwar immer noch Sorgen, doch sie relativieren sich.

Wenn Sie auf Ihr bisheriges Leben zurückblicken, worauf sind Sie stolz?
Auf meine Kinder und auf meine Freiheit, die ich mir erarbeitet habe.

Gehen Sie denselben Weg weiter? Worauf freuen Sie sich?
Mein Leben ändert sich gerade in großen Schritten, beruflich, familiär, mein Wohnort, mehr Freizeit, die inneren Überzeugungen bleiben. Das macht mich aus, wie ich bin.

Worauf achten Sie zukünftig mehr? Haben Sie Zukunftsängste?
Ich freue mich auf die Zukunft! Ich möchte offen und neugierig bleiben, Wissen aufsaugen, weiterhin die Welt erkunden und zukünftig auch etwas mit den eigenen Händen erschaffen. Nicht zum Broterwerb, sondern nur für mich, weil ich Lust dazu habe. Ich hoffe für die Menschheit, dass sie Lösungswege für ihr Überleben findet! Ein Grund, warum die Raumfahrt so wichtig ist.

Gibt es weitere Fragen, die Sie in diesem Interview noch beantworten möchten?
Diese Frage würde lauten: *Können Sie ein Resümee aus ihren Antworten ziehen?* Ja, sich gegenseitig Gutes tun. Mit Freude, Toleranz und Respekt. Das macht uns glücklich.

CARLA

erzählt über Intuition, vom Gefühl des freien Falls kurz vor der Ohnmacht und wie sie danach auf einmal den Mut fand, die Tür hinter sich zu schließen und sich auf ein neues Leben einzulassen

Hast du ein Lebensmotto?
Das Leben genießen, die Momente. Ich liebe es, die Momente zu genießen, in denen ich mich gut und glücklich fühle, denn ich weiß, dass sie nicht wiederkommen werden. Es werden zu Erinnerungen, von denen ich später noch zehre. Diese kann mir keiner nehmen.

Hast du ein Vorbild? Wenn ja, aus welchen Gründen gerade sie/ihn?
Ein konkretes Vorbild habe ich nicht. Die Entscheidungen und das Handeln meiner besten Freundin allerdings, unabhängig von der Meinung anderer, gaben mir in der Phase, in der ich mich verändern musste, *das* Gefühl, womit ich dann meine Entscheidungen treffen und umsetzen konnte.

Wenn du ein Buch schreiben würdest, um welches Thema würde es sich handeln?
Um die *Intuition, das Leben und was es mit mir macht.* Über Trennung, Neuanfang und all das, was danach passiert. Kunterbunt und lebensbejahend.

Welches Buch würdest du anderen unbedingt empfehlen? Warum?
Das Uschi-Prinzip: Von allem nur das Beste. Wie Frauen bekommen, was sie wollen von Meike Rensch-Bergner. Vielleicht werden darüber einige lachen. Wenn wir aber mal ganz ehrlich zu uns sind und hinter die Kulissen schauen, erkennen wir den Ursprung aller Dinge, die elementaren Instinkte von Mann und Frau. Um mehr geht es nicht. Es wird keiner verurteilt oder in die Ecke geschoben. Es wird nur beschrieben, warum es einige Frauen sehr leicht mit den Männern haben und andere eben nicht. Die, die selbstständig im Leben stehen, ihr Leben selber gestalten, auf sich, ihren Stil und ihr Tun achten - also die schon sehr kopftechnisch und anständig unterwegs sind -, schaffen es mit Partnerschaften und Beziehung meist nicht so gut. Obwohl, wie du denkst, sie viel pflegeleichter sind. Dieses Elementare also was nicht nur deinem Gegenüber, den Mann, sondern auch die Frau reizt, das haben einige Frauen einfach besser drauf. Und darum geht es im Uschi-Prinzip. Jeder findet in diesem Buch einen Aspekt, der ihn anspricht. Es ist spannend und interessant zu sehen, was es mit dir macht.

Mit wem hattest du zuletzt eine tiefgreifende Diskussion und worüber?
Mit einer Freundin über die aktuelle Situation und Gegebenheiten,

wie sich diese anfühlen und wer dabei körperlich und mental hilfsbereit mir nach wie vor zur Seite steht. Es war ein schönes Gespräch und ich habe für mich daraus einen Weg gefunden, um die Dinge realistisch zu sehen.

Was ist für dich das Wichtigste im Leben?
Meine Zufriedenheit. Wenn ich zufrieden bin, dann kommt das Leben auf mich zu.

Was bedeutet für dich ein erfülltes Leben?
Der Ursprung sind mein Bauchgefühl und der Moment. Die Rahmenbedingungen sind für mich nicht ausschlaggebend, sondern wie ich damit umgehen kann. Erfüllung hat auch mit meiner eigenen Zufriedenheit zu tun.

Was macht dich glücklich?
Alles, was mein Herz springen lässt. Momente, Gedanken, Glücksgefühle, meine Tiere und Menschen um mich herum, die mir wichtig sind.

Wobei fühlst du dich lebendig?
Wenn ich mit Menschen zusammensitze, mit denen ich mich wohlfühle. Es ist nicht immer meine beste Freundin, es können auch Menschen sein, mit denen ich nur zwei, drei Stunden verbringe und danach nie wiedersehe. Es geht auch hier um den Moment und das Gefühl. Es ist wichtig, nicht zu weit zu stecken, sondern das Dichte zu erkennen.

Was bedeuten für dich Erfüllung, Erfolg und Glück?
Erfolg habe ich früher viel über den Beruf definiert, das mache ich heute nicht mehr. Den Wandel, glaube ich, hat jeder. Erfolg ist, wenn ich kleine und große Dinge geschafft habe, und ich messe es nicht an Geld oder Status. Über den beruflichen Erfolg freue ich mich natürlich immer noch, das definiert mich nur nicht mehr und ist nicht mehr elementar für mich. Erfüllung ist das Gefühl vom inneren Wohlbefinden.

Wie viel Familie verträgt ein erfülltes Leben?
Begrenzt. Ganz wichtig zu wissen, dass sie da ist, ich sie immer erreichen, sprechen und spüren kann. In direkter Nähe reicht mir aber ein Tag, da auch meine Tochter mittlerweile ihr eigenes Leben lebt, und ich merke, dass ich nach einer gewissen Zeit gerne auch in mein

eigenes Leben zurückkehre.

Was ist deine Kraftquelle? Sind Familie und Freunde Kraftquellen?
Früher hatte ich maßlose Angst davor und ich hätte meiner besten Freundin niemals geglaubt. Sie prophezeite mir, dass irgendwann der Moment kommen würde, wo ich die Stille und das Alleinsein genießen würde und mir daraus Ruhe, Klarheit und Energie holen könnte. Heute sind Stille und Alleinsein tatsächlich meine Kraftquellen. Familie ist sofern Kraftquelle, wenn Dinge zu bewältigen sind oder mit mir selber zu tun haben. Freunde sind gleichwertig.

Was bedeutet Zuhause für dich? Wo fühlst du dich zu Hause?
Früher dachte ich, Zuhause hätte mit Räumen zu tun und diese Räume habe ich immer sorgfältig gestaltet. Heute ist mein Zuhause mein Ruhepol, den ich aus einer Stabilität heraus gestalten kann, die ich früher nicht hatte. Mein Zuhause ist auch mein Umfeld, mein Hamburg - hat also auch mit meiner Heimat zu tun.

Was bedeutet Freiheit für dich?
Ich kann für mich selber entscheiden, mit wem ich zusammen sein, was ich machen und wie lange ich bleiben möchte. Den Moment kann ich nur genießen, wenn ich selber entscheide, was ich tue.

Beschreibe deine Beziehung zu dir selbst.
Relativ ehrlich geworden. Es gibt noch Punkte, wo mein ich *Nein* sagt und wo dann mein inneres Kind kommt und es doch anders machen möchte, was rational nicht unbedingt sinnvoll klingt.

Meist lasse ich mein Herz sprechen, insbesondere in Beziehungen mit Männern. Wenn sich mein Kopf dann mit einschaltet, wird es kontrovers im inneren Dialog. Trotzdem entscheide ich meist mit meinem Herzen und hole mir danach meine Enttäuschung, selbst wenn es schon von vornherein abzusehen ist. Ich weiß, wann ich im Zwiespalt bin, auch wenn ich zu mir nicht ehrlich bin oder wenn ich selber daran schuld bin. Trotzdem lasse ich es zu und bin dann nicht sehr traurig, bestrafe mich auch nicht dafür.

Ich glaube, wir dürfen unsere Schwächen erhalten, müssen nur auf uns aufpassen und uns selber nicht zu sehr weh tun, also auf unsere Grenzen achten.

Beschreibe deine Beziehungen zu deinen Freunden.
Liebevoll, fürsorglich, emotional, situativ, spaßig, tiefgründig, präsent.

In welchem Verhältnis stehen Freiheit und Beziehung zueinander?
Je älter ich werde, desto kontroverser. Ich erwische mich bei den
Gedanken bzw. frage mich manchmal, ob ich eine Beziehung überhaupt noch wirklich will. Wenn ich es mir vorstelle, dass wir uns
jeden Abend treffen oder wenn ich abends nach Hause komme, jemand immer da ist, dann denke ich, dass ich es dauerhaft gar nicht
mehr will. Aus meiner Stille und meiner Ruhe schöpfe ich momentan viel Kraft. Diese finde ich in meinem Raum, wo nichts weiter
drin ist als meine Tiere. Wenn wir ehrlich sind, eine Beziehung ist
auch anstrengend. Sie bedeutet mehr aufräumen, anders anziehen
und viele Kleinigkeiten, wobei ich mich mittlerweile frage, wofür ich
sie machen soll. Bis wir dann wirklich zusammen sind und es wieder
einigermaßen entspannt ist, brauchst du einen langen Atem! Daher
mache ich aktuell noch die Tür gerne alleine von innen zu und bin
diesbezüglich in der Meinungsfindung.

Lebst du gerne alleine?
Ja.

Wie sieht für dich die ideale Beziehung aus?
Den Menschen sehen und mit ihm gerne zusammenbleiben, ohne
dabei die gerade beschriebenen Bedenken zu haben und so sein
können, wie ich bin. Auch sehen, wie der andere ist und das auch
ertragen können. Ohne nachzudenken, dass der Mensch da ist, sich
sehen und sich einfach darüber freuen, *dass* er da ist.

**Gibt es in deinem näheren Umfeld Menschen, deren Beziehung du
bewunderst?**
Nein.

Wie wichtig ist Treue in einer Beziehung?
Sehr wichtig, weil körperliche Untreue früher schon beginnt. Die
Seele geht vorne weg und der Körper folgt ihr nur ohne zu klären,
warum das passiert. Das Körperliche ist nichts mehr als das aus-
führende Organ, nicht der Ursprung des Problems.

Wie stehst du zu Ehrlichkeit? Ist sie in jeder Situation ratsam?
Ehrlich anderen gegenüber sollten wir nur sein, wenn wir mit dieser
Ehrlichkeit auch umgehen können, wissen, was daraus folgt und in
keine Rechtfertigungssituation gelangen wollen wie *Ja, aber ...*

Was ist Liebe?
Die Summe deiner Fragen. Diese umfassen ganz viele Bereiche und
Liebe beinhaltet all das, weil Liebe bedingungslos ist.

Ist Liebe auf den ersten Blick wahre Liebe?
Ja, wahre Liebe für den ersten Blick. Wir kommen zurück zum Ursprung. Der erste Blick, der erste Geruch, die erste Geste entscheidet in der Natur, ob Freund oder Feind. Aus diesem ersten Blick
kann die große Liebe werden und genauso gut kann es sich auch
verändern. Entweder schaffst Du diese Veränderung gemeinsam,
damit der Ursprung wieder da ist oder nicht. Der erste Blick ist fast
pure Chemie oder Überlebensinstinkt.

**Wie viel Nähe/ Distanz braucht die Liebe? Können wir jemanden
aus der Distanz lieben oder müssen wir denjenigen, den wir lieben,
in unserer Nähe haben?**
Wir können auch aus der Distanz lieben, auf Dauer brauchen wir
den Menschen in unserer Nähe.

Mit wem möchtest du den Rest deines Lebens verbringen?
Mit meiner Liebe zu mir. Nur wenn ich lieb zu mir selbst bin, kann
ich in Liebe, Offenheit und Kraft allen anderen Menschen um mich
herum und denen, die noch zu mir kommen werden, begegnen.

**Glaubst du an Bestimmung/ Schicksal? Gibt es Menschen, die für
uns bestimmt sind?**
Ja, in meinem Leben gibt es drei elementare Begegnungen. Erstens
mit dem Vater meiner Tochter. Mit ihm entwickelte sich unser Leben nicht meiner Entwicklung entsprechend und endete leider für
mich in Zweifel und Angst. Bis zu meiner zweiten Begegnung mit
einem anderen Mann, durch den meine Ängste und Zweifel plötzlich verschwanden. Die dritte Begegnung ist eine Freundin, die nicht
hier wohnt und die auch eine wichtige Säule in meinem Leben ist,
auf die ich bauen kann.

**Hast du unerklärbare/ magische Situationen erlebt? Beschreibe
diese.**
Ja, meine zweite Schicksalsbegegnung, die ich vorhin beschrieben
habe. Wie mich dieser Mann zu meinem neuen selbstbestimm-
ten Leben führte, quasi per Knopfdruck, war sehr romantisch und
schön. Es fühlte sich alles so leicht und frei, irgendwie magisch an.

Wovor hast du Angst, was ist deine größte Befürchtung?
Ich habe keine Ängste.

Was macht dich verletzlich?
Wenn ich eine Erwartungshaltung oder einen Wunsch habe und diese nicht oder anders als von mir gewünscht, erfüllt werden.

Was verletzt dich? Wie reagierst du darauf?
Mich verletzt nicht mehr viel. Keine Kritik, keine Meinung über mich und ich rechtfertige mich auch nicht mehr. Wenn jemand mich verletzen will, weiß ich mittlerweile, dass er es nur tut, weil er selber verletzt worden ist. Daher erreicht er mich nicht mehr.

Ich habe es im Beruf gelernt, damit zu leben, dass ich anderen nicht immer gefalle. Ich habe meine Ziele, und wenn sie erfüllt worden sind oder sie mich dahin gebracht haben, wo ich sein wollte, reicht es mir. Der Weg dahin ist nicht immer schön, aber ich will auch nicht mehr immer auf alle Rücksicht nehmen.

In welcher Situation neigst du zur Überreaktion? Was bringt dich aus der Fassung?
Insbesondere Kleinigkeiten. Wenn ich pünktlich losmuss oder Besuch bekomme und dabei in Stress gerate, kann ich manchmal nicht mehr objektiv beurteilen und werde hektisch. Meist passiert es, weil ich denke, für alle mitdenken zu müssen. Es ist dann besser, aus der Situation kurz rauszugehen.

Gibt es etwas, was dich traurig macht? Bringt dich etwas zur Verzweiflung?
Verzweifeln nein. Traurig macht es mich auch nicht unbedingt, nur manchmal stelle ich mir natürlich die Frage, warum es mit einer Partnerschaft bisher nicht gepasst hat, so wie ich bin. Irgendwie verstecke ich mich oder zeige mich nicht selber. Ich möchte mich von meiner besten Seite zeigen und frage mich dann, warum ich es eigentlich tue. Manchmal wünsche ich es mir anders, verzweifele aber nicht daran. Ich bin liebevoll mit den Menschen, die um mich herum sind und die es verdienen. Da bin ich einfach gestrickt und das schützt mich.

Hast du eine kritische Situation erlebt, die dich physisch und/ oder emotional an deine Grenzen gebracht/ gebrochen hat? Wie bist du damit umgegangen?
Ja, emotional, bevor ich mich getrennt habe. Als ich herausbekom-

men hatte, dass mein Partner nicht nur mir zugewandt war, erlebte ich einen Moment, den ich vorher nur im Spielfilm gesehen hatte, bevor sie in Ohnmacht fallen. Es sah immer so übertrieben aus ... Aber nein! Wenn es dir selber passiert, dann bleibt dir exakt so der Atem weg. Dir wird schwindelig und du erfährst, was es heißt, wenn unter dir der Boden nicht mehr da ist und du dich im freien Fall befindest. Die Welt hört sich plötzlich ganz anders an, jedes Vogelzwitschern, jedes Geräusch. Das ist ein ganz schlimmer Moment, fast noch schlimmer, als wenn du erfährst, dass jemand gestorben ist. *Das* ist bereits das Ende. Es geht um die Trauer und dieses emotionale *Abserviertwerden* ist fast härter. Am schlimmsten fand ich, dass er nicht ehrlich zu mir war und *ich* den Schritt machen musste. Vieles hat zwar auf seine Untreue hingedeutet, trotzdem erfuhr ich glasklar alles erst als ich gegangen bin und die Tür hinter mir zumachte. Er hätte es mir sagen müssen! Dieses Aussprechen ist für Männer oft ein Problem.

Ich habe ihm allerdings dann deutlich mitgeteilt, was *ich* daraufhin tat. Ich ließ all meinen Gedanken freien Lauf und setzte davon manches in die Tat um. Eine Art Genugtuung konnte ich gut vertragen, dachte ich. Was dann passierte, reifte schon lange in mir und ich brauchte nur noch die Begegnung mit diesem einen Mann, der auf meinen Knopf drückte. Obwohl er mir nie eine Sicherheit versprach, waren trotzdem alle meine Sorgen und Ängste plötzlich verschwunden. Es war eine Art Lebenssicherheit, die ich empfand.

Es sind die elementaren Momente, worauf du dich in einer kriselnden Beziehung innerlich bereits lange schon vor der Trennung vorbereitest. Auf einmal passieren sie dann und führen dich in dein neues Leben. So habe ich den Mut gefunden, mich auf jemand Neues einzulassen. Es hatte nicht unbedingt mit *ihm* etwas zu tun.

Was war die schwierigste Entscheidung deines Lebens?
Zu gehen.

Wie gehst du im Allgemeinen mit Herausforderungen um?
Ich lasse Herausforderungen auf mich zukommen. Erst muss ich sie verstehen und dann löse ich sie.

Welche Situation hat dich in deinem Leben stärker gemacht? Inwiefern?
Der Moment der Erkenntnis und der Knopfdruck danach. Diese Zuwendung, diese Aufmerksamkeit, diese Wertschätzung und diese Liebe zu erfahren, die sich so frei und leicht anfühlte! Das waren

starke Momente und das ist toll, dass es diese Momente gibt. Diese Momente waren, wenn auch nicht für die Ewigkeit, wunderschön und sehr wertvoll erlebt zu haben.

Wie schaffst du es, dein emotionales Gleichgewicht wieder herzustellen/ aufrechtzuerhalten?
Es kommt darauf an, was das Wanken verursacht und welche Emotionalität betroffen ist.

Was war der beste Ratschlag, den du jemals erhalten hast? Was ist deine Erkenntnis?
Glaube an dich, an das, was du möchtest und traue dich was!

Möchtest du jemandem etwas beweisen? Wenn ja, wem?
Nein.

Wie wichtig ist es dir, was andere über dich denken?
Mittlerweile ist mir überwiegend egal, was die Menschen über mich denken. Nur die Meinung meiner engsten Kreise zählt.

Woran hältst du fest?
An mir selber, damit ich mein inneres Gleichgewicht behalte und zufrieden bin.

Hast du ein Ziel/ Ziele in deinem Leben? Wie realisierst du diese?
Ja, auch in Zukunft zufrieden zu sein und mein Leben ohne Stress und mit Gelassenheit mit den Menschen umgeben zu leben, die mir wichtig sind.

Wenn du auf dein bisheriges Leben zurückblickst, worauf bist du stolz?
Eine liebe Tochter und zu ihr ein gutes Verhältnis zu haben.

Gehst du denselben Weg weiter? Worauf freust du dich?
Mit meiner Lebenseinstellung werde ich so weitergehen, dabei bleibe ich offen für Neues und reflektiere mich selbst immer wieder.

Worauf achtest du zukünftig mehr? Hast du Zukunftsängste?
Ich möchte ein bisschen geduldiger werden und weiterhin auf mich selbst achtgeben. Zukunftsängste habe ich nicht.

Gibt es weitere Fragen, die du in diesem Interview noch beantworten möchtest?

Es waren umfangreiche Fragen, worauf ich bereits klare Antworten gefunden habe. Ich merke, dass ich mich nicht mehr in der Findungsphase befinde. Die Reise ist zwar noch nicht abgeschlossen, ich habe aber eine wunderschöne Insel erreicht und kann jetzt die Früchte genießen. Es ist eine Ruhe und Stille in mir und das finde ich schön.

FELIX

erzählt von seiner lebenslangen Energiequelle und Ruhepol, die er im bedingungslosen Rückhalt seiner Familie findet und warum Kinder sich nichts mehr als glückliche Eltern wünschen

Hast du ein Lebensmotto?
Leben und leben lassen. Wir sollten andere Standpunkte auch gelten lassen und uns nicht einbilden oder darauf beharren, dass unsere eigene Sichtweise der Dinge *der* richtige und *der* beste Standpunkt ist. Wenn wir das akzeptieren, dann haben wir es leichter im Leben.

Hast du ein Vorbild? Wenn ja, aus welchen Gründen gerade sie/ihn?
Ja, ich habe nicht *ein* Vorbild, sondern mehrere, im Sport, im Beruf und in der Familie, vor denen ich Achtung habe. Die sportlichen Vorbilder sind meist Ehrgeizlinge, fast alle Egoisten, weil sie dem Sport alles andere unterordnen. Dennoch bewundere ich diesen Ehrgeiz und die Fokussierung, womit sie sich einer Sache widmen können. Andererseits finde ich es auch gut, wenn jemand neben seinem Ehrgeiz auch anderes im Leben gelten lassen kann. Beispielsweise finde ich die Ausstrahlung einer entfernten Tante von mir vorbildhaft. Sie ist etwas älter als meine Mutter und hat sieben Kinder, entsprechend viele Enkel und Urenkel. Sie schafft es, die Familie immer zusammen zu halten und hat immer Familie zu Besuch. Sie strahlt viel Herzlichkeit und gleichzeitig Entschiedenheit aus. Diese Mischung aus Wärme und Klarheit bewundere ich. Sie kann Unangenehmes aussprechen, ohne dabei verletzend zu sein.

Wenn du ein Buch schreiben würdest, um welches Thema würde es sich handeln?
Wahrscheinlich würde ich etwas ähnliches wie Robinson Crusoe schreiben. Eine erfundene Geschichte in der Natur, gebündelt mit Entdeckungen und Abenteuern, fernab der Zivilisation. Irgendwo wäre ich auf einer Insel angeschwemmt. Dort lernte ich wildfremde Kulturen und Menschen kennen, müsste mich auf sie einstellen und überlegen, ob ich vor ihnen Angst haben sollte oder nicht, auch was mit mir dort passieren würde. *Die* Geschichte fände ich interessant. Auf keinen Fall würde ich etwas aus der Stadt, aus dem Beruf oder aus dem Management schreiben.

Welches Buch würdest du anderen unbedingt empfehlen? Warum?
Die Kunst des guten Lebens von Rolf Dobelli. Es gibt dir mentale Werkzeuge an die Hand, um leichter durch das Leben zu kommen. Es ist prägnant geschrieben und beschreibt Denkmethoden, die es einem leichter machen, in der teilweise komplizierten Welt prima zurechtzukommen.

Mit wem hattest du zuletzt eine tiefgreifende Diskussion und worüber?

Mit meinem Vater über Kriege und wie manche Nationen es schaffen, ständig im Krieg zu sein. Früher dachte ich immer, dass Kriege sein müssten. Mittlerweile sehe ich, dass es nichts Unnötigeres als Kriege gibt, weil es dort nur Verlierer und Leid gibt. Eigentlich finde ich die Menschheit sehr dämlich, dass sie sich immer wieder bekriegt. Mein Vater und ich haben sehr unterschiedliche Ansichten, dennoch war es eine gute Diskussion.

Was ist für dich das Wichtigste im Leben?

Meine Kinder. Ich möchte mit ihnen mental und geistig immer in Verbindung bleiben. Ich habe das Glück, dass ich den bedingungslosen Rückhalt meiner Eltern hatte, woher ich immer sehr viel Energie bekam. Das möchte ich an meine Kinder weitergeben. Sie sollen wissen, dass sie bei mir immer Unterstützung finden, unabhängig davon, womit sie zu mir kommen.

Was bedeutet für dich ein erfülltes Leben?

Wenn ich zufrieden auf mein Leben zurückblicken kann und finde, dass es so, wie es gekommen ist, auch wenn nicht immer schön, doch gut war. Ich habe viele unterschiedliche Kulturen, Sitten, Menschen und Sichtweisen kennengelernt, indem ich in anderen Ländern gelebt habe. Ich erfuhr, auf welche unterschiedliche Art und Weise Menschen glücklich werden können. Das versuche ich auf mich zu übertragen und mir zu sagen, dass ich all das, worauf es ankommt, habe.

Zwar lebe ich alleine, aber durch meine Freunde, den Rückhalt meiner Familie und - wie ich es beschreiben würde - gutes Verhältnis zu meinen Kindern habe ich ein erfülltes Leben. Ich weiß gar nicht, was ich mir noch wünschen sollte! Vieles habe ich ausprobiert und gemacht. Auch meine materiellen Wünsche konnte ich mir erfüllen wie ein Boot, ein Auto - typische Männersachen. Danach sah ich, dass es nicht das war, worauf es ankommt. Was zählt, ist der Rückhalt und das Zusammenleben mit den Menschen, die mir etwas bedeuten und dass wir uns gegenseitig *emotional* etwas geben können.

Was macht dich glücklich?

Ein gutes Glas Wein. :-) Manchmal, wenn ich vom Boot über den See in die Abendsonne blicke, mit dem Alpenpanorama im Hintergrund, dann weiß ich nicht, warum, ich fühle mich aber einfach glücklich!

Wobei fühlst du dich lebendig?
In der Natur und wenn ich auf Naturgewalten achte, wie früher beim
Paragliding und jetzt beim Segeln. Auch bei Skitouren, wenn ich
einschätze, wo ich runterfahre und wo ich es wegen Lawinengefahr
besser sein lassen sollte, fühle ich mich lebendig. Im Büro bin ich
auch energiegeladen, da ist es eher manchmal hektisch. In der Natur
bin ich lieber.

Was bedeuten für dich Erfüllung, Erfolg und Glück?
Erfolg messe ich an gewissen Zielen, die ich mir vorgenommen habe
und erreiche wie im Sport. *Erfüllung* hat nichts mit Zielen, sondern
mit *sein* zu tun. Mit *glücklich sein*. Zum *Glück* und Erfüllung gibt es
keinen Weg. Erfüllung *ist* der Weg.

Wie viel Familie verträgt ein erfülltes Leben?
Das hängt von der Familie ab. In meinem Fall, wie ich schon sagte,
vertrage ich viel Familie. Ich habe eine Schwester, mit der ich mich
sehr gut verstehe. Auch mit meinen Kindern und mit meinen Eltern.
Vielleicht, wenn ich nicht nur eine Woche, sondern einen Monat zu
Weihnachten bei meinen Eltern bleiben würde, wäre es anders. So
wie es ist, freue ich mich immer, wenn wir als Familie zusammen-
kommen.

Was ist deine Kraftquelle? Sind Familie und Freunde Kraftquellen?
Familie und Freunde sind meine Kraftquellen. Woraus ich sonst
Kraft schöpfe, ist das Segeln. Da kann ich von Sorgen und Beruf
komplett abschalten und bekomme den Kopf wieder frei. Das gibt
mir Kraft.

Was bedeutet Zuhause für dich? Wo fühlst du dich zu Hause?
Die Frage habe ich mir schon mal gestellt. Seitdem ich volljährig bin,
bin ich achtzehnmal umgezogen. Dem Beruf habe ich einiges unter-
geordnet, daher hat sich mein Wohnort sehr oft geändert. Meinen
Ruhepol habe ich nach wie vor in meinem Elternhaus, wo ich aufgewachsen bin. Als *Zuhause* bezeichne ich immer den Ort, an dem ich
gerade wohne, weil ich mich bewusst immer darauf einlassen will,
um mich an dem Ort wohlzufühlen. Mit der richtigen Einstellung
kannst du an sehr unterschiedlichen Orten glücklich werden. Ich
habe auf dem Land gewohnt, in der Großstadt, ob in São Paulo oder
Laloubère in den Pyrenäen ... es geht alles. Emotional fühle ich mich
da zu Hause, wo meine Eltern seit fünfzig Jahren leben, wo ich meine
Kindheit bis zum Abitur verbracht habe und wohin ich wahrschein-

lich irgendwann mal auch wieder zurückkehren werde.

Was bedeutet Freiheit für dich?
Freiheit heißt für mich, dass ich immer eine Wahl habe und entscheiden kann, was ich tue und mich für oder auch gegen eine Sache entscheiden kann. Dabei bleibe ich immer in einem Entscheidungsrahmen und meine nicht notwendigerweise alles tun und lassen zu können, was ich will. Freiheit bedeutet, Handlungsalternativen zu haben.

Beschreibe deine Beziehung zu dir selbst.
Sehr selbstkritisch. Daraus ergibt sich, dass ich fast nie ganz zufrieden bin. Gleichzeitig habe ich ein intaktes Selbstbewusstsein. Trotzdem bin ich abhängig vom Außen und es ist mir nicht egal, was andere über mich denken. Schon als Kind hatte ich immer die Tendenz, dass ich gefallen wollte. Das ist deshalb schwierig, weil wenn du *im Gefallen* bist, bist du nicht *im Selbst*, im richtigen *Ich* und bist nicht ganz authentisch. Mit den Lebensjahren versuche ich authentischer zu werden.

Beschreibe deine Beziehungen zu deinen Freunden.
Da ich alle drei Jahre umziehe, habe ich nicht sehr viele Freunde. Die meisten davon leben in meinem Heimatort, wo ich aufgewachsen bin. Das sind Freunde aus der Schulzeit, die ich mindestens einmal im Jahr auf dem Schützenfest treffe. Das ist effizient, weil ich weiß, dass an *dem* Wochenende alle, die ich kenne, dahin gehen und ich sie in persona treffen kann. Ansonsten sind Freundschaften wie Pflanzen, die du gut pflegen musst. Das ist viel Aufwand. Enge Freunde habe ich nicht viele.

Wer sind die wichtigsten Menschen in deinem Leben?
Meine Kernfamilie.

In welchem Verhältnis stehen Freiheit und Beziehung zueinander?
Das ist eine gute Frage. Die Voraussetzung für eine erfüllte Partnerschaft ist für mich das Willkommen heißen gewisser gegenseitigen Abhängigkeit. Dazu gehört, dass du den anderen akzeptierst, wie er ist und du zwar Freiheit in der Partnerschaft haben willst, gleichzeitig eine beidseitige emotionale Abhängigkeit zulässt, die sich gut anfühlt.

Wie viel Präsenz braucht eine Beziehung?
Mehr als ich es wahrhaben will. Eine Beziehung braucht sehr viel
Präsenz und manchmal habe ich festgestellt, dass ich nicht genügend präsent in einer Beziehung war. Oft bin ich zu abgelenkt und
im Gedanken nicht bei meiner Partnerin, sondern bei Alltagssachen
oder beim Beruf. Nachdem ich geschieden bin, lebte ich jahrelang
in Fernbeziehungen und die haben funktioniert. Ob das optimal ist,
kannst du infrage stellen.

Lebst du gerne alleine?
Wahrscheinlich habe ich weniger Probleme mit dem Alleinsein als
viele andere, sonst hätte ich auch nie Fernbeziehungen gehabt. Ich
stelle fest, dass ich unter der Woche wegen der langen Arbeitstage
keine Zeit habe. Das war auch in der Ehe so und wenn du zu spät
nach Hause kommst, ist es immer schlecht. Dieses Problem hast du
nicht, wenn du unter der Woche alleine lebst und nur arbeitest. Am
Wochenende kannst du dich dann auf deine Beziehung konzentrieren. Wahrscheinlich ist das der Grund, warum ich öfters in Fernbeziehungen gelebt habe. Grundsätzlich lebe ich auch lieber zu zweit
als alleine.

Wie sieht für dich die ideale Beziehung aus?
In der idealen Beziehung teilst du dein Leben, was nicht heißt, dass
du jede Stunde zusammen verbringen musst. Du lebst zusammen
und erfreust dich daran, Freud und Leid, Gefühle und Erlebnisse zu
teilen. Etwas Schönes alleine zu erleben ist auch schön, schöner ist,
wenn du es teilen kannst. Sofern ist die ideale Beziehung für mich
eine klassische Partnerschaft zu zweit.

**Gibt es in deinem näheren Umfeld Menschen, deren Beziehung du
bewunderst?**
Meine Schwester hat einen Franzosen geheiratet. Sie sind sehr unterschiedlich und ich frage mich immer, wie es gut gehen kann. Ihr
Mann ist ein Hauch von Macho, dem meine Schwester natürlich ge-
genhält, trotzdem kommen sie sehr gut miteinander aus. Die Rollen
sind klar, sie haben gelernt, ihre unterschiedlichen Standpunkte zu
akzeptieren, wollen einander nicht mehr komplett ändern und haben auch eine tolle Streitkultur. Franzosen sagen oft direkter, lau-
ter und sofort, was sie denken. Das ist wahrscheinlich ein Schlüssel
zum Erfolg ... Diese ist eine tolle Beziehung, in die ich einen echten
Einblick habe und sehe, dass sie *wirklich* gerne zusammen sind und
alles miteinander teilen.

Wie wichtig ist Treue in einer Beziehung?
Sehr wichtig, weil es die Grundlage von Vertrauen ist.

Wie stehst du zu Ehrlichkeit? Ist sie in jeder Situation ratsam?
Wenn du ehrlich bist, ist das Leben leichter. Ehrlicher zu werden ist
etwas, woran ich im Laufe der Zeit arbeiten musste. Zwar habe ich
selten gelogen, aber auch nicht immer ehrlich gesagt, was ich denke
und bin manchmal ausgewichen. Beispielsweise anfangs nach meinem Studium bei Einstellungsgesprächen gab ich Antworten, von
denen ich meinte, dass es die Richtigen waren. Seit einigen Jahren
schaffe ich es, schonungslose Antworten zu geben und stelle fest,
dass ich damit besser durchkomme.

Es ist viel wichtiger, authentisch zu sein, als allen zu gefallen - im
beruflichen *und* privaten Umfeld ist es leichter für alle.

Bist du zu dir selbst ehrlich?
Ich denke, dass ich mir manchmal etwas vormache und nicht immer
die hundertprozentige Wahrheit sehen will.

Was ist Liebe?
Liebe erfährst du im Lieben, so bist du immer geliebt, wenn du liebst.
Ich meine damit, dass ich *Liebe* bei mir selber suchen muss und
niemanden dazu auffordern kann, mich zu lieben. Ich finde es fatal,
wenn jemand an irgendwelchen Handlungen, Zeichen, Worten oder
ähnlichem versucht zu erkennen, dass jemand anderes ihn liebt.
Liebe erfährst du im selber lieben. Dazu gehört auch, dass du *Ich
liebe dich* aussprechen kannst. Liebe fängt also bei mir an und kann
nicht von anderen eingefordert werden.

Ist Liebe auf den ersten Blick wahre Liebe?
Ich glaube, wahres Verliebtsein kannst du, wahre Liebe eher schwierig im ersten Moment erkennen. Der erste Blick ist ein Austausch,
der auch nur mal eine halbe Sekunde dauern kann. Der Verstand
oder die Emotionen können sehr schnell reagieren und wir wissen
gar nicht, was wir mit unseren Sinnen in dieser kurzen Zeit alles er-
fassen können. Da kannst du dich schon mal spontan in jemanden
verlieben. Für wahre Liebe ist auf den ersten Blick zu wenig Inter-
aktion da, sie kann daraus aber entstehen.

**Kann sich wahre Liebe auch ohne Liebe auf den ersten Blick ent-
wickeln?**
Ja, das glaube ich schon. Wir alle haben gewisse Standards, wonach

wir uns einbilden, was wir attraktiv und gut oder was wir nicht gut finden. Es kann sein, dass uns demnach auf den ersten Blick jemand nicht aufgefallen ist oder wir ihn nicht besonders attraktiv finden und trotzdem mit der Zeit seine Qualitäten entdecken, wofür wir ihn erst später lieben lernen.

Wie viel Nähe/ Distanz braucht die Liebe? Können wir jemanden aus der Distanz lieben oder müssen wir denjenigen, den wir lieben, in unserer Nähe haben?
Dazu fällt mir ein Lied von David & David ein, *Being alone together* ... Du kannst mit jemanden eine Wohnung teilen und ihm emotional trotzdem nicht nahe sein. Die physische Anwesenheit ist nicht das Entscheidende, mehr ist die emotionale Nähe wichtig.

Mit wem möchtest du den Rest Deines Lebens verbringen?
Das weiß ich noch nicht.

Glaubst du an Bestimmung/ Schicksal? Gibt es Menschen, die für uns bestimmt sind?
Ja, ich glaube schon. Im Nachhinein erklärt sich vieles und ich glaube daran, dass die Dinge so gut sind, wie sie passiert sind. Ob das alles vorbestimmt ist, den Eindruck habe ich nicht.

Hast du unerklärbare/ magische Situationen erlebt? Beschreibe diese.
Ja, ich habe an jemanden gedacht und dann hat mich diese Person nach langer Zeit angerufen. Das fand ich irgendwie magisch.

Wovor hast du Angst, was ist deine größte Befürchtung?
Ich habe davor Angst, dass meine Kinder vor mir sterben. Das passierte schon mal in meiner Familie und das möchte *ich* nicht erleben.
  Beruflich versuche ich die Gelassenheit zu erlangen und keine Angst mehr davor zu haben, gekündigt zu werden. Früher habe ich mir Gedanken darüber gemacht, wie ich dann die Familie ernähren würde. Diese Angst nahm mit der Zeit ab, heute weiß ich, was ich kann. Ansonsten bin ich kein ängstlicher Typ, eher ein Draufgänger, sportlich kann mich nichts schocken.
  Als Jugendlicher hatte ich noch Angst, Mädchen, die ich attraktiv fand, anzusprechen und es ist heute noch so. Ich kann attraktive Frauen, wenn sie verheiratet sind oder mit ihrem Mann da sind, sehr wohl ansprechen, nur sobald sie Single sind oder alleine, habe ich irgendwie Angst davor.

Gibt es jemanden, für den du sterben würdest?
Wenn eins meiner Kinder zum Beispiel ein neues Organ bräuchte, würde ich es für die beiden tun, ansonsten für niemanden.

Was macht dich verletzlich?
Liebesgefühle machen mich verletzlich, nicht nur von einer Partnerin, sondern auch von meinen Kindern. Wenn sie ausdrücken, wie gerne sie mich haben, das rührt mich.

Was verletzt dich? Wie reagierst du darauf?
Mich verletzt es, wenn jemand das, was ich tue, kritisiert. Wenn er darüber verärgert oder wütend ist, obwohl ich der Meinung bin, dass ich das Richtige getan habe. Auch wenn ich etwas für jemanden tue und er mein Bemühen nicht sieht, fühle ich mich nicht wertgeschätzt und bin verletzt.

In welcher Situation neigst du zur Überreaktion? Was bringt dich aus der Fassung?
Geduld gehört nicht zu meinen Stärken. Ich bin ungeduldig, insbesondere im Straßenverkehr. Unentschlossenheit macht mich auch rasend.

Gibt es etwas, was dich traurig macht? Bringt dich etwas zur Verzweiflung?
Wenn ich mir darüber Gedanken gemacht habe, einem Menschen etwas Gutes zu tun und diese Person es so nicht wahrnimmt. Wenn es wiederholt passiert, finde ich es extrem enttäuschend. Es gibt allerdings unterschiedliche Wahrnehmungsebenen und manchmal verstehe ich einfach das nicht, dass der andere meine Gedanken so gar nicht wahrnehmen *konnte*. Dann bin ich über mich selber enttäuscht.

Hast du eine kritische Situation erlebt, die dich physisch und/ oder emotional an deine Grenzen gebracht/ gebrochen hat? Wie bist du damit umgegangen?
Die Trennung von meiner Frau ging an die Substanz. Das ist definitiv das, was mich emotional und physisch am meisten beansprucht hatte. Keine andere Situation kommt im Ansatz dahin. Als ich dann den Entschluss gefasst hatte, mich scheiden zu lassen, fiel mir ein Stein vom Herzen. Das Ganze habe ich im Rahmen einer Coaching-Ausbildung überwinden und verarbeiten können.

Was war die schwierigste Entscheidung deines Lebens?
Mich zu trennen, weil ich mir immer vorgenommen hatte, mich nie scheiden zu lassen. Daher wusste ich, dass die wichtigste Entscheidung in meinem Leben eigentlich sein würde, wen ich heirate. Danach kam diese schwierigste Entscheidung. Die war dennoch die richtige und das denken wir heute beide. Trotzdem hätte ich mir gewünscht, dass meine Kinder es nicht hätten erleben müssen.

Die Trennung der Eltern ist für jedes Kind ein einschneidendes Erlebnis, wobei es für Kinder fast noch schlimmer ist, wenn Partner zusammenbleiben, wo keine Substanz mehr da ist. Dann erleben Kinder aus nächster Nähe und meist noch länger, wie die Eltern sich nur noch bekriegen und sich gegenseitig die Energie rauben. Ihnen wird täglich aufs Neue demonstriert, wie unglücklich die Eltern sind. Dabei ist der *Urwunsch* eines jeden Kindes, dass die Eltern glücklich sind. Egal wie, ob sie nun verheiratet sind oder nicht, Kinder wünschen sich glückliche Eltern! Und das musst *du* entscheiden, wie du aus dem Unglück herauskommst, ob innerhalb der Ehe oder außerhalb, Hauptsache, du schaffst es.

Wie gehst du im Allgemeinen mit Herausforderungen um?
Herausforderungen spornen mich an und ich suche sie auch teilweise, weil sie für mich ein Teil von Entwicklung sind. Ich habe den Eindruck, dass wir nie fertig sind und es immer etwas zu lernen gibt. Herausforderungen sind daher eine Chance zu wachsen. Auch im Scheitern lernst du. Die Erkenntnis, dass du nicht alles kannst. Herausforderungen sind also auch eine Möglichkeit für Erkenntnis. Gemeisterte Herausforderungen sind eine Bestätigung.

Welche Situation hat dich in deinem Leben stärker gemacht? Inwiefern?
Die Scheidung, weil das ein sehr schwieriger Prozess war. In der Grundschule war ich der Kleine und der Jüngste in der Klasse - ich bin früher eingeschult worden. So war ich auch der, den die Jungs immer verkloppt haben und der sich nicht richtig gewehrt hat. Auch in der Ehe war ich eine Zeit lang so und machte den Rückzieher, anstelle zu diskutieren. Ausdiskutieren war für mich früher, wie streiten, negativ besetzt. Durch den Trennungs- und Scheidungsprozess hat sich meine Einstellung diesbezüglich gewandelt und das hat mich stärker gemacht.

**Wie schaffst du es, dein emotionales Gleichgewicht wieder herzu-
stellen/ aufrechtzuerhalten?**
Über den Sport kann ich mich ablenken. Durch den körperlichen
Ausgleich fühlen sich meine Seele und mein Geist meist auch gleich
wohler. Humor halte ich auch für eine gute Gelegenheit, mich aus
festgefahrenem Denken wieder zu lösen. Übers Lachen komme ich
näher ans Gleichgewicht heran.

**Was war der beste Ratschlag, den du jemals erhalten hast? Was ist
deine Erkenntnis?**
Authentisch sein. Wenn du authentisch bist, bist du mehr im Selbst,
wirst selbstbewusster, selbstsicherer und ehrlicher. Das ist der
Schlüssel, der das Leben einfacher macht.

Möchtest du jemandem etwas beweisen? Wenn ja, wem?
Mir selber, dass ich das, was ich mir vornehme, auch umsetze. Das
klappt noch nicht immer.

Wie wichtig ist es dir, was andere über dich denken?
Das ist mir wichtig, weil ich jemand bin, der gefallen will. Früher
zum Beispiel hat keine Rückmeldung meines Chefs bei mir sofort
Gedanken ausgelöst und mich verunsichert. Wenn ich wusste, dass
er zufrieden war, war ich beruhigt. Ich war abhängig vom Außen,
was mit dem Alter zwar abnimmt, doch nach wie vor da ist.

Woran hältst du fest?
An Toleranz. Anderes zuzulassen und zu wissen, was ich mag, was
ich nicht mag und daran nicht zu verzweifeln, dass nicht alles so ist,
wie ich es mir wünsche.

Hast du ein Ziel/ Ziele in deinem Leben? Wie realisierst du diese?
Ich versuche weniger zu planen und setze mir kurzfristige Ziele,
weil das, was in zehn Jahren passiert, ich sowieso nicht beeinflussen
kann. Ich möchte auf jeden Fall nicht bis siebenundsechzig arbeiten.
Sobald die Kinder mit der Ausbildung durch sind, werde ich meinen
Job aufgeben, reisen und mit wem auch immer in Zweisamkeit leben.

**Wenn du auf dein bisheriges Leben zurückblickst, worauf bist du
stolz?**
Auf Sachen, die ich handwerklich geschafft habe, bin ich immer stolz
gewesen. In der Schulzeit war es ein Stuhl im Bauhausstil, den ich
entwickelt und gebaut hatte. Danach zerlegte ich einen schrott VW

Käfer komplett, rüstete ihn um und restaurierte es. Ich war kein Mechaniker und habe mir das notwendige Wissen selber angeeignet. Wo ich nicht weiterkam, befragte ich meine Mechaniker Freunde. Das Ergebnis, den zweifarbig lackierten Wagen, fand ich super und war stolz auch darauf, dass ich diesen langjährigen Prozess nicht aufgab. Ich wäre gerne und glaube auch ein guter Industrial-Designer geworden. Die Verbindung vom Schönen und Kreativen mit dem Nützlichen wäre mein Wunschberuf gewesen.

Auf meine beiden Kinder bin ich sehr stolz, wofür ich nicht unbedingt etwas kann. Ich habe ihnen wahrscheinlich jedoch einen Rahmen schaffen können, sich so zu entwickeln, wie sie sich entwickelt haben.

Gehst du denselben Weg weiter? Worauf freust du dich?
An sich ja, nur werde ich irgendwann meinen Beruf aufgeben. Auf das Neue, was dann kommen wird, freue ich mich. Es wird etwas sein, was mir Spaß macht. In der Vergangenheit habe ich mir öfters überlegt, womit ich mich selbstständig machen könnte und dann immer wieder verworfen, weil ich vor den finanziellen Durststrecken Angst hatte. Wenn ich aufgehört habe zu arbeiten, spielt das Geldverdienen keine Rolle mehr. Ob Beratung für Start-ups in der Frühphase oder Paarcoaching auf meinem Segelboot mit einer Partnerin ... es gibt viele verschiedene Möglichkeiten. Vielleicht fange ich an, Oliven anzubauen, wie mein Vater damals anfing, Schafe auf unserer Wiese zu züchten ...

Worauf achtest du zukünftig mehr? Hast du Zukunftsängste?
Auf mich selbst. Es klingt vielleicht egoistisch und ist es vielleicht auch. Nur ich habe den Eindruck, dass ich mich in der Vergangenheit zu sehr auf meinen Beruf fokussiert und dabei sowohl mich selbst als auch mein Umfeld vernachlässigt hatte. Das hinterlässt Spuren. Auf meine physische und mentale Gesundheit möchte ich zukünftig mehr achten. Zukunftsängste habe ich überhaupt nicht, nur skeptische Gedanken.

AMALIA

erzählt von den Rollen der Weiblichkeit, von der Freiheit, die für sie ohne Beziehungen nicht möglich ist und warum es sich lohnt, alle Phasen einer langen Ehe gemeinsam zu durchleben

Hast du ein Lebensmotto?
Carpe diem!

Hast du ein Vorbild? Wenn ja, aus welchen Gründen gerade sie/ ihn?
Es gibt eine ganze Reihe von Vorbildern in meinem Leben. Scarlett O`Hara kämpfte für Ihre Ziele und Visionen. Grace Kelly war und ist der Begriff von Schönheit. Schönheit suche ich an allen Orten. Nicht nur die äußerliche Schönheit, sondern die innere Ausgeglichenheit, die Schönheit des Wesens und die Bereitschaft für das Verständnis der Mitmenschen. Romy Schneider wollte im Leben immer besser werden, als sie am Tag vorher war. Leonardo da Vinci vermochte Visionen, Wissen mit Kunst in Verbindung zu bringen und war seiner Zeit weit voraus.

Eine Freundin meiner Mutter war die eleganteste Frau, der ich in meinem Leben jemals begegnet bin. Ihr Haus war perfekt eingerichtet, sie war eine herausragende Gastgeberin und ihr Leben bestand daraus, es den anderen in jeder Hinsicht schön zu machen und sie zu verwöhnen.

Nicht zuletzt sind meine Kinder und mein Mann für mich auch große Vorbilder. Ich bewundere sie, wie sie ihr Leben meistern, wie sie authentisch, gebildet, sportlich, wertschätzend, immer neugierig und liebevoll mit ihrer Umwelt umgehen. Von ihnen habe ich viel gelernt und werde hoffentlich noch viel lernen.

Wenn du ein Buch schreiben würdest, um welches Thema würde es sich handeln?
Wie der Erhalt der Weiblichkeit und die dazu gehörigen Rollen in einer Familie mit den Herausforderungen der beruflichen Karriere in Einklang zu bringen sind.

Welches Buch würdest du anderen unbedingt empfehlen? Warum?
Viele Bücher könnte ich empfehlen, weil sie mich tief berührten. *Schuld und Sühne* von Dostojewski, *Die Nebel von Avalon* von Marion Zimmer Bradley oder *Stolz und Vorurteil* von Jane Austin. Gute Bücher bringen mich in andere Welten, zeigen mir, wie schön die Welt sein kann und lassen mich ein intensives Gefühl spüren. Wenn guter Sprachstil, vielschichtige Charaktere und ein interessanter Plot vorhanden sind, bin ich begeistert.

Mit wem hattest du zuletzt eine tiefgreifende Diskussion und worüber?
Mit meiner Tochter über den Erhalt der Weiblichkeit in der Karrierewelt, warum Frauen alles hinterfragen und so nie ganz mit sich zufrieden sind, im Gegensatz zu der Männerwelt.

Was ist für dich das Wichtigste im Leben?
Meine Familie und meine Freunde.

Was bedeutet für dich ein erfülltes Leben?
Meine Familie und meine Freunde, begleitet von Selbstständigkeit und beruflichem Erfolg. Menschen zu mögen, sich auf sie einzulassen und sie zu unterstützen. Gut sein zu können und zu motivieren. Mich für ein kommunikatives, wertschätzendes, selbstbestimmtes und erfolgreiches Leben einzusetzen.

Was macht dich glücklich?
Meine Familie und meine Freunde, die Natur, die Kunst und die Schönheit auf ganz vielen Ebenen, der Erfolg. Auch die kleinen Dinge im Leben. Vielleicht kommt es auf diese kleinen Ereignisse und Erlebnisse ganz besonders an.

Wobei fühlst du dich lebendig?
Überall und dafür bin ich unendlich dankbar.

Was bedeuten für dich Erfüllung, Erfolg und Glück?
Meine Familie, Freunde, Natur, Frieden, Gesundheit. Arbeiten zu dürfen in den Bereichen, die ich kann und mir unendlich viel Freude bereiten.

Wie viel Familie verträgt ein erfülltes Leben?
Diese Frage ist für mich eine, die ich nicht nachvollziehen kann. Familie bedeutet für mich das größte erreichbare Ziel meines Lebens, denn ohne sie wäre ich nichts.

Was ist deine Kraftquelle? Sind Familie und Freunde Kraftquellen?
Ja, Familie und Freunde sind die größten Kraftquellen meines Lebens. Kraft tanke ich auch aus den Aufgaben des Lebens und aus dem Erfolg auf allen Ebenen. Erfolg bedeutet für mich, mein Gegenüber zu verwöhnen, ein gutes Essen zu kochen, zuzuhören, zu unterstützen, Wärme zu geben und andere glücklich zu machen. Mein Beruf, die Natur und mein Garten sind meine weiteren Energiequellen.

Was bedeutet Zuhause für dich? Wo fühlst du dich zu Hause?
Da, wo meine Familie und Freunde mit mir zusammen sind.

Was bedeutet Freiheit für dich?
Ich habe nie die Freiheit gesucht, ich lebe sie. Ich bin frei, da ich selbstbestimmt lebe, meine Aufgaben mit guter Laune meistere und fest im Leben stehe.

Beschreibe deine Beziehung zu dir selbst.
Mit den Jahren weiß ich, was ich nicht kann und was ich kann. Ich habe Vertrauen zu mir. Vertrauen daran, selbstkritisch zu handeln und zu denken. Ich weiß, wer ich bin und versuche weiterhin besser zu werden. Dazu nutze ich jeden Tag gemäß meinem Lebensmotto *Carpe diem!*

Beschreibe deine Beziehungen zu deinen Freunden.
Es gibt Freunde und Seelenverwandte. Letztere gibt es nicht so viele, doch diese begleiten mich in meinem Leben täglich. Meine Freunde sind ganz eng bei mir, wir sagen offen, was wir wünschen und uns verbindet. Bei beiden können wir sein, wer wir sind, wir können Schwächen und Sorgen zeigen, erzählen, wir können voller Stolz über unsere Familien und über uns selber berichten. Wir freuen uns für den anderen und sind füreinander in jeder Situation da. Freunde und Seelenverwandte sind für mich die Felsen in der Brandung.

Wer sind die wichtigsten Menschen in deinem Leben?
Unsere Kinder, mein Mann und unsere Freunde.

In welchem Verhältnis stehen Freiheit und Beziehung zueinander?
Für mich ist Freiheit ohne Beziehungen nicht möglich. Ich bin zwar sehr gerne alleine, doch brauche ich wertschätzende Menschen in meinem Leben, die ich liebe, schätze, verehre, vielleicht auch bewundere.

Wie viel Präsenz braucht eine Beziehung?
Eine Liebesbeziehung kann nur wachsen und bestehen, wenn beide sich verletzlich, erkennbar und authentisch im Leben zeigen. Eine Beziehung muss gelebt werden, da wir die eigenen Schwächen zeigen und auch Schwächen des anderen erkennen. Eine Beziehung, die nur am Wochenende besteht, muss meiner Erfahrung nach eine sehr lange enge Historie haben oder zeitlich befristet sein.

Beziehungen zu Kindern bleiben ein Leben lang eng und vertraut, wenn die Basis eine stabile und gesunde ist. Egal wo die Kinder leben, wir Eltern sind bei ihnen und begleiten sie bei jedem Schritt gedanklich. Doch sie haben das Recht zu leben, wie und wo sie möchten.

In Beziehungen zu Freunden kann es sein, dass wir uns Jahre nicht sehen und trotzdem bei dem ersten Treffen wieder genau da weitermachen, wo wir uns getrennt haben. Gute Freundschaften halten. Es gibt auch Freunde, die nach einigen Jahren wieder verschwinden. Diese behalten wir in liebevoller Erinnerung an eine vertraute und enge gemeinsame Zeit eines Lebensabschnitts. Wenn der Lebensweg sich für jeden in eine andere Richtung entwickelt, bleibt zu wenig an Gemeinsamkeiten und die Wege trennen sich. Doch würde eine *gewesene Freundschaftsbeziehung* bei mir anklopfen, würde ich mich in den meisten Fällen sehr auf einen Neustart freuen.

Du lebst in einer langjährigen Partnerschaft. Warum hast du gerade ihn gewählt? Was schätzt du an ihm?

Es geht um Liebe, die du für den anderen spürst, selbst wenn du mit dem Handeln und Denken deines Partners nicht zufrieden bist. Unsere lange Partnerschaft ist von Respekt, Toleranz, Vertrauen, Humor, Erfolg, gemeinsames Glück und Familie geprägt. Es gilt alle Phasen einer langen Ehe zu durchleben. Wir sind seit fast sechsunddreißig Jahren verheiratet und von Höhen und Tiefen begleitet. Die Tiefen zu verlassen kostet Kraft, doch es hat sich mir gezeigt, dass es sich lohnt, gemeinsam durch das Leben zu gehen und die Liebe füreinander aufrechtzuerhalten. Es macht unglaublich stolz, zufrieden und glücklich, wenn du auf eine gemeinsame Vergangenheit schauen darfst.

Was hält euch zusammen?

Unsere gemeinsame Vergangenheit und unsere noch hoffentlich lange gemeinsame Zukunft.

Wie sieht für dich die ideale Beziehung aus?

Das muss jeder für sich wissen. Die Voraussetzung dazu ist, Liebe für den anderen zu fühlen, sich nicht ganz so ernst zu nehmen, Humor und gemeinsame Visionen zu haben und das Wichtigste, eine Familie sein zu dürfen. Eine Familie, die eng und vertraut zusammensteht und in der die Sorgen, Ängste und täglichen Dinge des Lebens gemeinsam besprochen werden und aufgehoben sind.

Gibt es in deinem näheren Umfeld Menschen, deren Beziehung du bewunderst?

Nein, ich habe erlebt, dass Ehen auseinandergehen, bei denen ich dachte, sie wären perfekt. Ich bewundere meinen Mann und unsere Beziehung und bin jeden Tag glücklich darüber.

Wie wichtig ist Treue in einer Beziehung?

Für mich wäre eine Ehe ohne Treue undenkbar. Allerdings, wenn der andere das Leben nicht mehr mit mir führen möchte, dann wünsche ich meinem Partner, dass er glücklich wird und das Beste aus seinem Leben macht. Das ist das gute Recht für jedes Menschenkind.

Wie stehst du zu Ehrlichkeit? Ist sie in jeder Situation ratsam? Bist du zu dir selbst ehrlich?

Manchmal tut Ehrlichkeit oder *alles sagen* gar nicht so gut. Eine Ehe bedeutet nicht, dass jeder jede Einzelheit und jeden Gedanken erfahren muss. Vertrauen darf nicht verletzt werden, Treue und Respekt müssen bestehen bleiben.

Ob ich ehrlich zu mir selbst bin? Nicht immer, aber immer mehr. Mit den Jahren weißt du, wer du bist und was dich ausmacht, was du kannst und eben nicht kannst. Du erkennst deine Schwächen und deine Stärken. Du schämst dich nicht mehr für Vergangenes, in meinem Fall keinen Studienabschluss zu haben. Wenn du dein Leben erfolgreich geschafft hast, bist du stark und ehrlich dir selbst gegenüber, sodass du Schwächen zeigen kannst. Das ist ein befreiendes Gefühl und du gehst mit sehr viel Selbstvertrauen durch das Leben, wobei du neugierig auf mehr Wissen bleibst.

Was ist Liebe? Ist Liebe auf den ersten Blick wahre Liebe?

Das ist eine Frage, die ich in jedem Jahrzehnt meines Lebens etwas anders beantwortet hätte. Da wären zum einen Erotik und Hormone eine Voraussetzung für den Start einer Beziehung. Liebe auf den ersten Blick sollten wir nicht im Kopf spüren. Wenn Liebe daraus werden soll, gehört ganz viel mehr dazu und da spielt der Kopf mit.

Liebe für mich bedeutet, für den anderen da zu sein, Liebe schenken zu dürfen, so sein zu dürfen, wie ich bin und sich gemeinsam immer wieder neuen Herausforderungen zu stellen und zu meistern. Liebe ist aber auch, die gleichen Ziele des Lebens zu haben. Das ändert sich manchmal im Laufe der Ehe und das sind dann die schweren Zeiten. Denen solltest du dich stellen, denn nach jedem Tal geht es wieder bergauf und du bist glücklich über die Leistung, die du dazu erbracht hast. Liebe für die gemeinsamen Kinder erleben zu dürfen, ist etwas ganz Großes! Der Wunsch, miteinander alt zu werden und füreinander da zu sein, *bis der Tod uns scheidet.* Ja, das ist Liebe für mich.

Mit wem möchtest du den Rest deines Lebens verbringen?
Grundsätzlich mit meiner Familie, meinen Freunden und mit wertschätzenden Menschen.

Glaubst du an Bestimmung/ Schicksal? Gibt es Menschen, die für uns bestimmt sind?
Ja, daran glaube ich ganz fest.

Hast du unerklärbare/ magische Situationen erlebt? Beschreibe diese.
Sehr viele solche Situationen begegnen mir, sie sind manchmal so unfassbar, dass ich sie nicht auf ein Blatt schreiben möchte. Ich glaube, dass ich Schwingungen spüre, da ich immer offen bin für die Welt und für das, was wir nicht sehen können. Ich erlebe oder interpretiere diese Dinge so, dass mir Botschaften gesendet werden. Es macht mich glücklich und verbindet mich mit dem, was wir nicht erklären können.

Wovor hast du Angst, was ist deine größte Befürchtung?
Dass ich meine Kinder überleben würde, macht mir ganz viel Angst. Mir macht es auch Angst, wozu Menschen fähig sind und was sie sich gegenseitig antun. Mir macht es Angst, dass Menschen etwas von der Welt und von anderen Menschen nehmen, aber nichts geben. Das meine ich nicht materialistisch. Mir macht es Angst, wenn ich an Fanatiker, Radikale, Egomanen und Selbstverliebte denke.

Gibt es jemanden, für den du sterben würdest?
Sofort für meine Kinder.

Was macht dich verletzlich?
Wenn jemand über mich etwas Falsches erzählt oder das, was ich gesagt habe, anders weitergibt.

Was verletzt dich? Wie reagierst du darauf?
Wenn ich etwas erfahre, was falsch über mich gesagt wurde oder mich verletzt, bin ich alles andere als defensiv. Ich suche dann das Gespräch und kläre die Situation. Aus diesem Grund konnte ich in den letzten fünfzehn Jahren feststellen, dass jeder weiß, was ich sage

und was ich denke. Ich werde nicht benutzt. Das ist ein gutes Gefühl. Jeder weiß, dass ich authentisch bin und mich nicht verbiege. Deshalb bin ich für viele Freunde und besonders für meine Kinder ein vertrauensvoller Gesprächspartner.

In welcher Situation neigst du dazu überzureagieren? Was bringt dich aus der Fassung?
Aus der Fassung bringt mich in den letzten Jahren wenig. Auch mein Mann nicht mehr. ;-) Vor dreißig Jahren erhielt ich einen Rat, *immer die logische Konsequenz zu beachten*. Fassungslosigkeit hilft nicht, eine Situation zu meistern.

Gibt es etwas, was dich traurig macht? Bringt dich etwas zur Verzweiflung?
Grundsätzlich bin ich eine Optimistin und möchte nicht nach Dingen suchen, die mich verzweifelt werden lassen. Im Übrigen glaube ich auch nicht, dass ich verzweifelt sein kann, es sei denn, meinen Kindern, meinem Mann oder Freunden geht es gesundheitlich schlecht.
 Traurig macht es mich, dass meine Mutter nicht mehr da ist. Jeden Tag bin ich gedanklich bei ihr. Mein Leben hat sich durch ihren Abschied verändert. Diese Traurigkeit sitzt ganz tief in mir und ich werde sie nicht los. Doch ich bin auch dankbar, dass ich diesen Schmerz empfinde, denn dadurch wird meine Mutter nicht vergessen. Ich rede immer wieder über sie, zitiere sie, sage etwas Witziges über sie. Sie lebt bei mir und in meinen Begegnungen weiter. Das macht mich auf eine sonderbare Weise glücklich und dankbar.

Hast du eine kritische Situation erlebt, die dich physisch und/ oder emotional an deine Grenzen gebracht/ gebrochen hat? Wie bist du damit umgegangen?
Oft. Doch ich bin eine Optimistin und Kämpferin. Aufgaben, die mir gestellt werden, packe ich an und gebe mir keine Zeit, über mich nachzudenken. Der besagte Satz, *Die logische Konsequenz zu ziehen*, meine genetische Voraussetzungen (alle Frauen mütterlicherseits waren so) und meine Energie des *Schaffenwollens* bilden dazu wohl die Grundlage. Stillstand ist tödlich für mich. Wenn ein Besen an der Wand steht und Sand auf dem Boden liegt, beginne ich zu fegen. Ich denke über die Notwendigkeit nach und packe es an.

Was war die schwierigste Entscheidung deines Lebens?
Mir fällt keine ein. Entscheidungen treffe ich schnell. In dem Moment, in dem ich eine Entscheidung treffe, handele ich nach bes-

tem Wissen und Gewissen. Wenn sich nach einer Zeit zeigt, dass ich eine Fehlentscheidung traf, empfinde ich es meist nicht als tragisch. Denn ein agiles Handeln und Denken bestimmen mein Leben.

Wie gehst du im Allgemeinen mit Herausforderungen um?
Herausforderungen zu meistern ist das Salz in der Suppe. Ich liebe sie, weil ich an meine Grenzen komme und sie letztendlich immer meistern kann.

Welche Situation hat dich in deinem Leben stärker gemacht? Inwiefern?
Meine Kinder, eine glückliche Ehe und Erfolg im Beruf haben mich wachsen lassen.

Wie schaffst du es, dein emotionales Gleichgewicht wieder herzustellen/ aufrechtzuerhalten?
Diese Notwendigkeit kenne ich nicht. Ich bin ein emotionaler Mensch, handele aus dem Bauch heraus, doch kann mich auch auf meinen Verstand verlassen. Meine Zuversicht darauf, was kommen mag, vermag es nicht, mich zu langfristigen emotionalen Tiefs kommen zu lassen.

Was war der beste Ratschlag, den du jemals erhalten hast? Was ist deine Erkenntnis?
Der meiner Mutter: *Schaue mal, mein geliebtes Kind, siehst du die Sterne oben im Himmel? Jeder Stern leuchtet nur für dich, du kannst sie ergreifen und schaue immer dorthin, wenn du traurig bist!*

Möchtest du jemandem etwas beweisen? Wenn ja, wem?
Die Zeit ist vorbei, wo ich es anderen beweisen wollte. Heute weiß ich, wer ich bin, meine Familie und meine Freunde wissen es auch. Ich beweise tagein und tagaus, dass ich für alle da bin, mich den Dingen des Lebens stelle und sie auch meistere.

Wie wichtig ist es dir, was andere über dich denken?
Sehr wichtig, ich möchte geliebt, verehrt und gemocht werden, allerdings von den Menschen, die ich auch mag.

Woran hältst du fest? Welchen Werten bleibst du treu? Was möchtest du loslassen?
Ich möchte nichts loslassen. Ich bin so, wie ich bin und liebe, was ich tue. Im Gegenteil. Ich möchte mehr, woran ich festhalten kann. Mich

reizt das Leben mit all seinen Neuigkeiten und Erlebnissen, die ich erfahren kann. Ich halte an Familie, Freunden, Natur und Tatkraft fest. Meine Werte sind Tradition, Respekt, Fairness, Liebe, Treue und, und, und. Sie begleiten mich in meinem privaten und beruflichen Leben.

Hast du ein Ziel/ Ziele in deinem Leben? Wie realisierst du diese?
Ich lebe jeden Tag bewusst. Ich hoffe, viel geben zu können und für meine Familie so lange wie möglich da zu sein. Ich lebe Beziehungen, ob bei Kindern, Freunden, Geschäftsfreunden oder Bekannten. Das ist mein Leben und mein Ziel, für alle da sein zu können und mit meinem Mann gemeinsam einen langen Weg beschreiten zu dürfen.

Wenn du auf Dein bisheriges Leben zurückblickst, worauf bist du stolz?
Eigentlich auf mein ganzes Leben. Jede Aufgabe, die mir gestellt wurde, erledigte ich mit ganzer Kraft, Liebe und Ausdauer. Darauf bin ich stolz. Besonderen Stolz empfinde ich für meine Kinder, sie sind der Sinn meines Lebens.

Gehst du denselben Weg weiter? Worauf freust du dich?
Das hoffe ich so sehr, dass dieser Weg weitergeht und ich noch viel Gelegenheit habe, mich Herausforderungen zu stellen und das Leben genießen zu dürfen.

Worauf achtest du zukünftig mehr? Hast du Zukunftsängste?
Gesundheit und Ernährung sind Themen, denen ich wohl in nächster Zeit mehr Beachtung schenken muss. Ängste hatte ich schon beantwortet.

Gibt es weitere Fragen, die du in diesem Interview noch beantworten möchtest?
Oh, ganz viele, doch das hier ist dein Buch. Meins kommt noch ... irgendwann. ;-)

ANDREAS

erzählt von der Komplexität des Lebens und wie die gesellschafts-politischen Rahmenbedingungen unsere Familie, unser Glück und unsere Erfüllung beeinflussen können

Hast du ein Lebensmotto?
Nein, habe ich nicht.

Hast du ein Vorbild? Wenn ja, aus welchen Gründen gerade sie/ ihn?
Nein. Es gibt Menschen, historische Persönlichkeiten und literarische Figuren, die ich hoch achte. Marie Curie für ihre Leistung als Naturwissenschaftlerin. Den schwedischen Kajakfahrer Hansen für seinen wunderbar schwungvollen und rhythmischen Stil ohne enormen Kraftakt. Ihn versuchte ich jahrelang zu kopieren, allerdings ohne viel Erfolg. Ob diese als Menschen zum Beispiel gute Familienväter, Mütter oder gebildet waren, weiß ich nicht.

Als Kind las ich *20.000 Meilen unter dem Meer* von Jules Verne, wollte Kapitän Nemo werden und die Meereswelt erforschen. Heute weiß ich, wer ich bin, was ich will, kenne meine Werte und möchte grundsätzlich keine anderen Menschen kopieren.

Wenn du ein Buch schreiben würdest, um welches Thema würde es sich handeln?
Über die kybernetische Betrachtung der Gesellschaften und der politischen Systeme. Alle Prozesse im Leben funktionieren durch Verstärkung und Rückkopplung, wie zum Beispiel auch chemische Produktionsprozesse. Wenn ich zu laut spreche, koppelst du an mich zurück und ich verarbeite deine Rückkopplung, indem ich meine Aktivität, in dem Fall meine Lautstärke darauf anpasse. Unser Tun zeigt immer Wirkungen, deren Intensität muss zur ursprünglichen Entscheidung zurückgeführt werden und diese justieren. Wieweit eine Gesellschaft diese Rückkopplung oder Signalverarbeitung zulässt, ist die kybernetische Betrachtung der Gesellschaft. Diese ist unerlässlich für das Überleben aller biologischen, gesellschaftlichen und technischen Systeme. Dies ist auch die Grundlage der Evolution.

Welches Buch würdest du anderen unbedingt empfehlen? Warum?
Ich habe in meinem Leben sehr viele Bücher gelesen und könnte dir davon viele auflisten und erzählen, warum sie für *mich* wertvoll waren und wie sie auf mich gewirkt haben. *Empfehlen?* Meine Freunde und ich haben unterschiedliche Interessen und wir leben auch in sich ständig ändernden Zeiten. Welche Lektüren mit dreißig Jahren meine Fantasie beflügelt oder mein Interesse geweckt haben, gilt heute vielleicht gar nicht mehr. Dazu kommt, dass das, was ich einem empfehlen würde, ich einem anderen nicht unbedingt genauso empfehlen könnte.

Grundsätzlich finde ich die Bücher, die eine persönliche Geschichte in einem geschichtlichen Kontext erzählen, empfehlenswert. *Krieg und Frieden* von Tolstoj oder *Die Füchse im Weinberg* von Lion Feuchtwanger, die die Grundlage für die Mozart Oper *Die Hochzeit des Figaro* lieferte. *Die Säulen der Erde* von Ken Follet, wie er die Gotik, die Geschichte der Familie, gleichzeitig die Gesellschaft beschreibt und über die Dombaukunst erzählt, finde ich auch lesenswert.

Mit wem hattest du zuletzt eine tiefgreifende Diskussion und worüber?
Tiefgreifend? Es sind Themen, in denen wir uns vertieft und detaillierter besprochen haben. Im Allgemeinen über das Sein, über den Sinn des Lebens, *über das Universum und über den ganzen Rest* weiß ich nicht, wann und ob ich geredet habe. Wir haben immer nur partielle Fragen diskutiert. Mit meiner perfekten Tochter über den Beraterberuf, mit einigen selektierten Freunden über Politik usw.

Was ist für dich das Wichtigste im Leben?
Das Leben ist komplex und *das Wichtigste* gibt es meines Erachtens nicht, sondern nur eine kontinuierliche Abwägung von Prioritäten und von Vor- und Nachteilen in einem sich herauskristallisierenden Wertesystem im Rahmen der eigenen Möglichkeiten.

Was bedeutet für dich ein erfülltes Leben?
Wenn ich meine Wünsche und Ziele tatsächlich realisieren kann. Das gilt sowohl auf der emotionaler als auch auf der real greifbaren Ebene.

Was macht dich glücklich?
Wie vorhin beschrieben, außerdem, wenn meine Familie glücklich ist und sie ihren Wünschen entsprechend leben kann. Wenn ich eine Aufgabe erfolgreich erledigt habe. Ein gutes Gespräch. Sport, körperliche Betätigung. Das Erlebnis eines schönen Opernbesuches. Ein gutes Buch. Die Gesellschaft von sympathischen Menschen.

Wobei fühlst du dich lebendig?
Bei der gut gelungenen Lösung einer Aufgabe. Bei einem guten Gespräch. Beim Sport und körperlicher Aktivität.

Was bedeuten für dich Erfüllung, Erfolg und Glück?
Erfüllung und Glück habe ich bereits beantwortet. Die Erfüllung einer Erwartung ist Glück. Erfolg bedeutet, dass ich meine persönlich gesetzten Ziele erreicht habe.

Wie viel Familie verträgt ein erfülltes Leben?
Die Frage verwirrt mich. Mein Leben erfüllt das Vorhandensein meiner Familie, ohne sie wäre für mich kein erfülltes Leben möglich. Daher würde ich diese Frage vielleicht umformulieren *Wie viel Familie verträgt eine berufliche Karriere?* Oder *Wie viel Familie verträgt ein auf die Selbstverwirklichung fokussiertes Leben?* In der Bandbreite von den narzisstischen Egoisten über die Arbeitstiere bis hin zu den Menschen, die in ihrer Elternrolle aufgehen und in dieser ihre komplette Erfüllung finden, gibt es je nach Lebensmodell meiner Meinung nach sehr unterschiedliche Antworten.

Was ist deine Kraftquelle? Sind Familie und Freunde Kraftquellen?
Ja, meine Familie und Freunde sind meine Kraftquellen. Auch mein eigener Antrieb, den ich vom lieben Gott oder von der Evolution zur Verfügung gestellt bekommen habe, um etwas zu bewegen, zu erkunden, anders zu machen oder infrage zu stellen. Diese Gabe unterscheidet uns von den Tieren, die mit fressen, sich fortpflanzen und ab und zu mal spielen, alleine zufrieden sind.

Was bedeutet Zuhause für dich? Wo fühlst du dich zu Hause?
Mein Zuhause ist, wo meine Familie ist, wo ich ein bestimmtes Nest aufgebaut habe, wo vernünftige Dinge auf mich warten und wo meine Freunde für mich auch erreichbar sind.

Was bedeutet Freiheit für dich?
Persönlich fühle ich mich und fühlte mich schon immer frei, weil ich meine Handlungen mit mehr oder weniger Erfolg immer selbst bestimmen konnte. Wenn ich diese Frage auf den politischen Kontext beziehe, dann bedeutet Freiheit für mich keine Bevormundung.

Beschreibe deine Beziehung zu dir selbst.
Eigentlich ein netter Kerl, dem ich öfters sage, was er alles besser machen sollte. ;-)

Beschreibe deine Beziehungen zu deinen Freunden.
Das ist in den letzten Jahren differenzierter geworden. Mit den Menschen, die ich *meine wirklich guten Freunde* nennen kann, begegnen wir uns mit vollkommener Offenheit und gegenseitiger Hilfsbereitschaft nur nicht auf der gesamten Berührungsfläche. Es gibt Bereiche, die wir mit einigen meiner Freunde aus der Kommunikation ausschließen, weil dort, wie in der Betrachtung der politischen Entwicklungen zwischen uns Dissense bestehen, die bedauerlicherwei-

se in den letzten Jahren zu Verwerfungen geführt haben.

Wer sind die wichtigsten Menschen in deinem Leben?
Meine wunderbare Frau und unsere wunderbaren Kinder.

In welchem Verhältnis stehen Freiheit und Beziehung zueinander?
Perfekt, wir müssen die Freiheit anderer nur dort akzeptieren, wo diese unsere Freiheit und Glück nicht beeinträchtigt. Das gilt natürlich in beide Richtungen.

Wie viel Präsenz braucht eine Beziehung?
Wenn zwei Menschen hunderte von Kilometern voneinander entfernt leben oder dauerhaft in unterschiedlichen Schichten arbeiten, wüsste ich nicht, wie die Beziehung funktionieren soll.

Du lebst in einer langjährigen Partnerschaft. Warum hast du gerade sie gewählt? Was schätzt du an ihr? Was hält euch zusammen?
Der Zufall hat uns ermöglicht, der ästhetischen und charakterlichen Zuneigung nachzugeben und uns zu verlieben. Daraus ist eine Beziehung entstanden, die ich mit den Worten beschreiben kann: *Ich liebe dich mehr, als es geplant war.*

Wie sieht für dich die ideale Beziehung aus?
Große ästhetische Zuneigung, charakterliche Verehrung, gemeinsames Wertesystem, Zuverlässigkeit, gemeinsame Ziele. Darüber hinaus müssen die Unterschiedlichkeiten von geliebten Personen interessant, in manchen Fällen sogar begehrenswert, die weniger positiven mindestens akzeptierbar sein. Eine vollständige Kopie meiner selbst wäre todlangweilig!

Gibt es in deinem näheren Umfeld Menschen, deren Beziehung du bewunderst?
Nein, ich beschäftige mich mit meiner Beziehung und das ist schon genug. ;-)

Wie wichtig ist Treue in einer Beziehung?
Es wäre nichts schlimmer, als meine Partnerin irgendwo händchenhaltend, kuschelnd verliebt zu erwischen.

Wie stehst du zu Ehrlichkeit? Ist sie in jeder Situation ratsam? Bist du zu dir selbst ehrlich?
Unerlässlich. Wir können immer Situationen konstruieren, wo die

Antwort *nein* ist, das sehen wir in der Literatur, in Filmen usw. Zu mir selber bin ich vermutlich nicht immer ehrlich.

Was ist Liebe?
Unter *ideale Beziehung* habe ich es bereits beantwortet.

Ist Liebe auf den ersten Blick wahre Liebe?
Das weiß ich nicht.

Wie viel Nähe/ Distanz braucht die Liebe? Können wir jemanden aus der Distanz lieben oder müssen wir denjenigen, den wir lieben, in unserer Nähe haben?
Manchmal ist es gut und notwendig, alleine zu sein. Grundsätzlich möchte ich meine Frau bei mir haben.

Mit wem möchtest du den Rest Deines Lebens verbringen?
Mit meiner Frau, unseren Kindern in der Nähe und Freunden in Erreichbarkeit.

Glaubst du an Bestimmung/ Schicksal? Gibt es Menschen, die für uns bestimmt sind?
Nein.

Hast du unerklärbare/ magische Situationen erlebt? Beschreibe diese.
Ja, das sind Zufälle gewesen, die je nach Mentalität unterschiedlich interpretiert werden können. Meine Frau habe ich zwei Jahre nach einem schweren Autounfall kennengelernt. Als wir später einmal zu einer Messe gefahren sind, genau an der Stelle, wo ihr damaliger Unfall passierte, ging plötzlich meine Motorenhaube auf. Wir waren auf der Überholspur. Plötzlich konnte ich nichts mehr sehen, es gelang mir jedoch, das Auto seitlich rauszufahren und anzuhalten, ohne dass jemandem etwas passiert ist. Es war exakt die Stelle und sie erzählte mir noch davon ...

Oder die Zahl 42 ist eine magische Zahl, für die Mathematiker eine ungelöste Herausforderung. Adam Douglas hat darüber ein Science-Fiction-Buch geschrieben, wie ein Computer auf allen Fragen der Jahrhunderte bezüglich Sinn des Lebens, des Universums und dem Rest die Antworten errechnet. Das Ergebnis lautet 42. Meine Frau hat von der magischen Zahl nie gehört und in ihrem Leben passieren trotzdem immer Sachen, die mit 42 verbunden sind. *Ist es ein magisches Ereignis oder Zufall?*

Wovor hast du Angst, was ist deine größte Befürchtung?
Von der schier unendlichen Dummheit der Menschheit.

Gibt es jemanden, für den du sterben würdest?
Klar, für meine Frau und meine Kinder.

Was macht dich verletzlich?
Weiß ich nicht.

Was verletzt dich? Wie reagierst du darauf?
Eine unbegründete Anschuldigung, worauf ich verunsichert oder verwirrt reagiere.

In welcher Situation neigst du zur Überreaktion? Was bringt dich aus der Fassung?
Wenn ich angeschrien werde.

Gibt es etwas, was dich traurig macht? Bringt dich etwas zur Verzweiflung?
Natürlich. Wenn Menschen in ihrer Not ausgenutzt werden und brutale Dominanz.

Hast du eine kritische Situation erlebt, die dich physisch und/ oder emotional an deine Grenzen gebracht/ gebrochen hat? Wie bist du damit umgegangen?
Ich bin direkt nach dem Krieg geboren und die damaligen politischen und gesellschaftlichen Verhältnisse in meinem Heimatland waren so, dass meinen Eltern alles genommen wurde und sie dadurch in eine Lage geraten sind, in der sie ihre drei Kinder nicht mehr ernähren konnten. Sie fühlten sich gezwungen, mich mit eineinhalb Jahren in einer Pflegefamilie unterzubringen. Dort lebte ich bis zu meinem neunten Lebensjahr. Nach der Revolution von 1956 verbesserte sich die wirtschaftliche Situation meiner Eltern und sie holten mich von meinen Pflegeeltern zurück. Meine Seele hat es damals erschüttert und es nahm mir die emotionale Stabilität, dass ich meine Prägungszeit nicht bei meinen Eltern verbrachte und dann mit neun Jahren aus meiner Pflegefamilie rausgerissen wurde. Ich musste in meine Ursprungsfamilie integriert werden, wobei meine beiden älteren Geschwister meine große Hilfe waren.

Was war die schwierigste Entscheidung deines Lebens?
Meine Entscheidung, damals mit Mitte zwanzig meine Heimat in

Osteuropa zu verlassen und nach Deutschland auszuwandern. Ich wollte in einer freieren Welt, wo ich mich selbst besser verwirklichen konnte, mit weniger Einschränkungen leben und mich freier bewegen können. Die gesellschaftspolitischen Rahmenbedingungen waren mir sehr wichtig. Es war meine schwierigste Entscheidung, weil ich wusste, dass ich dafür meine Familie, meine Freunde und alles hinter mir lassen musste und diese auf absehbare Zeit nicht wiedersehen würde.

Wie gehst du im Allgemeinen mit Herausforderungen um?
Mal nehme ich sie an, mal verschiebe ich sie leider auf die lange Bank.

Welche Situation hat dich in deinem Leben stärker gemacht? Inwiefern?
Ob ich durch bestimmte Situationen stärker oder schwächer geworden bin, weiß ich nicht. Du lebst und kämpfst immer weiter und ich denke, dass das Leben und die Erfahrungen uns immer weiser machen. Ob wir dabei auch noch stärker werden?

Wie schaffst du es, dein emotionales Gleichgewicht wieder herzustellen/ aufrechtzuerhalten?
Durch schöne und kulturelle Erlebnisse, körperliche Tätigkeiten und Sport.

Was war der beste Ratschlag, den du jemals erhalten hast? Was ist deine Erkenntnis?
Wir sollten nie verzweifeln, irgendwann geht alles mal vorbei. Sagte Hodscha Nasreddin.

Möchtest du jemandem etwas beweisen? Wenn ja, wem?
Natürlich. Denen, die mir wichtig sind, also meiner Familie und meinen Freunden.

Wie wichtig ist es dir, was andere über dich denken?
Ziemlich wichtig, ich achte immer auf die Reaktionen meiner Umgebung.

Woran hältst Du fest?
An meinen Plänen. Alles sollte im Rahmen des eigenen Wertesystems ablaufen und ich möchte konsequenter handeln.

Hast du ein Ziel/ Ziele in deinem Leben? Wie realisierst du diese?
Ja, auch wenn ich nicht mehr gerade achtzehn bin, habe ich noch
Pläne und hoffe, dass ich diese erreichen bzw. durchführen kann.

**Wenn du auf dein bisheriges Leben zurückblickst, worauf bist du
stolz?**
Auf meine tolle Familie, dass ich nicht gerade ungebildet bin und
beruflich einiges gewagt und geleistet habe. Ich bin ziemlich innova-
tiv, liebe die Kultur, die klassischen Werte und den Sport.

Gehst du denselben Weg weiter? Worauf freust du dich?
Ja, mein Weg ist schön und ich hoffe, dass ich genügend Kraft habe,
meine Pläne und meine Linie weiter zu verfolgen. Wenn sie mir ge-
lingen, freue ich mich.

Worauf achtest du zukünftig mehr?
Auf die Zeit, weil sie rennt und rennt …

**Gibt es weitere Fragen, die du in diesem Interview noch beantwor-
ten möchtest?**
Ich könnte noch vieles fragen, aber alle Dinge sind endlich. ;-)

PETRA

erzählt über magische Begegnungen, Seelenverwandte, den Zug des Lebens und warum unser Glück manchmal bereits vor uns liegt und wir nicht immer noch höher streben sollten

Hast du ein Lebensmotto?
Immer positiv in die Zukunft schauen, im Hier und Jetzt. Nie in der Vergangenheit leben.

Hast du ein Vorbild? Wenn ja, aus welchen Gründen gerade sie/ ihn?
Ja, meinen Vater. Er war ein Macher und immer für die Familie da. Er war für mich der weltbeste Vater überhaupt und wir waren eine Einheit. Ich bin meinem Vater sehr ähnlich, er ist mein großes Vorbild.

Wenn du ein Buch schreiben würdest, um welches Thema würde es sich handeln?
Mein Leben als Einhorn, das einsam und alleine durch die Wälder zieht und dabei den Menschen hilft. Einhörner sind gute Fabelwesen, die anderen helfen und die Tiere beschützen. Mein Einhorn erlebt Gutes und Schlechtes, wobei es seiner positiven Lebenseinstellung immer treu bleibt. Es glaubt an das Gute im Menschen.

Welches Buch würdest du anderen unbedingt empfehlen? Warum?
Wünsche an das Universum von Jessica Bachmann. Sie beschreibt, wie du Berge versetzen kannst, wenn du fest an etwas glaubst und wie deine Wünsche in Erfüllung gehen, wenn du diese gut genug formulierst.

Mit wem hattest du zuletzt eine tiefgreifende Diskussion und worüber?
Mit einem guten Freund über die aktuelle Situation in der Welt. Ob wir uns Rücklagen anschaffen sollten und inwiefern. Über die Angst, die geschürt wird, über die Macht der Medien und wie die Menschen mit der Inflation umgehen. Es war eine kontroverse Diskussion, die uns beide weitergebracht hat.

Wie schlimm die Situation ist, erlebe ich täglich hautnah. Es gibt Familien, die es sich nicht mehr leisten können, ihren Kindern Weihnachtsgeschenke zu kaufen. Ich möchte helfen und habe an unserem Ort die *Weihnachtsengelaktion* ins Leben gerufen. Wir hängen Sterne mit Wünschen der Kinder an einen Weihnachtsbaum auf dem Marktplatz auf. Die Einwohner können sich dort einen Stern abnehmen und einem Kind seinen Wunsch erfüllen. Am Heiligabend fahre ich die Geschenke persönlich zu den Kindern.

Was ist für dich das Wichtigste im Leben?
Meine Familie, mein Kind und meine Freunde. Für sie würde ich

durchs Feuer gehen. Wichtig ist mir auch, dass ich mir selber treu bleibe und nie vergesse, das Leben selbst und all die kleinen Dinge zu schätzen. Ich bin der Meinung, dass wir nicht immer nach etwas Höherem streben müssen. Das Glück liegt manchmal direkt vor uns, wir sehen es nur nicht.

Was bedeutet für dich ein erfülltes Leben?
Mich erfüllt, wenn ich bei mir selber bin und wenn ich mich mit mir selbst wohlfühle. Gewisse Dinge kann ich nicht ändern, das Leben geht manchmal andere Wege, als ich es mir wünsche. Für mein Glück bin ich selber verantwortlich. Mein Leben ist erfüllt mit meiner tollen Familie, guten Freunden und wunderbaren Tieren. Mein Job ist grandios, mein Kühlschrank gefüllt. Mein Leben, wie es ist, ist für mich ein absolut erfülltes und selbstbestimmtes Leben. Ich bin zufrieden.

Was macht dich glücklich?
Oh, es gibt so viele Dinge! Wenn ich eine schöne Blume am Wegesrand sehe, wenn ich mit meinem Pferd durch den Wald reite, wenn ich abends auf der Couch mit einem Stück Schokolade liege oder einen tollen Weihnachtsliebesfilm sehe. Ein schöner Tag mit Sonnenschein ... Es sind viele kleine Dinge, die kann ich nicht alle aufzählen. Grundsätzlich, wenn es meinem Kind und meiner Familie gut geht, dann bin ich auch glücklich.

Glück kannst du nicht in Worte fassen. Ich glaube, wenn du bei dir bist, bist häufiger glücklich, als wenn du zu viel darüber nachdenkst, warum das Leben gerade so läuft, wie es läuft.

Wobei fühlst du dich lebendig?
Bei den Pferden. Bei meinem Pferd. Bei meinem Job als Reitlehrerin für Kinder, der meine Leidenschaft ist und als Richterin. Mit meinen Freunden. Ich hatte eine tolle Jugend und wenn ich meine alten Freunde wiedersehe, kommen auch die Gefühle und Erinnerungen dieser sorglosen Tage wieder. Wir erzählen uns Anekdoten und ich fühle mich dann immer sehr lebendig.

Was bedeuten für dich Erfüllung, Erfolg und Glück?
Erfolg macht glücklich, das kann ich nicht abstreiten. Wenn du erfolgreich im Job bist, dann bist du auch glücklich und erfüllt. Ich habe einen tollen Job und genügend Geld, um das zu tun, was ich möchte. Ich habe, wie schon gesagt, eine tolle Familie, Freunde, Tiere und ein warmes Zuhause, also alles, was ich brauche, um mich

erfüllt, erfolgreich und glücklich zu fühlen.

Wie viel Familie verträgt ein erfülltes Leben?
Familie ist wichtig, sie muss nur nicht immer um mich herum sein. Das wäre mir zu viel. Wenn ich beispielsweise mit meiner Mutter einen Nachmittag verbringe, das ist oft genug für uns beide für eine Weile. Wir sind sehr unterschiedlich. Das gesunde Mittelmaß zu finden ist wichtig. Jeder sollte seinen Freiraum haben und sein eigenes Leben leben können, gleichzeitig wissen, dass wir füreinander da sind, wenn wir einander brauchen.

Was ist deine Kraftquelle? Sind Familie und Freunde Kraftquellen?
Meine Tiere, in erster Linie mein Pferd. Familie und Freunde sollten füreinander da sein. Es sind keine Quellen, woraus wir schöpfen sollten, weil es ihnen sehr viel Energie ziehen kann. Beispielsweise nach Diskussionen mit Freundinnen über ihre Probleme mit ihren Partnern merke ich, wie erschöpft ich bin. Es ist in Ordnung, dass wir darüber reden, danach brauche ich nur meistens wieder etwas mehr Zeit für mich. Mit Familie und Freunden sollten wir als Kraftquelle behutsam umgehen.

Was bedeutet Zuhause für dich? Wo fühlst du dich zu Hause?
Da, wo ich willkommen bin, fühle ich mich zu Hause. Das kann die Wohnung von Freunden, das Haus von meinem Bruder und auch die Wohnung meiner Mutter sein. Mein eigenes Zuhause habe ich so eingerichtet, wie es mir gefällt. Das ist meine Wohlfühloase.

Jahrelang fühlte ich mich an der Ostsee, im Campingwagen am Strand zu Hause, wo ich viel mit meinem Vater war. Wenn ich heute am Strand sitze und das Meeresrauschen lausche, fühle ich mich meinem Vater sehr nahe. Zuhause ist, wo mein Herz ist.

Was bedeutet Freiheit für dich?
Für mich bedeutet Freiheit, dass ich alles tun, denken und äußern kann, was ich für richtig halte. In einem Land, in dem Freiheitsrechte eingeschränkt sind, könnte ich deshalb nie leben. Jeder sollte seine Meinung äußern dürfen, was nicht bedeutet, dass ich diese Meinung teilen muss, nur akzeptieren, dass andere Menschen andere Ansichten haben und äußern dürfen.

Freiheit bedeutet für mich auch, dass ich mal auch doof und ungehalten sein darf und mich nicht verstellen muss, um anderen zu gefallen. Mit der Formulierung *du musst* habe ich ein großes Problem. In meiner Kindheit habe ich es mehr als genug gehört und bin mittlerweile der Meinung, dass ich ganz und gar nichts *muss*. Was ich wann und warum mache, entscheide alleine ich. Auch das ist für mich Freiheit.

Beschreibe Deine Beziehung zu dir selbst.
Ich fühle mich wohl mit mir selbst, ich fühle mich gut. Punkt.

Welche Rolle spielen Freunde in deinem Leben? Beschreibe deine Beziehungen zu deinen Freunden.
Wir sind füreinander da und wenn nötig, können wir einander auch nachts anrufen. Gleichzeitig geht jeder seine eigenen Wege und wir akzeptieren, wenn die anderen auch mal Wichtigeres zu tun und keine Zeit haben. Wir telefonieren auch, wenn wir dafür Zeit und Lust haben. Ich habe gesunde Freundschaften in einer riesen Alters-spanne. Teilweise sind meine Freundinnen zwanzig Jahre jünger als ich, teilweise etwas älter und beides passt sehr gut. Ich bin gerne mit jungen Menschen zusammen, sie halten mich jung.

Wer sind die wichtigsten Menschen in deinem Leben?
Mein Sohn, meine Mutter, mein Bruder und meine Freunde. Ich stelle mir es mit den Menschen in meinem Leben so vor, als säßen wir alle in einem Zug – im *Zug des Lebens*. Einige unserer Freunde fahren eine längere Strecke mit uns mit, andere unser ganzes Leben lang und welche begleiten uns nur für eine kurze Strecke, bevor sie aussteigen. Irgendwann steigen welche wieder ein oder es kommen neue Freunde dazu. Das Leben ist in Bewegung wie ein Zug und die wichtigsten Menschen bleiben bei uns für die ganze Fahrt.

In welchem Verhältnis stehen Freiheit und Beziehung zueinander?
Wichtig ist, den anderen machen zu lassen, was er für richtig hält, ohne ihm Vorwürfe zu machen. Eine Beziehung besteht aus Geben, Nehmen und Kompromissen. In einer Beziehung geben wir immer ein Stück Freiheit auf und wägen ab, was diese uns wert ist, wie viel Freiheit wir bereit sind, dafür aufzugeben. Alleine kannst du alles machen, was und wann du willst und musst dich niemals abstimmen oder rechtfertigen. In einer Beziehung musst du bereit sein, dich aufeinander einzulassen und eine Balance finden. Das ist manchmal gar nicht so einfach.

Wie viel Präsenz braucht eine Beziehung?
Schwierig zu beantworten. Du kannst nicht immer präsent sein, jeder braucht auch Zeit für sich und es ist auch in Ordnung, mal

nicht erreichbar zu sein. Das ist eine Frage des Vertrauens, womit Menschen ein Problem haben, wenn sie in der Vergangenheit häufig verletzt worden sind. Ich finde es auch wichtig, in diesem Zusammenhang auch nach außen als Paar zueinander zu stehen, Arm in Arm, Hand in Hand.

Lebst du gerne alleine?
Ja, ich lebe total gerne alleine und weiß gar nicht, ob ich es je wieder ändern möchte. So fühle ich mich großartig. Es müsste ein ganz besonderer Mensch in mein Leben treten, der das ändert und diese Gefühle in mir wieder hervorruft, die aktuell ganz tief vergraben sind.

Was die Zukunft bringt, weiß ich natürlich nicht. Ich weiß nur, dass wir in unserem Alter, wenn wir jemanden kennenlernen, erst mal eine Checkliste durchgehen. Wir prüfen, inwiefern ein Mensch so ist, wie wir ihn haben wollen, ob er in unser Leben passt und mit welchen negativen Punkten wir leben können oder wollen. Es ist im Alter immer schwieriger, jemanden zu finden, auf den wir uns neu einlassen wollen als in jungen Jahren.

Wie sieht für dich die ideale Beziehung aus?
In der idealen Beziehung bin ich mit einem Partner zusammen, der ein Familienmensch ist. Er bringt eine große Portion Sarkasmus mit und mit ihm kann ich mich mal auch gut kabbeln. Guter Sex ist mir wichtig. Ich möchte mit einem geselligen Menschen zusammen sein, der gerne unterwegs ist, andererseits auch gerne einen schönen Abend mit mir auf der Couch verbringen möchte.

Das Wichtigste für mich ist, mit einem Menschen zusammen zu sein, der lebt, bei dem das Feuer in seinen Augen noch nicht erloschen ist, was leider in dem Alter bei vielen Männern der Fall ist. Mir ist auch wichtig in einer idealen Beziehung, dass mein Partner mir zeigen kann, dass er mich liebt und zu mir steht.

Gibt es in deinem näheren Umfeld Menschen, deren Beziehung du bewunderst?
Ja, die Ehe der Eltern meiner besten Freundin. Sie haben vor kurzem ihre goldene Hochzeit gefeiert. Nach so vielen Jahren fahren sie immer noch gerne zusammen in den Urlaub, umarmen sich im Wasser, sind füreinander immer da und stehen zueinander. Das finde ich ganz toll, diese Beziehung bewundere ich.

Wie wichtig ist Treue in einer Beziehung?
Wer diese Frage mit *nicht wichtig* beantwortet, der hat noch nie rich-

tig geliebt! Dieser ist einer der wichtigsten Punkte für mich. Es sei denn, du lebst in einer offenen Beziehung, was von vornherein abgesprochen werden sollte. Wenn jemand fremdgeht, hat es meist einen Grund. Da hilft nur miteinander zu sprechen und keine Vorwürfe zu machen. Meist vergeht so der Reiz oder wenn der eine sich schon verliebt hat, dann ist es sowieso zu spät. Warum Menschen fremdgehen und trotzdem mit ihrem Partner zusammenbleiben, wäre tatsächlich mal ein spannendes Thema für ein weiteres Buch.

Wie stehst du zu Ehrlichkeit? Ist sie in jeder Situation ratsam? Bist du zu dir selbst ehrlich?
Ehrlichkeit ist wichtig, nur nicht in jeder Situation. Zu mir selbst möchte ich auf jeden Fall immer ehrlich sein, dennoch kann ich mich wunderbar belügen. Das ist eine Art Selbstschutz, wenn ich zum Beispiel meinen Ex-Partner schlecht rede. Wohlwissend, dass es nicht wahr ist, nur um mit der Trennung besser klar zu kommen.

Was ist Liebe?
Für mich ist es ein warmes Gefühl im Bauch, mit Herzklopfen verbunden und bedingungslos. Wenn ich jemanden liebe, dann liebe ich ihn, wie er ist, wegen seiner selbst willen. Viele Menschen lieben sich mit ihren Fehlern und Macken selbst nicht und können so auch niemanden anderen lieben. Selbstliebe ist die Basis. Für mich beweist sich immer wieder auch, wer keine Tiere liebt, kann auch keine Menschen lieben.

Ist Liebe auf den ersten Blick die wahre Liebe?
Liebe auf den ersten Blick ist eine Floskel. Auf den ersten Blick können wir jemanden attraktiv oder interessant finden, auch Herzklopfen haben und ihn näher kennenlernen wollen. Ich finde viele Männer attraktiv und stelle später fest, dass sie ganz anders sind, als ich sie mir auf den ersten Blick vorgestellt habe.

Wenn du jemanden liebst, dann fühlst du dich bei ihm sicher und öffnest dein Herz. Das geht nicht so schnell und deswegen gibt es auf den ersten Blick keine Liebe. Es kann sich entwickeln und das kann auch sehr schnell gehen.

Wie viel Nähe/ Distanz braucht die Liebe? Können wir jemanden aus der Distanz lieben oder müssen wir denjenigen, den wir lieben, in unserer Nähe haben?
Eine Fernbeziehung passt überhaupt nicht in mein Leben, das wäre nichts für mich. Wenn ich meinen Partner sehen oder in seiner Nähe

sein möchte, dann wünsche ich mir, dass es spontan auch möglich ist, was in einer Fernbeziehung nicht geht.

Mit wem möchtest du den Rest deines Lebens verbringen?
Mit meinem Seelenpartner. Mit meinem Sohn, meiner Familie und allen, die ich liebe. Sie sollen alle in meinem Leben bleiben! Auch meine Tiere. Ich bin offen für Neues und freue mich auch auf die Leute, von denen ich heute noch nicht weiß, dass wir den Rest unseres Lebens zusammen verbringen werden.

Glaubst du an Bestimmung/ Schicksal? Gibt es Menschen, die für uns bestimmt sind?
Ja, ich glaube an Seelenverwandtschaft. Wenn du jemandem begegnest und gleich eine starke Verbindung mit ihm fühlst, kann es sein, dass ihr Seelenpartner seid. Seelenpartnerschaft ist ein sehr starkes Gefühl, eine Verbindung, die nicht getrennt werden kann. Wir alle haben unsere Aufgaben hier auf dieser Welt und müssen uns weiterentwickeln. Wenn Seelenpartner ihre Aufgaben gegenseitig erfüllt haben, kann es sein, dass sie sich wieder trennen. Das Band zwischen ihnen wird jedoch nie gekappt. Manchmal treffen sie sich im Leben wieder. Ich glaube, das wird vom Universum (vor)bestimmt.

Hast du unerklärbare/ magische Situationen erlebt? Beschreibe diese.
Ja, manchmal fühle ich Verbindungen zu Menschen aus dem Jenseits. Es fühlt sich so an, als wären sie hier, sehen kann ich sie allerdings nicht.

Wovor hast du Angst, was ist deine größte Befürchtung?
Ich habe drei große Ängste: dass meinem Kind etwas Schlimmes zustoßen könnte, vor Feuer und dass ich irgendwann kein Geld mehr habe und nicht weiß, wovon ich leben soll.

Gibt es jemanden, für den du sterben würdest?
Meinen Sohn.

Was macht dich verletzlich?
Liebe macht mich verletzlich, weil ich dann mein Herz öffne. Aktuell ist es verschlossen, weil ich nicht noch einmal verletzt werden möchte.

Was verletzt dich? Wie reagierst du darauf?
Böse Menschen und Energiefresser in meinem direkten Umfeld. Worte können sehr verletzen. Wenn jemand böse über mich denkt und ein falsches Bild von mir abgibt, das verletzt mich. Früher dachte ich, ich könnte etwas dagegen tun und wollte es mit aller Macht ändern. Ich wollte, dass alle Menschen mich mögen. Inzwischen habe ich es gelernt, dass es nichts mit mir zu tun hat und dass manche Menschen einfach nicht empathisch oder einfach dumm sind. Seitdem kann ich damit besser umgehen und mich mehr abgrenzen.

In welcher Situation neigst du zur Überreaktion? Was bringt dich aus der Fassung?
Vieles bringt mich nicht mehr aus der Fassung. Ungerechtigkeiten und Lügen machen mich heute noch sehr wütend.

Gibt es etwas, was dich traurig macht? Bringt dich etwas zur Verzweiflung?
Zur Verzweiflung bringt mich nichts mehr, seitdem ich auch im Schlechten etwas Gutes sehen kann. Es gibt jedoch vieles, was mich traurig macht. Aktuell brauche ich nur herauszuschauen, was in der Welt passiert. Ich habe das Gefühl, dass wir nicht die Wahrheit übermittelt bekommen und manipuliert werden. Ich erlebe, dass Familien nicht mehr wissen, wie es weitergeht, nicht genug zu essen oder zu schenken haben. Es gibt andere Länder, in denen die Kinder hungern. Ich sehe, wie Menschen unempathisch miteinander umgehen. Ich erfahre, wie Tiere gequält werden. Die Schnelllebigkeit der Welt, die Wegwerfgesellschaft. All das macht mich sehr traurig!

Vieles davon kann ich nicht ändern, daher versuche ich in jedem Tag etwas Schönes zu sehen und freue mich, wenn ich sehe, wie viel ich schon damit bewirken kann, wenn ich beim Einkaufen jemanden anlächele.

Hast du eine kritische Situation erlebt, die dich physisch und/ oder emotional an deine Grenzen gebracht/ gebrochen hat? Wie bist du damit umgegangen?
Die erste Trennung von meinem Seelenpartner. Ohne meinen Sohn und meinen Tieren hätte ich keine Kraft gefunden, aus dem Tief wieder herauszukommen und weiterzumachen. Wie schlimm Liebeskummer sein kann, wusste ich davor nicht. Ich konnte nichts mehr essen und nicht mehr schlafen. Die Situation hat mich absolut an meine Grenzen gebracht, doch dafür lebe ich zu gerne und würde daher niemals aufgeben.

Was war die schwierigste Entscheidung deines Lebens?
Die Trennung von meinem Seelenpartner. Nach zwei Jahren musste ich mich gegen diese Beziehung entscheiden, weil die mir nicht gutgetan hat und ich daran kaputt gegangen wäre. Jetzt, nachdem ich alles hinter mir lassen konnte, ist alles wieder gut und ich weiß, dass es mir in der Form nie wieder passieren wird. Ich werde mich nie wieder in einer Beziehung so verlieren.

Wie gehst du im Allgemeinen mit Herausforderungen um?
Ich finde jede Herausforderung toll und nehme die auch alle an. Scheitern finde ich nicht schlimm. Einen Plan B und C sollten wir allerdings immer parat haben.

Welche Situation hat dich in deinem Leben stärker gemacht? Inwiefern?
Die Zeit nach der Trennung von meinem Seelenpartner, in der ich in jeder Hinsicht an meine Grenzen kam, alles verlor und bei Null wieder anfangen musste. In der Zeit lernte ich mich und meine Stärken besser kennen. Es war ein kompletter Neuanfang und ich kam definitiv stärker aus dieser Krise heraus.

Wie schaffst du es, dein emotionales Gleichgewicht wiederherzustellen/ aufrechtzuerhalten?
Wenn ich die Wut in meinem Bauch fühle, atme ich sie weg und versuche ein schönes Erlebnis in Erinnerung zu rufen. Dadurch werde ich ruhiger. Das ist eine Trainingssache, die jeder schafft. Wenn es mir mal emotional nicht so gut geht, weiß ich, dass es meistens am nächsten Tag wieder gut wird. Ich höre dann schöne Musik und besinne mich. Es war früher nicht immer so einfach und war ein langer Lernprozess, bis ich es geschafft habe, mir zu sagen, dass nicht alles so schlimm ist und es wieder gut sein wird.

Was war der beste Ratschlag, den du jemals erhalten hast?
Mir hat mal jemand gesagt, dass ich Reitlehrerin werden sollte und das bin ich geworden. Das war der beste Ratschlag, den ich jemals bekommen habe und dafür bin ich ewig dankbar.

Möchtest du jemandem etwas beweisen? Wenn ja, wem?
Nein, niemandem.

Wie wichtig ist es dir, was andere über dich denken?
Mittlerweile ist es mir unwichtig.

Woran hältst du fest?
An meinen Werten, an meinen Zielen und an jeden, der bei mir bleiben möchte.

Hast du ein Ziel/ Ziele in deinem Leben? Wie realisierst du diese?
Mein Lebensziel habe ich erreicht, ich wollte Richterin werden. Alles, was ich wollte, habe ich im Leben erreicht. Na ja, Aachen wollte ich vielleicht noch reiten, dafür war ich leider nicht gut genug. Als Richterin bin ich für Aachen wahrscheinlich schon zu alt. Ansonsten bin ich da, wo ich sein wollte und sein will.

Wenn du auf dein bisheriges Leben zurückblickst, worauf bist du stolz?
Auf meinen tollen Sohn bin ich sehr stolz. Auf alles, was ich geschafft habe, bin ich auch stolz und darauf, dass mich dahin so viele Menschen begleitet und mir den Weg geebnet haben. Ich bin heute vollkommen bei mir angekommen und habe ein Leben, das ich großartig finde. Darauf bin ich stolz.

Gehst du denselben Weg weiter? Worauf freust du dich?
Auf die nächste Turniersaison, auf die Leute, die ich kennenlernen werde und auf die tollen Pferde!

Worauf achtest du zukünftig mehr? Hast du Zukunftsängste?
Ängste habe ich nicht, ich bin nur besorgt, wie es zukünftig in der Welt und bei uns weitergeht. Wenn ich es schaffen würde, würde ich zukünftig gerne etwas weniger naschen und müsste dringend auch lernen, *nein* zu sagen. Etwas mehr Zeit für mich zu haben und nicht immer Vollgas zu geben, wären schon gut.

SÖREN

erzählt über die Kunst der Gelassenheit und über sein erfolgreiches Leben in Balance und in Liebe inmitten seiner Patchworkfamilie und warum Verlässlichkeit so ausschlaggebend ist

Hast du ein Lebensmotto?
Nach festen Prinzipien habe ich nie gelebt und von daher habe ich
auch kein Lebensmotto. Was ich im Arbeitsleben und auch in anderen Bereichen meines Lebens angewandt habe, ist das *Pareto-Prin-
zip*. Ich versuche mit geringerem Aufwand ein möglichst hohes Ergebnis zu erzielen und sortiere aus, was mir nicht so wichtig ist oder
beschäftige mich damit nicht übermäßig. Einige sagen mir nach,
dass ich eher ein Laisser-faire-Typ oder gar ein Lebenskünstler sei,
was allerdings übertrieben ist.

**Wenn du ein Buch schreiben würdest, um welches Thema würde
es sich handeln?**
Ich würde über etwas ganz Banales schreiben, über die *Faszination
Fußball*. Ganz bewusst sage ich *Faszination*. Ich finde Fußball faszinierend und versuche immer wieder mal den einen oder anderen
dafür zu begeistern und einzufangen. Über diese Begeisterung, die
für viele nicht nachvollziehbar ist, würde ich schreiben.

Welches Buch würdest du anderen unbedingt empfehlen? Warum?
Ich bin nicht der Vielleser, was Bücher angeht, daher ist meine Aus-
wahl relativ beschränkt. Sehr gut finde ich von Frank Schätzing *Was,
wenn wir einfach die Welt retten?* Es ist ein Sachbuch, das die Probleme plastisch darstellt, wie sie sich zusammensetzen und auch die
Kipppunkte, wann es alles nicht mehr zu reparieren ist. Ich fand es
schlüssig und auch wichtig, dass wir uns mit dem Thema Klima-
schutz tiefgehender beschäftigen, als nur darüber zu reden.
   Einen ganz alten Klassiker, den ich schon mehrfach auch ver-
schenkt habe, würde ich auch empfehlen, von Hermann Hesse *Nar-
ziss und Goldmund*. Für mich ist das eins der emotionalsten und
schönsten Bücher.

**Mit wem hattest du zuletzt eine tiefgreifende Diskussion und wo-
rüber?**
Im Rahmen eines unseres Stammtisches mit Freunden primär über
Politik und Wirtschaft, also langweilige Themen. ;-)

Was ist für dich das Wichtigste im Leben?
Das Wichtigste für mich ist, dass es meinen nächsten und engsten
Personen gut geht, meinem Sohn, meiner Frau und ihren Kindern
und natürlich ist es mir auch wichtig, dass es mir gut geht. Auch
Dankbarkeit dafür, wenn es uns gut geht, denn nichts ist selbstver-
ständlich im Leben!

Was bedeutet für dich ein erfülltes Leben?
Erfüllt ist für mich der Reichtum als solches, wenn ich Kinder habe
– was uns gegeben ist – und das emotionale Miteinander. Auch, dass
ich vieles aufnehmen kann wie andere neue und verschiedene Eindrücke aus Gesprächen und aus unseren Reisen. Diese gehören für
mich zum erfüllten Leben dazu. Darunter verstehe ich nicht zwei
Wochen Strandurlaub irgendwo, sondern fremde, neue Länder und
Städte erleben und dort wirklich eintauchen. Das hat bei mir einen
hohen Stellenwert.

Was macht dich glücklich?
Das ist alles ein bisschen miteinander verbunden. Wenn meine
Liebsten zufrieden sind, wenn es meiner Frau und meinem Sohn
gut geht, dann geht es mir auch gut. Umgekehrt gilt es auch, wenn es
also ihnen nicht so gut geht, dann fühle ich mich auch nicht glücklich. Es ist eine gegenseitige emotionale Abhängigkeit. Gemeinsame schöne Momente und Eindrücke zum Beispiel in einer schönen
Landschaft, können mich sehr glücklich machen. Solche Momente
erlebe ich immer wieder.

Wobei fühlst du dich lebendig?
Draußen zu sein und in Bewegung zu sein, beim Spazierengehen,
Laufen und Wandern. Natürlich auch dabei, die Liebe zu leben mit
den damit verbundenen Gefühlen!

Was bedeuten für dich Erfüllung, Erfolg und Glück?
Erfolg ist eher das Berufliche, was ich gerne mit dem geringeren Aufwand erreicht habe, was allerdings nicht heißt, dass ich dort nicht
auch Erfolg haben wollte. Das war mir nicht ganz unwichtig, schon,
weil es sich auch im Portemonnaie ausgewirkt hatte. Ich wollte nur
nicht mein ganzes Leben auf meinen Beruf ausrichten. Es gab zwei
entscheidende Gespräche, in denen ich Angebote deshalb abgelehnt
hatte, weil ich sonst privat nicht mehr derselbe Mensch geblieben
wäre. Ich wäre nur noch fremdgesteuert gewesen und meinen Ter-
minkalender hätten andere für mich bestimmt. Das wollte ich nicht.
Während der Woche nicht bei meiner Familie, sondern in einer anderen Stadt zu sein, kam für mich auch nie infrage. Die Nähe zu meinen engsten Familienmitgliedern war mir schon immer wichtig.

    Erfüllung und *Glück* gehen bei mir in den privaten Bereich. Dazu
gehört auch natürlich die Liebe dazu. Darüber, dass ich Liebe immer geben konnte, davon genug hatte, es zeigen und auch empfan-
gen konnte, bin ich sehr glücklich. Ich finde es schön zu lieben.

Wie viel Familie verträgt ein erfülltes Leben?
Ich habe es so gesucht und gefunden, dass ich mich nicht komplett
in den Beruf einbrachte und dort trotzdem meine Erfolgserlebnis-
se hatte. *La Familia* war mir immer am wichtigsten. Nach meiner
Scheidung damals habe ich mit meinem Sohn jahrelang zusammen-
gelebt und empfand das als großes Glück. Schon damals habe ich
mein Leben darauf ausgerichtet. Meine engste Familie ist mir am
allerwichtigsten, sie ist meine Erfüllung.

Was ist deine Kraftquelle? Sind Familie und Freunde Kraftquellen?
Ja, meine engste Familie und unsere Reisen sind meine Kraftquellen.

Was bedeutet Zuhause für dich? Wo fühlst du dich zu Hause?
Da, wo ich mich wohlfühle, fühle ich mich zu Hause. Hier, wo wir
wohnen und auch im Ausland, gibt es bestimmte Punkte, wo wir jedes Jahr hinfahren. Zum Beispiel in Italien an den Ort, an dem wir
geheiratet haben. Wenn wir da ankommen, fühlen wir uns jedes Mal
zu Hause.

Was bedeutet Freiheit für dich?
Freiheit bedeutet für mich, dass ich machen kann, was ich will. Wir
leben hier in einem Land, das immer noch sehr viel Freiheiten bie-
tet. Freiheit für mich ist auch, dass wir überall hinkönnen, wenn
wir wollen, machen und äußern können, was wir für richtig halten,
selbst wenn es nicht dem Mainstream entspricht.
   Wenn ich jetzt in einer Beziehung bin, in der ich mich nicht eingeschränkt fühle, ist es auch Freiheit für mich.

Beschreibe deine Beziehung zu dir selbst.
Ich bin mit mir im Reinen und keinesfalls selbstverliebt, sondern
eher selbstkritisch und auf dem Teppich geblieben. Insgesamt bin
ich damit, wie ich das bisher alles so hinbekommen habe, mit ein
paar Ausnahmen zufrieden.

Beschreibe deine Beziehungen zu deinen Freunden.
Sehr heterogen. Ich tausche mich gerne aus und finde andere Meinungen als meine, auch verschiedene Reiseberichte interessant.
Freunde bereichern mein Leben. Enge Freunde, mit denen ich vieles bespreche oder mit denen wir viel zusammen sind, mal auch in
den Urlaub fahren, habe ich eine Handvoll. Aus meinen früheren Le-
bensabschnitten sind bis auf einen sehr guten Freund keine Freunde
übrig geblieben. Mit diesem Einen kennen wir uns seit der Schulzeit

und treffen uns regelmäßig. *Er* ist eine Konstante in meinem Leben.

Wer sind die wichtigsten Menschen in deinem Leben?
Dazu habe ich schon was gesagt, dem ist nichts mehr hinzuzufügen.

In welchem Verhältnis stehen Freiheit und Beziehung zueinander?
Dazu kommt für mich die Frage *Was willst du, was erwartest du von deiner möglichen Freiheit?* Für mich kann ich sagen, dass sie in einem sehr guten Verhältnis zueinander stehen. Ich habe alle Freiheiten, die für mich relevant sind. Es gibt keine Dinge, die ich gerne machen würde oder die ich nicht machen kann, weil ich in einer Beziehung bin. Das war nicht immer so, nur in dieser Beziehung, und das hat sie noch mehr gefestigt.

Wie viel Präsenz braucht eine Beziehung?
Wir haben uns jahrelang nur an den Wochenenden und vielleicht noch einmal in der Woche gesehen, das hat unserer Beziehung nicht geschadet. Wir müssen nicht permanent zusammen sein. Wenn wir es sind, dann ist es entscheidend, dass wir damit gut umgehen können. Wenn wir beide nicht mehr arbeiten und über mehr gemeinsame Zeit verfügen, werden wir das neu gewichten. Ob eine permanente Präsenz, wie es einige vielleicht können, immer so sinnvoll ist, weiß ich nicht.

Du lebst in einer langjährigen Partnerschaft. Warum hast du gerade sie gewählt? Was schätzt du an ihr? Was hält euch zusammen?
Ja, das haben wir uns auch schon oft gefragt, wir sind seit achtzehn Jahren zusammen. Das Ganze zählt und die Freiheiten, die wir gegenseitig haben. Wir sind im Prinzip autark und könnten wirtschaftlich jeder Zeit unser eigenes Ding machen. Diesbezüglich sind wir von einander nicht abhängig und das ist für uns beide ein gutes Gefühl. Dass unser Patchwork mit unseren Kindern von Anfang an gut miteinander funktioniert hat, war uns auch wichtig. Wir haben außerdem viele gemeinsame Interessen, gehen gemeinsam ins Theater, ins Kino, in Konzerte und verreisen auch gerne zusammen. Vielleicht war auch der Zeitpunkt unseres Kennenlernens ein Vorteil. Unsere Kinder waren damals sechs, acht und zehn Jahre alt, den Breakpunkt des Kinderkriegens hatten wir also beide bereits hinter uns, wonach viele Paare es leider nicht zusammen hinbekommen, weil sich in der Beziehung so viel verändert.

Gibt es in deinem näheren Umfeld Menschen, deren Beziehung du bewunderst?
Eigentlich nicht in dem Sinne. Es gibt mir bekannte Paare, die schon immer zusammen waren oder mein bester Freund, der seit über vierzig Jahren mit seiner Frau zusammen ist. Das finde ich schon toll! Es ist nicht so, dass ich es auch bewundern würde.

Wie wichtig ist Treue in einer Beziehung?
Treue ist für mich heute elementar. Ich glaube, das hängt auch mit der Lebensphase zusammen. Wenn ich auf mein Beziehungsleben von früher zurückblicke, finde ich, dass Treue für mich in jüngeren Jahren nicht so spielentscheidend war wie heute. Das ist nur meine Vermutung, denn ganz früher war ich nicht immer treu. Andersrum fand ich es auch nicht toll, kam nur besser damit zurecht. Mit den Jahren haben sich meine Akzeptanz und meine Schwerpunkte gewandelt. Treue ist heute für mich viel wichtiger, als es früher war. Mit solchen Nebenkriegsschauplätzen möchte ich mich im Alter nicht mehr auseinandersetzen.

Wie stehst du zu Ehrlichkeit? Ist sie in jeder Situation ratsam? Bist du zu dir selbst ehrlich?
Mir und meiner Frau gegenüber bin ich ehrlich. Auch das hat sich mit zunehmender Lebenserfahrung geändert. Ich bin auch im sonstigen Leben ehrlicher geworden gegenüber Freunden, deren Ehrlichkeit ich andersrum auch erwarte. Auch im Berufsleben war es leichter, mit mehr Standing eigene Fehler einzugestehen und klar zu kommunizieren.

Was ist Liebe?
Gute Frage. Darüber alleine könnten wir schon mal lange debattieren. Es gibt so viele Formen der Liebe! Auf jeden Fall etwas hoch Emotionales. Wenn ich liebe, kann es sein, dass ich erwarte, auch geliebt zu werden. Es kann sein, philosophisch betrachtet, sollte nicht sein. Liebe ist auch wenn ich jemanden so liebe, dass ich mir wünsche, dass er glücklich ist, selbst wenn er mich dafür erst mal verlässt. Das ist nicht so einfach, das können die meisten nicht. Ich könnte es, glaube ich, auch nicht. Die Liebe zum eigenen Kind ist die reinste und intensivste Form der Liebe, obwohl es auch Menschen geben soll, die ihr Kind irgendwie nicht lieben können. Es gibt dann noch die Liebe zu besonders schönen und intensiven Momenten, die fast schon kitschig sind. Auch die gibt es.

Ist Liebe auf den ersten Blick wahre Liebe?
Kann sein, muss nicht sein. Ich glaube eher, dass der zweite sogar der dritte Blick die besseren sind. *Woher soll beim ersten Blick die Liebe kommen?* Das ist eher nur ein oberflächliches oder erotisches Gefühl. Liebe entwickelt sich durch Gespräche und Erlebnisse, diese sind erst bei weiteren Begegnungen möglich.

Wie viel Nähe/ Distanz braucht die Liebe? Können wir jemanden aus der Distanz lieben oder müssen wir denjenigen, den wir lieben, in unserer Nähe haben?
Sowohl als auch. Wir haben beides erlebt. Immer nur Distanz finde ich auf Dauer zu wenig. In jungen Jahren geht es besser, glaube ich. Heute will ich die Distanz nicht mehr, weil ich es schön finde, jeden Abend zusammen ins Bett zu gehen und zu wissen, dass wir uns haben und wir auch zusammen sind.

Mit wem möchtest du den Rest deines Lebens verbringen?
Mit meiner Frau.

Glaubst du an Bestimmung/ Schicksal? Gibt es Menschen, die für uns bestimmt sind?
Ich glaube an gewisse schicksalhafte Wendungen und Entwicklungen. Ich denke an Zufallsmomente, wo ich denke, wenn es anders gewesen wäre, dass wir uns dann nicht kennengelernt hätten. Es gibt mit Sicherheit Menschen, die für uns bestimmt sind, dabei denke ich an *Topf und Deckel.* So ehrlich müssen wir jedoch sein und zugeben, dass es nicht nur *den einen* Menschen gibt. Rein theoretisch könnte es jemand anders auch sein, der ähnlich ist. Ob du diesen jemanden auch kennenlernst, ist die Frage. Du musst Glück haben und zum richtigen Zeitpunkt dem richtigen Menschen begegnen. Das ist dann Zufall, der aus dem Schicksal hervorgeht.

Hast du unerklärbare/ magische Situationen erlebt? Beschreibe diese.
Ja, besondere Momente haben wir auf unseren Reisen zum Beispiel mal in Süditalien erlebt. An einem Abend, an dem es eine besondere Stimmung und so ein tolles Licht gab, wo alles so ruhig wirkte, mit den steinigen Gebäuden im Hintergrund, fast magisch. In solchen Momenten drückst du dann auch mal die eine oder andere Träne weg, weil du so angefasst bist. Für magische Momente musst du auch empfänglich sein und diese als solche empfinden können. Es gibt Menschen, die dermaßen nüchtern sind, dass sie magische Mo-

mente nicht realisieren können.

Wovor hast du Angst, was ist deine größte Befürchtung?
Meine größte Befürchtung ist, dass meiner Familie oder mir selbst etwas Schlimmes wie ein Unfall oder Krankheit passiert.

Gibt es jemanden, für den du sterben würdest?
Spontan würde ich mal jetzt so sagen, dass ich für meinen Sohn oder für meine Frau sterben würde, ja.

In welcher Situation neigst du dazu überzureagieren? Was bringt dich aus der Fassung?
Es sind eher vermeintliche Kleinigkeiten, Lappalien, wenn der ganze Tagesablauf davor schon nicht gut war. Dann kann mich auch mal ein Satz auf die Palme bringen. Auch wenn ich mich unfair behandelt fühle. Ich bin Widder, meine Frau ist Steinbock, es kann bei uns also manchmal schon etwas lebhafter zugehen.

Gibt es etwas, was dich traurig macht? Bringt dich etwas zur Verzweiflung?
Wenn es in meinem nächsten Umfeld jemandem nicht so gut geht, dann leide ich mit und bin auch traurig.

Hast du eine kritische Situation erlebt, die dich physisch und/ oder emotional an deine Grenzen gebracht/ gebrochen hat? Wie bist du damit umgegangen?
Die Trennung von meiner ersten Frau war eine emotional sehr belastende Situation und Aufgabe. Im Umgang damit habe ich verschiedene Phasen durchlebt, war auch nicht immer unbedingt ruhig und sachlich dabei. Im Rückblick kann ich sagen, dass ich Gespräche mit Menschen geführt habe, denen ich vertrauen konnte und von denen ich Hilfe sowie andere Meinungen einholen konnte. Als mentalen Beistand und um auch eigene Fehler besser erkennen zu können. In dem Prozess musste ich Geduld lernen, um einfach auch mal abzuwarten und durchzuhalten. Das war nicht einfach. Meine größte Sorge war, dass mein Sohn nach der Trennung bei seiner Mutter leben würde. Dies war Gott sei Dank nicht so und das war dann für mich auch das entscheidende Signal für einen Neustart.
Im Rahmen der Trennung musste ich mich erst mal komplett neu *aufstellen*. Gerade in der Anfangsphase habe ich mich in kurze amouröse Abenteuer gestürzt, wonach ich mich eigentlich nur noch schlechter fühlte. Damit habe ich später aufgehört und eine ruhige-

re und bewusstere Phase eingeläutet. Ich denke, es ist wichtig, sich in dieser neuen Situation erst zurechtzufinden, um danach für eine neue feste Beziehung wirklich bereit und gefestigt zu sein. Es hat dann noch eine Weile gedauert, bis ich meine jetzige Frau kennengelernt habe und mich endlich wieder richtig verlieben konnte. Ich könnte also sagen, das Warten hat sich wirklich gelohnt!

Es war eine echte Belastung und Prüfung, nur wie so oft, du gehst daraus gestärkt hervor.

Was war die schwierigste Entscheidung deines Lebens?

Meine Erkenntnis aus der Tatsache heraus, dass meine erste Frau mir gegenüber nicht ehrlich war und ich daher keine Grundlage mehr für ein weiteres Zusammenleben sah. Das zu akzeptieren war sicher eine schwierige Entscheidung. Nur wenn du merkst, dass du dich auf deine vermeintlich nächste Person nicht mehr verlassen kannst und dich mit der Vorbelastung Stress, Misstrauen und Eifersucht nur noch aufreiben würden, musst du diesen Schritt akzeptieren und gehen. Selbst wenn es emotional trotzdem sehr wehtut!

Wie gehst du im Allgemeinen mit Herausforderungen um?

Herausforderungen gibt es viele und die meiste davon nehme ich gerne sportlich an. Dabei habe ich immer eine realistische Betrachtungsweise vor Augen. Gewisse Dinge, die ich zum Beispiel mit meiner mangelnden Schwindelfreiheit nicht bewältigen kann, lehne ich ab. Dazu gehören Aktivitäten in der Höhe oder Fallschirmspringen, Bungee Jumping oder Ähnliches. Andere sportliche Herausforderungen wie Marathonlaufen oder Bergwandern habe ich schon gemacht und finde es toll.

Welche Situation hat dich in deinem Leben stärker gemacht? Inwiefern?

Aus dem Umgang mit der Trennung und nach der Selbstreflexion bin ich aus der Krise gestärkt herausgekommen.

Wie schaffst du es, dein emotionales Gleichgewicht wiederherzustellen/ aufrechtzuerhalten?

Meine Lebenserfahrung gibt mir die Ruhe und die Gewissheit, mich auf mich selbst verlassen zu können und ich weiß, dass ich mich auch auf meine Mitmenschen verlassen kann.

Wir beschäftigen uns viel auf unseren Reisen auch mit dem Glauben des Buddhismus. Wie viele Menschen das Glück ganz anders erfahren und definieren, wie sie mit viel weniger leben und glücklich sind, das versuche ich mir als Vorbild zu nehmen. Auch wie sie auf ihre Mitmenschen achten, betrachte ich mit Bewunderung und Demut. Von ihnen können wir lernen, wie wir uns mehr Ruhe aneignen, uns im Leben etwas bescheiden und trotzdem nicht klagen.

Möchtest du jemandem etwas beweisen? Wenn ja, wem?
Nein, das Geltungsbedürfnis habe ich auch nicht.

Wie wichtig ist es dir, was andere über dich denken?
Im Laufe der Jahre ist es mir immer unwichtiger geworden. Ganz egal ist es mir heute noch nicht, nur nicht mehr so wichtig. Ich finde es gut, wenn andere wissen, wie ich ticke.

Woran hältst du fest?
An die *Liebe zu leben*. Ich gelte als recht zuverlässig und das möchte ich in allen Bereichen auch weiterhin sein, es leben und zeigen. Ehrlichkeit ist auch etwas, woran ich festhalte.

Hast du ein Ziel/ Ziele in deinem Leben? Wie realisierst du diese?
Ich möchte noch möglichst viel von der Welt sehen und es genießen, diesen Planeten in seinen ganzen Ausmaßen noch so erleben zu können.

Wenn du auf dein bisheriges Leben zurückblickst, worauf bist du stolz?
Froh und dankbar bin ich dafür, dass ich es beruflich gut hinbekommen habe und es mir gelungen ist, finanziell so gut aufgestellt zu sein, dass ich jetzt viel reisen kann. Auf meinen Sohn, der gradlinig ist und selbstbewusst durchs Leben geht. Auch auf unsere enge Verbundenheit bin ich sehr stolz.

Gehst du denselben Weg weiter? Worauf freust du dich?
Ja, wenn es gut läuft, dann gehe ich denselben Weg weiter. Ich freue mich auf viele schöne Momente, Erlebnisse, emotionale Augenblicke und hoffentlich auch noch tolle Reisen! Ich freue mich auch zu sehen, wie mein Sohn und die beiden Kinder meiner Frau, zu denen ich auch ein sehr gutes Verhältnis habe, sich in ihren Beziehungen weiterentwickeln, vielleicht auch mal auf eine Hochzeit! Dabei ist mein Herz etwas zwiegespalten. Auf der einen Seite freue ich mich natürlich sehr. Auf der anderen Seite frage ich mich nüchtern betrachtet, ob es unseren Kindern noch zuzumuten ist, wie es sich hier entwickeln könnte und ob es gut ist, Kinder in diese Welt zu setzen.

Was das Weltgeschehen und die Zukunft hier angeht, bin ich nicht sehr zuversichtlich.

Worauf achtest du zukünftig mehr? Hast du Zukunftsängste?
Auf jeden Fall werde ich mehr auf meine Gesundheit und auf meine Ernährung achten.

Zukunftsangst wäre zu viel gesagt, ich sehe persönlich die aktuelle Entwicklung weltpolitisch auch in Deutschland und klimatisch schon mit sehr gemischten Gefühlen. Ich sehe, dass unsere Kinder, die in diese Zeit mit hineinwachsen, ganz andere Sichtweisen haben als wir und auch anders mit diesen Problemen umgehen. Multikulturell, multinational, digital, technisch und sprachlich bestens ausgebildet. Sie könnten sich bei Bedarf überall in der Welt zurechtfinden und das finde ich beruhigend. Meine Frau und ich sind auch so getaktet, dass wir die kalten und nassen Wintermonate möglicherweise auch in Süd-Ost-Asien und den Sommer dann in Italien verbringen würden. Das können wir uns so auch gut vorstellen.

Gibt es weitere Fragen, die du in diesem Interview noch beantworten möchtest?
Glaube nicht, wir haben schon ganz schön viel besprochen.

JENNA

erzählt von ihrem Leben auf dem Bauernhof, wie sie dort zum selbstbewussten Menschen wurde mit einem gesunden Verhältnis zu sich selbst und dem Mut, so frei zu sein, zu reden und zu denken, wie sie ist

Hast du ein Lebensmotto?
Mir immer treu sein, mir immer treu bleiben. Alles, was ich tue, immer mit dem Herzen dabei sein. Keine halben Sachen machen.

Hast du ein Vorbild? Wenn ja, aus welchen Gründen gerade sie/ ihn?
Ja, mehrere. Pippi Langstrumpf ist mein Favorit, sie ist mutig, stark und unbeirrt. Meine Oma, weil sie unsere Familie immer zusammengehalten hat. Sie war unsere Basis und immer für uns da, ohne zu jammern. Sie wusste über alle und alles Bescheid.

Meine 75-jährige Freundin, die sehr selbstsicher und immer positiv ist, unabhängig von ihrem Umfeld und den äußeren Umständen. Ein 85-jähriger Kunde von mir, wie er es geschafft hat, sich selbst immer treu zu bleiben, seiner Intuition zu folgen und auf sein Bauchgefühl zu hören. Wie er aus menschlicher Sicht auf seine Angestellten immer achtete und damit erfolgreich und glücklich war. Mein Vater, wie er auf Nachbarschaftshilfe achtet. Meine Schwester für ihre Ausdauer, Klarheit und lässigen Humor. Mein Mann für seine klare Meinung.

Wenn du ein Buch schreiben würdest, um welches Thema würde es sich handeln?
Ich wollte immer schon ein Buch über Hühnergötter schreiben. Das sind die Steine mit einem Loch in der Mitte, Glücksbringer. Alle, die ich gefunden habe, wollte ich fotografieren, aufschreiben, wo und wann ich sie gefunden habe, mit einer Geschichte dazu. Ich bin auf dem Bauernhof groß geworden und dort unter den vielen Kieselsteinen lagen immer Hühnergötter. Meine Mutter erzählte mir, wie diese früher auf Fäden unter den Stangen im Hühnerstall aufgehängt wurden, um den Fuchs zu vertreiben, der nachts in den Hühnerstall gekommen war. Daher sind es Glücksbringer.

Außerdem wollte ich schon immer einen Klassiker aus Omas Rezepten schreiben, mit Fotos von ihr und mit schönen Geschichten.

Welches Buch würdest du anderen unbedingt empfehlen? Warum?
Momo von Michael Ende, weil es um die Wichtigkeit von Zeit geht und darum, wie wichtig die Zeit für unsere Freunde ist.

Auch *Die Kunst, ein kreatives Leben zu führen* von Frank Berzbach ist ein empfehlenswertes Buch, das ich gerade gelesen habe. Es lehrt kreative Leute, wie sie durch Struktur mit ihren vielen Ideen besser umgehen können.

Mit wem hattest du zuletzt eine tiefgreifende Diskussion und worüber?
Mit meinem vierzehn Jahre jüngeren Bruder an meinem Geburtstag. Ich habe vier Geschwister, wovon mit zweien die Beziehung nicht gut ist. Wir sehen uns insgesamt nicht allzu oft. Mein kleiner Bruder ist harmoniebedürftig und erwartet von mir, als große Schwester, mehr Initiative, die Geschwister zusammenzuhalten und mehr dafür zu tun, dass wir uns alle besser verstehen. Grundsätzlich hat er recht und obwohl ich denke, dass alle dafür etwas mehr tun könnten, brachte er mich zum Nachdenken.

Was ist für dich das Wichtigste im Leben?
Freunde, Liebe, Gesundheit.

Was bedeutet für dich ein erfülltes Leben?
Gesund sein. Mit meinen Freunden und so weit wir uns verstehen, auch mit meiner Familie viel zu unternehmen. Eine Aufgabe zu haben. Am Ende eines erfüllten Lebens möchte ich so gut gelebt haben, dass, wenn ich beerdigt werde, die Kirche voll ist.

Was macht dich glücklich?
Mich macht es glücklich, wenn mein Mann glücklich ist. Außerdem bin ich sehr dankbar, wenn der Energiekreislauf von Geben und Nehmen in meinem privaten und beruflichen Umfeld gut funktioniert.

Wobei fühlst du dich lebendig?
In der Bewegung und wenn ich für Dinge eine Lösung finde.

Was bedeuten für dich Erfüllung, Erfolg und Glück?
Erfolg ist die Bestätigung im Beruf. Erfüllung und Glück finde ich in meinem Privatleben. Mir ist das *Glücklichsein* wichtiger als der Erfolg. Wenn ich glücklich bin, fühle ich mich auch erfüllt.

Wie viel Familie verträgt ein erfülltes Leben?
Nicht so viel. Ich bin auf dem Bauernhof groß geworden und meine Eltern haben uns relativ frei leben lassen. Manche sagen, wir genossen keine Erziehung. Das sehe ich anders. Wir sind selbstständig, können uns klar formulieren und wissen, was uns guttut. Wir sind fünf selbstbewusste Menschen geworden und darüber bin ich immer froh. Ich erinnere mich an meine Mitschüler, die auf Klassenfahrten in der Jugendherberge abends immer zum Telefon mussten, um zu Hause anzurufen. Wir mussten das nie und das fand ich gut.

Den Sinn dahinter verstand ich nicht, warum die anderen das mussten, wenn nichts los und alles gut war. Auch später, als ich in der WG wohnte, fand ich komisch, dass meine WG-Kollegin ihre Eltern alle zwei Tage anrief.

Meine Eltern lebten immer schon ihr eigenes Leben, wir Kinder waren außen vor und uns selbst überlassen. Das Interesse dafür, was wir Kinder machten, war nie oberste Priorität meiner Eltern, sondern ihr eigenes Leben im positiven Sinne. Solange es uns gut ging, trauten sie uns zu, dass wir unser Leben schafften und kümmerten sich nicht besonders um uns. Als nachteilig empfinde ich heute den fehlenden Familienzusammenhalt. Im Gegensatz zu anderen Familien kümmern wir uns auch heute nicht gegenseitig und feiern auch keine Familienfeste zusammen. Manchmal denke ich, ein bisschen mehr Interesse wäre schöner. Andererseits sehe ich, wie meine Freunde mich besser verstehen als meine Familie. Meine Mutter und ich haben kein enges Verhältnis zueinander. Damit haben wir beide weniger Probleme als unser Umfeld, dessen Erwartungen mich als Tochter, die sich um ihre Eltern mehr kümmern sollte, bedrücken.

Was ist deine Kraftquelle? Sind Familie und Freunde Kraftquellen?
Meine Kraftquellen sind mein Mann und meine Freunde. Auch draußen im Garten, bei den Tieren oder bei handwerklichen Aktivitäten und wenn ich kreativ sein kann, kann ich Kraft tanken.

Was bedeutet Zuhause für dich? Wo fühlst du dich zu Hause?
Wo meine lieben Menschen und meine Freunde sind, da bin ich zu Hause. An einem Ort ist mir relevant, welche Menschen da sind, damit ich mich dort zu Hause fühlen kann.

Was bedeutet Freiheit für dich?
Wenn ich tun und lassen kann, was ich will. Ein Tag ohne Termine, an dem ich alles einfach machen kann, ohne nachzudenken. Freiheit ist auch sagen zu können, was ich denke, ohne lange zu überlegen, ob der Satz richtig formuliert ist und ob ich mich möglicherweise in ein Fettnäpfchen setze. Ich möchte nicht, dass meine Worte auf die Goldwaage gelegt werden. Nicht in jeder Situation kann ich lange überlegen, manchmal möchte ich einfach meine Gedanken loswerden.

Beschreibe deine Beziehung zu dir selbst.
Gut. Ich kenne mich relativ gut, kenne meine Stärken und meine Schwächen. Ich weiß, was mir guttut, wenn es mir schlecht geht und

was ich lieber sein lassen soll, wenn es mir zu gut geht. Da bin ich mir relativ sicher.

Beschreibe deine Beziehungen zu deinen Freunden.
Offen, herzlich, tolerant, neugierig, pflegend, teilend, verbindend, hilfsbereit.

Wer sind die wichtigsten Menschen in deinem Leben?
Mein Mann. Zwei beste Freundinnen, von denen eine leider schon verstorben ist und die für mich ein Mutterersatz war. Mein Vater und meine mittlere Schwester. Mir sind alle Menschen in meinem Leben wichtig, daher ist es schwierig zu entscheiden, wer die wichtigsten sind.

In welchem Verhältnis stehen Freiheit und Beziehung zueinander?
Eine gute Frage. Ich war schon einmal verheiratet und mit meinem ersten Mann war es mit der Freiheit etwas schwierig. Er konnte damit nicht so gut umgehen. Das habe ich erst nach meiner Trennung gemerkt. In der Beziehung habe ich mich so stark angepasst, dass mit der Zeit dabei etwas verloren gegangen ist. Erst nachdem ich mich scheiden ließ, merkte ich, wie eingeschränkt ich war. Zehn Jahre lang war ich verheiratet und brauchte drei Jahre für die Trennung. Dann wurden plötzlich Kräfte in mir frei, wovon ich bis dahin nichts wusste und fragte mich, woher sie auf einmal kamen. Ich war überrascht!
Jetzt bin ich wieder verheiratet mit einem Mann, der genauso ein Freigeist ist wie ich. Er macht, was er denkt in Rücksprache mit mir, ich weiß daher, was er tut, und auch, dass es funktioniert. Er engt mich nicht ein und wir akzeptieren die Freiheit des anderen. Das finde ich gut und denke daher, seitdem ich ihn kenne, dass in einer gesunden Beziehung gesunde Freiheit dazu gehört.

Wie viel Präsenz braucht eine Beziehung?
Tägliche Präsenz finde ich schön, um uns einmal täglich zu sehen und auszutauschen, im Idealfall auch jeden Abend ins gleiche Bett zu gehen.

Du lebst in einer Partnerschaft. Warum hast du gerade ihn gewählt? Was schätzt du an ihm? Was hält euch zusammen?
Ehrlichkeit, Toleranz, Respekt, Freiheit und Mut. Sachen so zu machen, wie es andere nicht machen. Selbstbewusstsein so zu sein, wie du bist und Dinge auf deine Art zu sehen und zu denken. Offenheit,

Neugier, Aufgeschlossenheit und Interesse an anderen Menschen
sowie am Leben selbst.

Wie sieht für dich die ideale Beziehung aus?
So, wie meine zweite Ehe ist.

**Gibt es in deinem näheren Umfeld Menschen, deren Beziehung du
bewunderst?**
Meine Schwiegereltern, die nie schlecht über einander gesprochen
haben. Zwei befreundete Ehepaare, die es geschafft haben, für ihre
Kinder immer da zu sein, gleichzeitig Freiheit und eigene Meinung
zuzulassen und auch alleine als Paar unterwegs zu sein. Sie sind immer im Gespräch, mal auch rau und dabei herzlich.

Wie wichtig ist Treue in einer Beziehung?
Für mich ist es wichtig.

**Wie stehst du zu Ehrlichkeit? Ist sie in jeder Situation ratsam? Bist
du zu dir selbst ehrlich?**
Ich glaube, Ehrlichkeit ist nicht in jeder Situation unbedingt ratsam,
was nicht bedeutet, dass wir lügen sollten. Manchmal müssen wir
einfach nicht alles erzählen und können auch ein bisschen Wahrheit
weglassen.
   Zu mir selbst bin ich ehrlich, manchmal sogar zu ehrlich und zu
streng. Das würde ich gerne abschalten, was allerdings nicht geht,
weil es mich dann irgendwann wieder einholt. Wenn ich mir Sachen
schönrede, mache ich es bewusst, um Dinge zu relativieren und sie
mir nicht allzu schlimm zu machen.

Was ist Liebe?
Alles füreinander tun, einander immer helfen, für einander da sein.

Ist Liebe auf den ersten Blick wahre Liebe?
Sie kann es sein.

**Wie viel Nähe/ Distanz braucht die Liebe? Können wir jemanden
aus der Distanz lieben oder müssen wir denjenigen, den wir lieben,
in unserer Nähe haben?**
Ich glaube, um eine richtige Verbindung zu haben, müssen wir den
anderen auch sehen und in den Arm nehmen können. Daher finde
ich eine Beziehung auf Distanz schwierig.

Mit wem möchtest du den Rest deines Lebens verbringen?
Mit meinem Mann.

Glaubst du an Bestimmung/ Schicksal? Gibt es Menschen, die für uns bestimmt sind?
Ich glaube an Zufall und an Fügung. Wenn ich auf ein Paar treffe, das wie *Deckel und Topf* perfekt zueinander passt, dann denke ich, dass sie füreinander bestimmt sind. Ich würde es wahrscheinlich nur anders ausdrücken.

Wovor hast du Angst, was ist deine größte Befürchtung?
Später mal alleine zu sein. Krank und abhängig zu sein.

Gibt es jemanden, für den du sterben würdest?
Weiß ich nicht, kann ich mir schwer vorstellen.

Was macht dich verletzlich?
Wenn ich missverstanden werde und wenn die Leute mich für doof halten. Wenn ich unfair behandelt werde.

Was verletzt dich? Wie reagierst du darauf?
Erst mal reagiere ich gar nicht und gehe aus der Situation raus in den Hühnerstall oder spazieren. Ich brauche Ruhe, um nachzudenken und um mich zu sortieren. Erst nachdem ich die Situation für mich einsortiert und die richtigen Worte gefunden habe, kann ich darüber sprechen. Wenn ich verletzt werde, gibt es meist schon eine Vorgeschichte, in der ich meine Meinung irgendwann auch geäußert habe. An dem Punkt, wo ich dann nur noch sprachlos bin, muss ich erst gehen.

In welcher Situation neigst du zur Überreaktion? Was bringt dich aus der Fassung?
Gar nichts. Wenn ich so weit gekommen bin, dass ich aufstehe und den Raum verlasse, dann bin ich bereits aus der Fassung. Das ist *meine* Art von Ausrasten. Dann brauche ich erst einmal Zeit, um die Vernunft zu finden und um mit der Situation sachlich, ruhig und vernünftig umzugehen. Sonst ärgere ich mich nur. Ausflippen und jemanden anschreien möchte ich nicht, weil ich es von anderen auch nicht erleben will.

Gibt es etwas, was dich traurig macht? Bringt dich etwas zur Verzweiflung?
Unverständnis, Respektlosigkeit, Ungerechtigkeit, Unfairness und wenn ein Mensch stirbt.

Hast du eine kritische Situation erlebt, die dich physisch und/ oder emotional an deine Grenzen gebracht/ gebrochen hat? Wie bist du damit umgegangen?
An meine physischen Grenzen brachte mich als kleines Kind das Kaninchenfüttern im Winter. Es war draußen so furchtbar kalt, dass meine Füße fast abgefroren sind. Das hört sich doof an, aber das fand ich damals ganz schlimm. Ich musste da trotzdem durch, bis alle Kaninchen gefüttert waren. Dass jede quälende Situation irgendwann vorbeigeht, weiß ich seitdem. Nur einmal die Zähne zusammenbeißen, danach wird wieder alles gut.

Psychisch brachte mich einmal die Tochter meines Mannes durch ihre Hartnäckigkeit an meine Grenzen. Sie wollte unbedingt in den Familien-Skiurlaub fahren und konnte nicht verstehen oder akzeptieren, dass ich mit meinen verletzten Knöcheln so unsicher auf den Beinen war, dass ich das Risiko auf keinen Fall eingehen konnte, mitzufahren. Ich bin ein Mensch, der sehr selten *nein* sagt und wenn, dann meine ich es ernst. Wenn jemand es nicht respektiert, tut er mir physisch weh.

Was war die schwierigste Entscheidung deines Lebens?
Meine Scheidung war meine längste Entscheidung nach einem nicht einfachen Prozess, in dem die Situation immer nur schlimmer wurde, bis ich sie nicht länger aushalten konnte. Mein Mann hat sich so weit in sich hineingezogen, bis ein Zusammenleben mit ihm für mich nicht weiter möglich war.

Auch die Entscheidung, vom Angestelltendasein in die Selbstständigkeit zu wechseln, war eine größere Entscheidung, die etwas mehr Zeit brauchte. Nachdem ich mich entschied, ging der Rest von selbst und war auch nicht mehr schwierig.

Wie gehst du im Allgemeinen mit Herausforderungen um?
Einfach machen und wenn ich etwas nicht weiß, frage ich andere. Ich bin gut im Hilfeholen.

Welche Situation hat dich in deinem Leben stärker gemacht? Inwiefern?
Direkt nach dem Abitur bin ich für drei Monate nach Neuseeland

gereist. Davor war ich bis auf die Klassenfahrten und Besuchen bei meinen Großeltern nie verreist, wir haben uns immer nur um unsere Tiere gekümmert. Durch einen Bekannten erfuhr ich von der Möglichkeit, in Neuseeland gegen Kost und Logis zu arbeiten. In der Schule hatte ich immer eine Fünf in Englisch, mochte die Sprache trotzdem immer schon und übersetzte gerne Song Texte. Ich beschloss also nach Neuseeland zu fliegen und wusste, dass ich es irgendwie schon hinkriegen würde.

Das hat auch funktioniert. Das erste Mal fliegen! Ich bin durch Neuseeland getrampt, habe dort auf der Farm gearbeitet und mir mit meinem fünfer Englisch am Telefon Jobs besorgt. Obwohl ich Angst hatte, machte ich es einfach und hatte immer Glück, auf die richtigen Leute zu treffen. Bis heute pflege ich meine Kontakte und bin seitdem schon öfters nach Neuseeland gereist.

Diese Zeit war für mein ganzes Leben wichtig. In Neuseeland habe ich gemerkt, dass ein Ort immer in Abhängigkeit von den Menschen, die dort leben, schön ist. Nachdem ich alleine durch Neuseeland gefahren bin, traute ich mir auch zu, andere herausfordernde Situationen zu regeln. Diese Erfahrung ist insgesamt ein guter Rucksack, womit ich alle schwierigen Situationen in meinem Leben besser meistern kann.

Wie schaffst du es, dein emotionales Gleichgewicht wiederherzustellen/ aufrechtzuerhalten?
Meist gehe ich in den Hühnerstall. Ich habe zwölf Hühner und diese haben ein tolles Sozialleben. Es ist einfach schön, mich zu ihnen zu setzen, sie zu beobachten oder mich mit ihnen zu unterhalten. Sie kommen dann auch zu mir, sind lustig und können auch fies sein. Meine Hühner trösten und beruhigen mich.

Wie wichtig ist es dir, was andere über dich denken?
Früher war es mir wichtiger, heute ist es mir egal. In der Schulzeit litt ich darunter, dass ich nicht so schöne neue Kleider hatte wie die anderen. Zu Hause fand ich es nicht schlimm, weil meine Klamotten noch funktionierten, in der Schule schon. Dort verglich ich mich mit den anderen und wurde auch gehänselt.

Woran hältst du fest?
An meinen Werten wie Ehrlichkeit, Verlässlichkeit, Beständigkeit, mir selbst treu zu sein und Zuverlässigkeit.

Hast du ein Ziel/ Ziele in deinem Leben? Wie realisierst du diese?
Ich möchte ein ausgefülltes und gutes Leben führen, das ich genossen habe, wo ich vieles richtig gemacht habe, einiges auch falsch und immer so, dass es zu mir gepasst hat.

Wenn du auf dein bisheriges Leben zurückblickst, worauf bist du stolz?
Ich bin auf mich selber stolz, weil ich aus jeder Lebensphase immer meine Kontakte mitgenommen habe und bis heute die Zeit finde, diese zu pflegen und zu halten. Da ich nicht gerne telefoniere, schreibe ich oft Briefe oder verschicke Postkarten.

Gehst du denselben Weg weiter? Worauf freust du dich?
Ja, den Weg gehe ich weiter, allerdings beschäftigt mich seit längerem die Frage, wie lange ich noch fünf Tage die Woche am Computer arbeiten werde und wie ich mich mehr am Bauernhof beteiligen kann. Die Anforderungen meiner PC-Arbeit haben sich so ungünstig verändert, dass ich über eine neue Arbeitsaufteilung nachdenke. Mein Beruf ist in den letzten Jahren sehr schnelllebig geworden und ich merke, wie das Beschäftigen mit Tieren und die körperliche Arbeit auf dem Bauernhof mich erden. Auch körperlich und seelisch fühle ich mich dabei besser. In mir schlagen zwei Herzen. Die Grafik, mein selbstständiger Beruf, ist mir auch wichtig, das Gestalten mit Bild, Farbe und Text sowie Inhalte verständlich und visuell darzustellen. Die Mischung macht es!
Grundsätzlich bin ich mit meinem Lebensweg, meinen Entscheidungen und Intuitionen zufrieden und finde, dass ich im Leben bisher viel Glück hatte.

Worauf achtest du zukünftig mehr? Hast du Zukunftsängste?
Ich werde zukünftig darauf mehr achten, nicht mehr so fremdbestimmt zu sein und nicht alles, wonach ich gefragt werde, zu machen. Zukunftsängste hatte ich bis zu dem Moment nicht, bis einmal kein Geld mehr da war. Es hat mich verwundert, wie stark dieses Gefühl mit dem Geld verbunden ist. Das war mir früher nicht bewusst, bis ich nachts deswegen nicht mehr schlafen konnte. Den Verlust der finanziellen Sicherheit will ich nicht noch einmal erleben! Zur Freiheit gehört eine sichere finanzielle Basis der Existenz und das ist mir heute wichtig. Geprägt haben mich auch drei Unfälle, die uns in den letzten Jahren passiert sind. Diese haben mein Bewusstsein sofern verändert, dass ich heute weiß, dass wir auf uns und auf unser Tun mehr achten müssen.

Gibt es weitere Fragen, die du in diesem Interview noch beantworten möchtest?
Mir fehlen Fragen nach dem Tod.

Beschäftigst du dich schon mit dem Tod? Ja, ich finde es auch wichtig und gehe gerne auf Beerdigungen von mir wichtigen Menschen. Ich weiß, dass einige grundsätzlich nicht zu Beerdigungen von Freunden oder Familie gehen, weil sie es dort nicht mögen. Für mich ist wichtig, dabei zu sein und mich so mit dem Tod auseinanderzusetzen. Die Beerdigung sollte außerdem zum Verstorbenen passen, wir sollten ihn/ sie darin wiedererkennen. In Beerdigungskartenschreiben bin ich hingegen schlecht und benötige manchmal mehrere Monate, bis ich eine schreiben kann. Obwohl ich mich noch sehr gut daran erinnern kann, was mir jede einzelne Karte bedeutete, die ankam, als meine Oma starb.

Glaubst du an einem Leben nach dem Tod? Nein, das kann ich mir nicht vorstellen. Es ist insgesamt schwer vorzustellen, wie es ist, wenn es dieses *ich* nicht mehr gibt. Daran, dass die Verstorbenen von oben aus dem Himmel auf uns herunterschauen, glaube ich auch nicht.

Wie möchtest du sterben? Ich wünsche mir die offizielle Sterbepille. So möchte ich selbst entscheidend und unabhängig sterben, weil ich meinen Angehörigen die Tortur ersparen möchte. Ich habe keine eigenen Kinder und möchte nicht, dass die Kinder meines Mannes neben ihrer eigenen Mutter sich auch noch um mich kümmern müssen.

ULLI

erzählt mit erfrischender Leichtigkeit, was im Leben zählt, woher er weiß, wer er ist, wie er schätzt, was er hat und vermittelt dabei die Dynamik eines in sich ruhenden und glücklichen Menschen

Hast du ein Lebensmotto?
Sei glücklich, fühle dich frei, bleibe in Bewegung und genieße das Leben!

Hast du ein Vorbild? Wenn ja, aus welchen Gründen gerade sie/ihn?
Eine Kollegin von mir, die mich ausgebildet hat. Sie ist für ihr Alter total fit mit einem super Mindset und hat für alles eine coole Lösung, daran orientiere ich mich gerne.

Wenn du ein Buch schreiben würdest, um welches Thema würde es sich handeln?
EMBR mit TouchPoints ein Fachbuch über Coaching und das würde ich mit dieser Kollegin schreiben. Wir haben dazu auch schon eine Planung.

Welches Buch würdest du anderen unbedingt empfehlen? Warum?
Mit 50 Euro um die Welt: Wie ich mit wenig in der Tasche loszog und als reicher Mensch zurückkam von Christopher Schacht. Ein sehr schönes Buch, das den Sinn des Lebens widerspiegelt. Worauf wir uns fokussieren sollen, was wichtig im Leben ist und dass das Materielle eher eine untergeordnete Rolle spielt, um glücklich zu sein.

Mit wem hattest du zuletzt eine tiefgreifende Diskussion und worüber?
Mit meiner Frau über die Ansprüche an sich selbst, an das Leben und an die Erziehung, was unser Thema ist.

Was ist für dich das Wichtigste im Leben?
Meine Familie, Ausgeglichenheit, Freiheit und ein erfülltes Leben.

Was bedeutet für dich ein erfülltes Leben?
Dem Leben Sinn geben. Dinge tun, die einen Sinn ergeben. Anderen Menschen helfen. Andere Menschen weiterentwickeln. Ehrenamtliches Engagement. Meinen Sohn wachsen sehen und ein schönes Leben mit meiner Frau, meiner Familie und mit Freunden verbringen ...

Was macht dich glücklich?
... und das macht mich auch glücklich. Glücklich machen mich außerdem Sport und Bewegung in der Natur.

Wobei fühlst du dich lebendig?
In der Natur, draußen, in Bewegung, im Coaching bei meiner Arbeit,

mit meiner Familie zusammen und mit meinem Sohn in Verbindung zu sein.

Was bedeuten für dich Erfüllung, Erfolg und Glück?
... Das gibt mir Erfüllung, Erfolg und Glück zusammen.

Wie viel Familie verträgt ein erfülltes Leben?
Zu meiner Familie gehören noch meine vier Geschwister, zu denen ich einen guten Kontakt habe. Familie ist ein Teil vom erfüllten Leben. Sie steht für mich als Nr. 1 da, wobei eigene Freiräume und eigene Ich-Zeit schon wichtig sind, weswegen *nur* Familie zu viel wäre.

Was ist deine Kraftquelle? Sind Familie und Freunde Kraftquellen?
Familie und Freunde sind auf jeden Fall Kraftquellen. Mein Beruf, meine Berufung, also das Coaching, Menschen in die Kraft zu bringen. Sport, Bewegung, Meditation und *bei sich sein* auch.

Was bedeutet Zuhause für dich? Wo fühlst du dich zu Hause?
:-) Da, wo ich wohne.

Was bedeutet Freiheit für dich?
Das zu tun, was ich will, selbstbestimmt zu sein. Mein Leben selber zu planen, eigenverantwortlich zu sein. Meine Bedürfnisse zu erfüllen und auch die meiner Familie. All das bedeutet Freiheit für mich.

Beschreibe deine Beziehung zu dir selbst.
Natürlich sensationell. ;-) Insgesamt sehr gut. Der innere Kritiker, der früher häufiger mal da war, ist kaum noch da. Ich habe lange an mir gearbeitet. Deswegen kann ich gut mit mir selbst, kann mich gut selber aushalten und bin auch gerne mit mir selber.

Beschreibe deine Beziehungen zu deinen Freunden.
Gut, keine Konflikte. Hier und da könnte noch intensiver sein. Es liegt nicht am Zeitmangel - den gibt es nicht - eher an unterschiedlichen Lebensphasen und unterschiedlicher Weiterentwicklung. Ich habe einen sehr guten Freund, der zum Beispiel gerade Kinder bekommen hat und unser Sohn ist schon zehn. Das ist für den Moment, für diese Phase ein bisschen entfernter und das wird sich wieder annähern.

Wer sind die wichtigsten Menschen in deinem Leben?
Mein Sohn und meine Frau, meine Geschwister, meine engsten

Freunde und meine Schwiegermutter. Sie hilft uns viel und wir haben ein sehr gutes Verhältnis.

In welchem Verhältnis stehen Freiheit und Beziehung zueinander?
Das ist das Natürlichste in einer Beziehung, weil eine Beziehung auf Vertrauen basiert und wenn ich dem anderen im großen Maße vertraue, dann gebe ich ihm auch Freiheit.

Wie viel Präsenz braucht eine Beziehung?
Eine Beziehung braucht Präsenz. Nicht nur und es ist auch in Ordnung, wenn wir eine Zeit auseinander sind oder uns nicht sehen. Grundsätzlich ist Nähe in einer Beziehung wichtig.

Du lebst in einer Partnerschaft. Warum hast du gerade sie gewählt? Was schätzt du an ihr? Was hält euch zusammen?
In dem Moment, wo ich sie getroffen habe, wusste ich, dass sie die Richtige ist. Es hat einfach Klick gemacht. Sie sieht supergut aus und ist natürlich. Unsere gemeinsamen Interessen, gemeinsame Ziele, natürlich auch unser Sohn und unsere Liebe halten uns zusammen. Ich schätze auch ihre Nähe, ihre Verbindlichkeit, Weiterentwicklung, gute Unterhaltung und die intensiven Gespräche.

Gibt es in deinem näheren Umfeld Menschen, deren Beziehung du bewunderst?
Nein.

Wie wichtig ist Treue in einer Beziehung?
Vertrauen ist grundsätzlich sehr wichtig und da gehört Treue natürlich dazu. Treue zahlt auf das Konto Vertrauen ein und ist daher sehr wichtig.

Wie stehst du zu Ehrlichkeit? Ist sie in jeder Situation ratsam? Bist du zu dir selbst ehrlich?
Ehrlichkeit ist grundsätzlich wichtig, das ist ein schöner Wert. Sie ist nicht immer ratsam. Es gibt Situationen, in denen du unentspannter reingehst, zum Beispiel wenn du damit jemanden anderen, den Moment oder die Beziehung schützt und dann ist es in Ordnung, nicht ganz ehrlich zu sein. Zu mir selbst bin ich in großen Teilen ehrlich, ja.

Was ist Liebe?
Eine tiefe Verbindung, die du in dir spürst, die Schmerz, große Freude, große Verbindung und Glück auslösen kann.

Ist Liebe auf den ersten Blick wahre Liebe?
Es kommt darauf an. Liebe auf den ersten Blick kann wahre Liebe
sein, muss nicht. Es kommt dann auf das tägliche Leben an. Wenn
das Verliebtsein weg ist, erst dann sehe ich, ob es wahre Liebe ist.

Mit wem möchtest du den Rest deines Lebens verbringen?
Mit meiner Familie.

**Glaubst du an Bestimmung/ Schicksal? Gibt es Menschen, die für
uns bestimmt sind?**
Es gibt keine Zufälle, ob alles vorgeplant ist, weiß ich nicht. Irgendwo hat alles seinen Sinn. Wenn ich mit mir im Reinen bin und an mir
arbeite, dann ziehe ich andere Dinge und andere Menschen an, die
vielleicht für mein Leben bestimmt und für mich richtig sind.

**Hast du unerklärbare/ magische Situationen erlebt? Beschreibe
diese.**
Ja in meinem Coaching, vor allem, wenn ich mit Hypnose arbeite.
Da gibt es immer wieder magische Situationen, wo Menschen einfach viele Dinge für sich klären, wo auch im Nachgang viel Positives
passiert. Das sind dann magische Momente, die so erst mal nicht
erklärbar sind für diejenigen. Das sind tolle Situationen.
   Als eine magische Situation empfand ich sicherlich auch die Geburt unseres Sohnes. Das fand ich sehr aufregend, dass so etwas
geht. Dass der menschliche Körper zu so etwas in der Lage ist, finde
ich nach wie vor magisch.

Wovor hast du Angst, was ist deine größte Befürchtung?
Ich habe Höhenangst, dass ich runterfalle, wenn ich auf gewisser
Höhe bin. Diese schützt mich, daher behandele ich sie nicht selber,
sondern weiß, dass sie in mir eine tiefe Angst auslöst.

Gibt es jemanden, für den du sterben würdest?
Für meinen Sohn.

Was macht dich verletzlich?
Wenn es meinem Sohn, meiner Frau, engen Freunden oder Familie
nicht gut geht.

Was verletzt dich? Wie reagierst du darauf?
Ich habe mich in letzter Zeit nicht verletzt gefühlt, daher habe ich
auch keine Reaktion gespürt.

In welcher Situation neigst du zur Überreaktion? Was bringt dich aus der Fassung?

Mein Sohn hatte mal eine Herausforderung in der Schule und seine Lehrerin ist mit ihm damals unfair umgegangen. Sie hat ihn angegriffen. Daraufhin habe ich mit ihr ein Feedback Gespräch geführt und ihr eine wirkungsvolle Rückmeldung gegeben. Wir konnten dann die Situation auch klären.

Gibt es etwas, was dich traurig macht? Bringt dich etwas zur Verzweiflung?

Streitigkeiten zu Hause über Erziehung oder Ähnliches, wenn die Emotionen überschwappen, langwierigere Diskussionen. Nicht häufig, nur wenn sie mal überspitzen.

Hast du eine kritische Situation erlebt, die dich physisch und/ oder emotional an deine Grenzen gebracht/ gebrochen hat? Wie bist du damit umgegangen?

Vor vielen Jahren gab es mal eine Situation mit der Arbeit, als ich einen sehr herausfordernden Chef hatte, der mich stark kontrollierte und mich an meine Grenzen brachte. Ich bin damals durch diese Situation fast draufgegangen und habe mir daher eine andere Aufgabe gesucht.

Ich bin also aus der Situation rausgegangen. Wenn ich das nicht getan hätte, hätte es in Richtung Burn-out gehen können. Rückblickend, wenn wir betrachten, was mir wichtig im Leben ist, war es eine Situation mit einem guten Ausgang.

Was war die schwierigste Entscheidung deines Lebens?

Eine Rückenoperation, wobei ich damals meinen Körper komplett in die Fremdverantwortung geben musste, war die schwierigste Entscheidung meines Lebens. Ich habe alles gut überwunden.

Wie gehst du im Allgemeinen mit Herausforderungen um?

Lösungsorientiert. Ich überlege mir immer drei Lösungen. Wenn ich emotionale Herausforderungen aufkommen spüre, dann versuche ich in dieses Gefühl hineinzugehen und frage mich, was das mir gerade sagt und wie ich mich in der Situation weiterentwickeln kann. Bei Lösungsorientierung ist entscheidend zu gucken, mit welcher Lösung ich jetzt arbeiten kann.

Welche Situation hat dich in deinem Leben stärker gemacht? Inwiefern?
Die Herausforderung mit meinem Chef damals. Jeder Konflikt macht mich stärker, weil ich dadurch lerne. Jede Reibung und jede Herausforderung macht mich wieder stärker und vor allem jede Selbstreflexion.

Wie schaffst du es, dein emotionales Gleichgewicht wieder herzustellen/ aufrechtzuerhalten?
Durch Selbstreflexion ins Gefühl gehen, gucken, woher es kommt und was die Ursachen sind. Auch durch Sport, Bewegung, Natur, Achtsamkeit, Meditation.

Was war der beste Ratschlag, den du jemals erhalten hast? Was ist deine Erkenntnis?
Mich selbstständig zu machen. Ein Hinweis meiner Kollegin, die mir damals auch einen Job angeboten hatte. Das hat mich bestätigt, sodass ich den Weg selbstbewusst gegangen bin und den Mut hatte.

Möchtest du jemandem etwas beweisen? Wenn ja, wem?
Nö.

Wie wichtig ist es dir, was andere über dich denken?
Gar nicht. Wenn mir das wichtig wäre, wäre ich nicht mehr bei mir selber, sondern bei den anderen. Es gibt sicherlich *mal* eine Situation, wo es mir wichtig ist, was ganz vertraute Menschen denken, ansonsten weniger.

Woran hältst du fest?
Freiheit, Liebe, Verbundenheit, Dankbarkeit, Sinnhaftigkeit, Glück, Lebensfreude, Gesundsein, Verbindungen haben.

Was möchtest du loslassen?
Gewisse To-do und Dinge, die ich meine machen zu *müssen*, könnte ich durchaus noch etwas mehr loslassen.

Hast du ein Ziel/ Ziele in deinem Leben? Wie realisierst du diese?
Ja, familiäre Ziele wie der nächste Urlaub, gemeinsame Aktivitäten und berufliche wie Ausbildungsgruppen, neue Workshops, neue Kunden.
   Ich realisiere meine Ziele über ganz viel Glauben und indem ich mir vorstelle, wie sie schon eingetreten sind. Durch Visualisierung,

wie ich mir Ziele auch aufschreibe und wirklich messbar mache, auch die To-do-Listen und Aktivitäten dazu aufschreibe, um die Ziele zu erreichen.

Wenn du auf dein bisheriges Leben zurückblickst, worauf bist du stolz?
Auf meinen Sohn und auf meine Frau, die auch so einen tollen Weg geht und jetzt mit fünfzig Jahren noch eine Hebammen-Ausbildung macht. Auf meine persönliche Entwicklung und auf meine Selbstständigkeit, immer neue Werkzeuge zu lernen und vor allem wirkungsvoll bei meinen Kunden anzuwenden.

Gehst du denselben Weg weiter? Worauf freust du dich?
Ja, und ich freue mich auf jeden neuen Kunden, auf jeden Termin, auf jeden Workshop.

Worauf achtest du zukünftig mehr? Hast du Zukunftsängste?
Zukunftsängste habe ich nicht. Ich möchte die schönen Momente noch mehr wahrnehmen, noch mehr im Hier und Jetzt sein und auch die kleinen Dinge des Lebens noch mehr mit Freude annehmen. Ich möchte mehr genießen zum Beispiel das tägliche Essen, die Getränke ... Auch darauf möchte ich noch mehr achten.

Gibt es weitere Fragen, die du in diesem Interview noch beantworten möchtest?
Es waren jetzt fünfzig Fragen, also schon sehr umfangreich. Und ich bin jetzt mehr gespannt, was dein Buch für eine Wirkung haben wird und wie die anderen Interviewpartner geantwortet haben. Das finde ich auf jeden Fall spannend. Es sind Fragen zum Nachdenken oder auch zum Überlegen. Einige Fragen - bei mir jetzt weniger - führen andere vielleicht ein Stück weit auch in die Selbstreflexion rein und das finde ich gut!

MATHILDA

erzählt von weiblichen Vorbildern auf einem beruflichen Neuland in einer Männerwelt und wie wir alles, was wir wollen, durch Zielstrebigkeit erreichen können

Hast du ein Lebensmotto?
Alles ist Schicksal. Ich glaube daran, dass die wichtigsten Dinge in unserem Leben vorbestimmt sind. Alles geht nach Plan und wir begegnen den Menschen, wenn es denn sein soll. Ich bin ein zielstrebiger Mensch, setze mir immer neue Ziele und arbeite konsequent auf diese zu. An Zufall glaube ich nicht.

Hast du ein Vorbild? Wenn ja, aus welchen Gründen gerade sie/ihn?
Meine Mutter war mein Vorbild. Sie ist in einer Zeit geboren (1930), in der Frauen nichts zu sagen hatten, trotzdem setzte sie ihre Rechte zielstrebig durch. Sie verließ die kleine Stadt, in der sie geboren wurde und zog nach Hamburg, weil sie dort ihren Traumberuf erlernen konnte. Sie kämpfte sich in einer Großstadt durch, die sie vorher nicht kannte und behauptete sich in einem damals auch für Männer beruflichen Neuland, das vor ihr für Frauen komplett verschlossen war. Später boxte sie sich auch mit mir alleine durchs Leben und ließ sich von meinem Vater nichts gefallen. Sie war eine starke Persönlichkeit, tough und gradlinig.

Wenn du ein Buch schreiben würdest, um welches Thema würde es sich handeln?
Da ich Naturwissenschaftlerin und keine Geschichtenerzählerin bin, würde ich ein Fachbuch über mein Spezialgebiet schreiben.

Welches Buch würdest du anderen unbedingt empfehlen? Warum?
Eine Frage der Chemie von Bonnie Garmus. Es handelt um eine Frau in den Sechzigerjahren in Deutschland, die Chemie studiert hat in einer Zeit, in der es nicht selbstverständlich war, dass Frauen sich in den Naturwissenschaften betätigten. Erst wurde sie in dieser Männerwelt nicht angenommen. Später zeigte es sich, dass sie als Chemikerin weit fähiger war als alle ihre männlichen Kollegen. Die Geschichte erinnert mich sehr an das Leben meiner Mutter.

Mit wem hattest du zuletzt eine tiefgreifende Diskussion und worüber?
Mit Freunden im Urlaub darüber, was ein erfülltes und glückliches Leben ausmacht.

Was ist für dich das Wichtigste im Leben?
Meine Kinder sind mir am wichtigsten. Außerdem ist es mir noch sehr wichtig, dass ich das Lachen im Leben bewahre.

Was bedeutet für dich ein erfülltes Leben?
Zum erfüllten Leben gehört für mich der berufliche Erfolg und dass
es meinen Kindern und meinen Freunden gut geht.

Was macht dich glücklich?
In Momenten, in denen ich die Leichtigkeit des Lebens spüren kann,
wenn ich mit jemandem lachen kann, wenn andere glücklich sind,
dann fühle ich mich auch glücklich. Wenn ich die Lebensfreude und
das Vertrauen meines Hundes sehe, sobald er im Wasser ist, auch
dann bin ich glücklich.

Wobei fühlst du dich lebendig?
Beim Sport kann ich mich richtig auspowern, alles um mich herum
vergessen und mich sehr lebendig fühlen. Es geht nicht ums Gewinnen, sondern um den Spaß. Auch in lebhaften, interessanten Diskussionen, wobei ich mich gut weiterentwickeln kann.

Was bedeuten für dich Erfüllung, Erfolg und Glück?
Ein guter Freund hat es einmal so formuliert: *Erfolg ist, wenn du
anständig lebst, deiner Berufung nachgehst und etwas dazu beiträgst,
unsere Welt ein Stück besser zu machen. Wenn du oft lachst, viel liebst,
dich mit klugen Menschen umgibst und die Liebe deiner Kinder verdienst. Wenn du die Schönheit des Lebens auch in den kleinen Dingen
des Alltags siehst, das Gute in den anderen erkennst und dein Bestes
gibst. All das zusammen ist ein erfolgreiches, erfülltes und glückliches
Leben.* Es ist eine treffende Formulierung auch für mich.

Wie viel Familie verträgt ein erfülltes Leben?
Es kommt darauf an, welche Familie. Meine Kinder ertrage ich sehr
gut, schlechte Partner weniger. Ich bin ein Familienmensch und ich
liebe Familie, wobei mir Harmonie sehr wichtig ist.

Was ist deine Kraftquelle? Sind Familie und Freunde Kraftquellen?
Mein Hund, der Sport, meine engen Freunde, meine Kinder und
meine Tante, der ich alles erzählen kann.

Was bedeutet Zuhause für dich? Wo fühlst du dich zu Hause?
Früher habe ich mich da zu Hause gefühlt, wo die Familie ist. Nachdem ich aus unserem Haus ausgezogen bin, hat es etwas länger gedauert und seitdem meine Kinder viel da sind, fühle ich mich auch
in meiner neuen Wohnung mittlerweile zu Hause.

Was bedeutet Freiheit für dich?
Freiheit bedeutet für mich, dass ich machen kann, was ich will, entscheiden kann, was ich möchte und ich es auch tun kann, wenn es möglich ist.

Beschreibe deine Beziehung zu dir selbst.
Meine Beziehung zu mir selbst war immer von starkem Selbstbewusstsein geprägt und mich hat nicht interessiert, was andere über mich denken. Es gab eine Zeit, in der ich durch viele Höhen und noch mehr Tiefen gegangen bin, wo ich für mich selbst viel kämpfen musste. Diese Zeit war kompliziert und hat mich viel Kraft gekostet. Mittlerweile fühle ich mich wieder frei, selbstbewusst und sehr wohl mit mir selbst.

Beschreibe deine Beziehungen zu deinen Freunden.
Mit meinen guten Freunden pflegen wir eine enge Beziehung, an ihnen liegt mir viel. Andere Freunde habe ich nicht. In den vergangenen drei Jahren, seitdem ich von meinem Mann getrennt lebe, erfuhr ich, wer weiterhin zu mir steht und wer nicht. Einige Freundschaften habe ich dann beendet. Ich möchte mich nur noch mit Menschen auseinandersetzen, zu denen ich eine ehrliche Beziehung führen kann. Auch für oberflächliche Bekanntschaften habe ich weder Zeit noch Lust.

Wer sind die wichtigsten Menschen in Deinem Leben?
Meine beiden Kinder.

In welchem Verhältnis stehen Freiheit und Beziehung zueinander?
Bis jetzt habe ich nur eine Beziehung und Unfreiheit erlebt, daher ist für mich Freiheit ab jetzt ein *Muss*. Erst nach meiner Trennung erfuhr ich, dass es normal ist, wenn Menschen die Freiheit anderer akzeptieren und respektieren. So habe ich es davor leider nicht erlebt. Freiheit und Beziehung passen daher gut zusammen, beide sind für mich notwendig.

Wie viel Präsenz braucht eine Beziehung?
Jemanden, den ich liebe, in meiner Nähe zu wissen, finde ich schöner, kann mir aber vorstellen, dass eine Beziehung auch auf Distanz funktionieren kann. Zwar etwas komplizierter und mit einem gewissen Anreiz, weil du den anderen nicht so häufig siehst. Wenn ich es mir aussuchen dürfte, dann hätte ich lieber eine Beziehung auf Nähe. Ich möchte meinen Partner öfters sehen können, wobei mir

wichtig ist, dass wir uns gegenseitig Freiheiten gönnen.

Lebst du gerne alleine?
Nein.

Wie sieht für dich die ideale Beziehung aus?
Zu einer idealen Beziehung gehören für mich, dass wir zusammen lachen können, Nähe, Freiheiten und auch Gemeinsamkeiten. Wir sollten nicht alles doch einiges schon zusammen unternehmen können wie Reisen oder Tennis spielen. Berufliche Gemeinsamkeiten finde ich weniger wichtig als die Einstellung zur Familie. Einen Menschen, der Kinder oder Hunde nicht mag, kann ich nicht lieben.

Gibt es in deinem näheren Umfeld Menschen, deren Beziehung du bewunderst?
Ja, ein befreundetes Ehepaar führt eine glückliche Ehe. Sie respektieren sich gegenseitig und schränken sich nicht ein.

Wie wichtig ist Treue in einer Beziehung?
Sehr wichtig. Ohne Treue gibt es auch kein Vertrauen mehr.

Wie stehst du zu Ehrlichkeit? Ist sie in jeder Situation ratsam? Bist du zu dir selbst ehrlich?
Ehrlichkeit ist auch sehr wichtig. Ich bin immer ehrlich und erwarte es auch von den anderen, egal wie schwierig die Situation ist.

Was ist Liebe?
Das ist schwierig, auf diese Frage zu antworten. Liebe ist unterschiedlich. Du kannst jemanden mögen und akzeptieren, wie er ist, das ist Liebe. Liebe ist auch wenn du jemanden körperlich liebst. Im Idealfall passiert beides. Du kannst auch ohne körperliche Anziehung jemanden lieben. Am Anfang einer Beziehung dominiert meist die Leidenschaft, also die körperliche Liebe, die dann mit der Zeit schwindet und sich in Liebe umwandelt, die dann optimalerweise bis zum Ende so bleibt. Schön wäre ein Leben lang!

Meiner Erfahrung nach fangen in langjährigen Ehen irgendwann insbesondere Männer an, die Leidenschaft zu vermissen, obwohl sie ihre Ehe ansonsten als gut bezeichnen und alles zu haben scheinen. Es ist ein Thema, das ich gerne verstehen würde. *Warum reicht das Familienleben manchen nicht und warum suchen sie im Alltag nach der Leidenschaft, die sie meist nur noch extern finden, was sie dann vom Familienleben abkoppelt?!*

Ist Liebe auf den ersten Blick wahre Liebe?
Ja, für mich war mein Mann Liebe auf den ersten Blick, auch wahre Liebe, die dreißig Jahre lang hielt. Für mich hätte sie ein Leben lang gehalten, leider nicht für meinen Mann.

Mit wem möchtest du den Rest deines Lebens verbringen?
Mit dem Mann, der für mich bestimmt ist. Wann wir uns begegnen, ist nicht vorhersehbar. Wir werden uns irgendwann über den Weg laufen und es wird dann wieder Liebe auf den ersten Blick sein.

Glaubst du an Bestimmung/ Schicksal? Gibt es Menschen, die für uns bestimmt sind?
Ja, daran glaube ich.

Hast du unerklärbare/ magische Situationen erlebt? Beschreibe diese.
Eine Art Telepathie habe ich erlebt und ich weiß nicht, wie ich es beschreiben kann, ohne dass es mir etwas peinlich ist. Als meine Tochter in Australien war, ging ich in ihr Zimmer und dachte an sie. In dem Moment klingelte mein Handy und es war meine Tochter über Face Time. Auch mit meinem Mann und meiner Mutter passierte es öfters, dass sie genau in dem Moment mich anriefen, als ich an sie dachte.

Wovor hast du Angst, was ist deine größte Befürchtung?
Früher hatte ich große Angst davor, dass meine Mutter stirbt. Zehn Jahre lang habe ich diese Befürchtung mit mir rumgetragen und es war auch schlimm, als sie starb. Seitdem habe ich vor nichts mehr Angst.

Was verletzt dich? Wie reagierst du darauf?
Wenn jemand meine gute Absicht nicht erkennt und mich grundlos angreift, das verletzt mich. Mich verletzt, auch wenn ich mich für andere im Sinne der Gerechtigkeit einsetze und sie es für mich nicht tun. Wenn mir nahestehende Menschen mich verletzten, versuche ich zu verstehen, warum es passiert und warum es mich so verletzt. Mir ist wichtig, dass alle wieder glücklich sind.

In welcher Situation neigst du dazu überzureagieren? Was bringt dich aus der Fassung?
Ungerechtigkeit und Respektlosigkeit bringen mich aus der Fassung.

Gibt es etwas, was dich traurig macht? Bringt dich etwas zur Verzweiflung?
Wenn Menschen mich nicht verstehen und sich auch keine Mühe geben mich zu verstehen, das macht mich traurig.

Was war die schwierigste Entscheidung deines Lebens?
Nach fünfundzwanzig Jahren Ehe alles hinter mir zu lassen, weil ich die Situation zu Hause nicht mehr ertragen konnte.

Wie gehst du im Allgemeinen mit Herausforderungen um?
Herausforderungen finde ich toll, ich brauche immer etwas Neues. Im Sport würde ich keine riskanten Herausforderungen annehmen, wobei ich mich verletzen könnte. Beruflich nehme ich alles an. Ich bin experimentell und gerne eine der Ersten, die etwas machen. Was ich will, kriege ich auch immer hin.

Welche Situation hat dich in deinem Leben stärker gemacht? Inwiefern?
Die Tatsache, dass ich nach fünfzehn Jahren Karriereunterbrechung meine Fachqualifikation in kürzester Zeit nachgeholt habe, zeigt mir, dass ich mich auf meine Fähigkeiten verlassen kann. Ich habe es beruflich in einem Jahr geschafft, wofür andere fünf Jahre brauchen. Während meine Freunde es immer schade fanden, dass ich neben der Familie meinen Beruf aus ihrer Sicht vernachlässigt hatte, war es meine bewusste Entscheidung damals eine Zeit lang nur für die Familie da zu sein. Ich wusste, dass ich auch noch Karriere machen kann, wenn ich es wollte. Die berufliche Anerkennung, die ich jetzt erhalte, macht mich stark.

Wie schaffst du es, dein emotionales Gleichgewicht wiederherzustellen/ aufrechtzuerhalten?
Wenn ich aus dem Gleichgewicht gerate, rede ich meist mit meiner engsten Freundin und mit meinem Freund. Ihr Verständnis tröstet und lenkt mich wieder in die richtige Bahn.

Was war der beste Ratschlag, den du jemals erhalten hast?
Dem Ratschlag meiner Mutter, meinen Traumberuf zu studieren, verdanke ich meinen beruflichen Erfolg. Schon immer wollte ich in ihre Fußstapfen treten, weil sie mein größtes Vorbild war. Ich bin quasi in ihrem Institut aufgewachsen, wo ich alle meine Schulferien mit ihr in ihrer Arbeit verbrachte.

Möchtest du jemandem etwas beweisen? Wenn ja, wem?
Ja, ich möchte mir selbst beweisen, dass ich dafür fähig bin, was ich denke und dass es richtig ist.

Wie wichtig ist es dir, was andere über dich denken?
Die berufliche Anerkennung von Fachkollegen ist mir wichtig. Was andere über mich denken, interessiert mich nicht.

Woran hältst du fest?
Mir ist Ehrlichkeit essenziell und daran möchte ich auch festhalten. Ich möchte, dass die Menschen zu mir ehrlich sind, ich zu mir selbst und zu anderen ehrlich sein kann, egal wie schlimm es ist.

Hast du ein Ziel/ Ziele in deinem Leben? Wie realisierst du diese?
Von Natur aus bin ich ein zielstrebiger Mensch, setze mir immer wieder Ziele, die ich dann auch realisiere. Beruflich möchte ich noch einmal Karriere machen und daran Freude und Spaß haben. Privat wünsche ich mir eine Partnerschaft, in der Liebe, Vertrauen, respektvoller Umgang und Freiräume zusammenspielen.

Wenn du auf dein bisheriges Leben zurückblickst. Worauf bist du stolz?
Auf meine beiden Kinder und auf meine berufliche Karriere bin ich stolz.

Gehst du denselben Weg weiter? Worauf freust du dich?
Ja, ich bin auf dem richtigen Weg und bin ganz gespannt, was alles Neues noch auf mich zukommen wird. Es wird auf jeden Fall nicht langweilig und darauf freue ich mich!

Worauf achtest du zukünftig mehr? Hast du Zukunftsängste?
Zukunftsängste habe ich nicht. Auf meine manchmal überschießende Emotionalität sollte ich mehr achten und zukünftig besser in den Griff bekommen. Ich möchte ausgeglichener und zufriedener sein und selbst in hektischen Situationen, die mich teilweise überfordern, die Ruhe bewahren.

JONATHAN

reflektiert sein Leben in einem gesellschaftspolitisch verwirrten Umfeld und betont seine Überzeugung von der Bedeutung überdauernder, beständiger Werte

Haben Sie ein Lebensmotto?
Treu bleiben zu deinen Überzeugungen, zu deiner Weltanschauung und zu deiner öffentlichen Anständigkeit.

Haben Sie ein Vorbild? Wenn ja, aus welchen Gründen gerade sie/ ihn?
Ja, meinen leiblichen Vater. *Leiblich* betone ich deswegen, weil ich 1934 in einer Zeit geboren bin, in der er als Jude es für besser hielt, dass ich als katholisches Kind und nicht unter seinem Namen geboren wurde. So habe ich auch einen zweiten Vater, den Mann meiner Mutter. Er war ein anständiger und liebenswürdiger Mensch, der sich um mich gekümmert und mich wie seinen eigenen Sohn geliebt hatte. Mein leiblicher Vater war ein echter *Citoyen*, ein Bildungsbürger und hat mich dazu erzogen, was ich heute bin. Er ist in jeglicher Hinsicht mein Vorbild.

Wenn Sie ein Buch schreiben würden, um welches Thema würde es sich handeln?
Als Politiker aus Leib und Seele, was ich bin, würde ich ein Buch über die politischen und gesellschaftlichen Entwicklungen der letzten Jahrzehnte schreiben, allerdings nicht in meinem Heimatland, weil hier die aktuellen Verhältnisse so sind, dass ich dazu keine Lust habe.

Welches Buch würden Sie anderen unbedingt empfehlen? Warum?
Die Bücher von Peter Scholl-Latour über seine Erfahrungen in Indochina, in Afrika und im Mittleren Osten würde ich allen empfehlen. Er war ein hervorragender Versteher seiner Zeit.

Mit wem hatten Sie zuletzt eine tiefgreifende Diskussion und worüber?
Mit früheren Journalistenkollegen und Freunden führen wir öfters rege Diskussionen über die politischen und gesellschaftlichen Entwicklungen der letzten Jahrzehnte.

Was ist für Sie das Wichtigste im Leben?
Treu bleiben zu meiner Weltanschauung. Dafür sorgen, dass die Menschen, die mir nahestehen, in guten Verhältnissen leben können und zu ihnen ein inniges Verhältnis pflegen.

Was bedeutet für Sie ein erfülltes Leben?
Aus meiner Sicht, in der die Politik schon immer eine entscheidende

Rolle spielte, wird meine Generation in dieser Ecke der Welt wahrscheinlich kein erfülltes Leben haben. Die politischen Entwicklungen der vergangenen Jahrzehnte haben hier in Osteuropa tiefe Spuren auch in unserem Privatleben hinterlassen.

Was macht Sie glücklich?
In meinem Alter macht es mich glücklich, wenn ich ein geregeltes und selbstbestimmtes Leben führen und mit denjenigen Menschen in Verbindung bleiben kann, die ich liebe.

Wobei fühlen Sie sich lebendig?
Solange ich gesundheitlich noch soweit fit bin, dass ich Tennis spielen, meinen Garten selbst pflegen und lesen kann, fühle ich mich sehr lebendig. Und es gibt noch ein Wunder des 21. Jahrhunderts namens *Internet*. Was ich dort alles entdecken und lesen kann, auch das hält mich lebendig.

Was bedeuten für Sie Erfüllung, Erfolg und Glück?
Als politischer Journalist, Diplomat und Wirtschaftsberater war ich sehr erfolgreich, allerdings in einem Umfeld, das mich alles andere als glücklich machte. Das ist eine besondere Situation, weshalb ich leider nicht von einem erfüllten Leben sprechen kann.

Wie viel Familie verträgt ein erfülltes Leben?
Sehr viel, ich war dreimal verheiratet. Meine erste Ehe mit einer liebenswürdigen, schönen und gebildeten Mathematikprofessorin war ein Missverständnis, wir passten nicht zueinander.

Meine zweite Frau war eine aufgeschlossene und sehr schöne Russin, sie war Liebe auf den ersten Blick. Zehn Jahre lang lebten wir zusammen und gemeinsam haben wir in der Welt viel erlebt. Wir waren im Vietnamkrieg, wo ich Auslandskorrespondent war, und in Westdeutschland zurzeit der Willy-Brandt-Regierung. Meine zweite Frau war eine hervorragende Partnerin.

Zu meinem Glück oder Unglück - dazu will ich mich jetzt nicht äußern - verliebte ich mich in eine andere Frau. Aus dieser Liebe wurde meine dritte Ehe von achtunddreißig glücklichen Jahren. Meine dritte Ehefrau war eine hoch gebildete Architektin und eine sehr liebenswürdige Person, die leider vor fünf Jahren verstorben ist. Wir lebten sehr gut miteinander und sahen viel von der Welt zusammen. Uns beiden lag es sehr am Herzen, dass wir ihrer Tochter eine (Aus)Bildung sichern konnten, die sie ein ganzes Leben lang begleiten würde. Das ist uns zum Glück auch gelungen.

Was ist Ihre Kraftquelle? Sind Familie und Freunde Kraftquellen?
In meinem Alter, wenn du Glück hast, kannst du eine gesundheitliche Kraftquelle haben. Ich pflege meine Gesundheit so gut ich kann und lebe, von guten Freunden umgeben, alleine.

Was bedeutet Zuhause für Sie? Wo fühlen Sie sich zu Hause?
Mein Zuhause ist die alte Villa, die wir mit meiner dritten Frau am Anfang unserer Ehe ganz nach unserem Geschmack saniert haben und wo ich mich so wohlfühle, dass ich mich von hier aus nur noch in die Ewigkeit begeben möchte. Mit etwas Hilfe kann ich immer noch meinen Garten selbst pflegen. Das Haus ist so geschmackvoll und liebevoll eingerichtet, dass ich mich manchmal tagelang darin aufhalte und nicht einmal vor die Tür gehen möchte.

Was bedeutet Freiheit für Sie?
Diese Frage könnten wir besser mithilfe eines Philosophen beantworten. Es gibt verschiedene Facetten des Begriffes. Grundsätzlich bedeutet Freiheit für den Menschen, dass er menschenwürdig auf dieser Erde leben kann. Das hat mit den politischen Institutionen manchmal viel und manchmal wenig zu tun. Das ist für mich der wichtigste Bereich.

Beschreiben Sie Ihre Beziehung zu sich selbst.
Obwohl ich jahrelang in der Öffentlichkeit stand, glaube ich nicht, dass ich ein eitler Mensch wäre. Das Wort *stolz* ist mir fremd. Ich fühle mich gut, wenn ich der Meinung bin, dass ich die Aufgaben, die ich mir gestellt habe, gut lösen konnte und die Menschen, mit denen ich als (Fernseh)Journalist kommunizieren wollte, mich richtig verstanden und das auch zum Ausdruck gebracht hatten.

Beschreiben Sie Ihre Beziehungen zu Ihren Freunden.
Durch die Umwälzungen der letzten Jahrzehnte hier in dieser Ecke der Welt ist es eine sehr kontroverse Frage. Ich habe viele Freunde verloren. Aus existenzieller Sicht ist es verständlich, dass Menschen sich veränderten Verhältnissen anpassen müssen. Viele haben dadurch nicht nur ihre Vergangenheit, sondern auch ihr Antlitz verloren. Das hat leider viele Freundschaften kaputtgemacht. Die wenigen, die geblieben sind, stehen mir sehr nahe.

Wer sind die wichtigsten Menschen in Ihrem Leben?
Es sind leider nur wenige geblieben, meine geliebte Frau ist vor fünf Jahren gestorben. Ihre Tochter lebt im Ausland. Zu ihr habe ich trotz

der Distanz ein inniges Verhältnis und das ist gut so.

In welchem Verhältnis stehen Freiheit und Beziehung zueinander?
Hier möchte ich wieder auf meine letzte Ehe zurückkommen. Wir
waren beide von sehr unterschiedlicher Herkunft und pflegten
unterschiedliche Gewohnheiten, trotzdem haben wir immer zuein-
andergefunden. Aus dieser Tatsache heraus konnten wir in unserer
Beziehung uns beide frei fühlen, weil wir wussten, dass wir aufeinander immer zählen und trotzdem unsere Persönlichkeit und Individualität behalten konnten.

Wie viel Präsenz braucht eine Beziehung?
Wir lebten immer zusammen und obwohl ich als Journalist viel und
manchmal am anderen Ende der Welt unterwegs war, mussten wir
keine längeren Zeiten überwinden. Wir standen auch während meiner Reisen immer in engem Kontakt.

Leben Sie gerne alleine?
Gewollt oder ungewollt lebe ich alleine. Die Frage möchte ich ganz
ehrlich beantworten. Wenn ich noch ein bisschen jünger wäre, würde ich wahrscheinlich noch einmal versuchen, mich auf eine neue
feste Beziehung einzulassen. Mit achtundachtzig Jahren ist es fast
hoffnungslos. Ich lebe also nicht gerne alleine, das Schicksal hat es
so mit sich gebracht. Zum Glück habe ich anständige und verläss-
liche Menschen um mich herum, die mir helfen, mich zu versorgen
und mit denen ich auch sehr gerne dann zusammen bin, wenn wir
nicht über den Haushalt sprechen. Sie sind wie meine Freunde und
das empfinde ich als großes Glück. Ich lebe also alleine, jedoch in
Verhältnissen, die beneidenswert sind, und diese verdanke ich meiner letzten Frau.

Wie sieht für Sie die ideale Beziehung aus?
Das möchte ich, wenn ich darf, etwas rustikaler beantworten. Bei
mir funktioniert eine Beziehung aufrecht nur gut, wenn wir uns
auch waagerecht gut verstehen und aufeinander zählen können.

**Gibt es in Ihrem näheren Umfeld Menschen, deren Beziehung Sie
bewundern?**
Es gibt einige Ehepaare, mit denen ich befreundet bin, die in einer
guten Beziehung zusammenleben. Ich bewundere niemanden. Dass
sie sich in jeder Lebenslage und jeder Lebenssituation miteinander
wohlfühlen, liegt wahrscheinlich daran, dass sie sich miteinander

verbunden fühlen und gegenseitig aufeinander achten.

Wie wichtig ist Treue in einer Beziehung?
Es ist eine schwierige Frage. *Was verstehen wir unter Treue?* Ich muss
eingestehen, dass ich im sexuellen Sinne des Wortes nicht treu war.
Das wird mir natürlich nicht gutgeschrieben, das weiß ich. Ich habe
allerdings immer darauf geachtet und es ist mir auch gelungen, dass
meine jeweilige Lebensgefährtin nichts von meiner Untreue erfuhr.
Obwohl ich meine zwei ersten Ehefrauen verlassen hatte, galt ihnen
meine Treue in dem Sinne des Wortes weiterhin, dass ich sie existen-
ziell nie im Stich ließ. Vielleicht werden viele Leser dazu sagen,
dass es eine pure materialistische Einstellung ist. Für mein Dafür-
halten ist es eine Frage der Anständigkeit und irgendwo auch der
Treue.

**Warum konnten Sie in einer Beziehung nicht treu bleiben, die, wie
Sie sagten, auch in körperlicher Hinsicht gut funktionierte?**
Das ist eine Schwäche von mir. Ich denke, dass Männer und Frauen
diesbezüglich unterschiedliche Auffassungen haben. Auch die Gesellschaft neigt dazu, Untreue eher nur den Männern als schlechte
Eigenschaft zuzuschreiben. Es ist jedoch nicht so. Die Mehrheit meiner Seitensprünge waren verheiratete Frauen, die sich aus unterschiedlichen Gründen zu Hause nicht so fühlten, wie es ihnen angenehm erschien.

**Wie stehen Sie zu Ehrlichkeit? Ist sie in jeder Situation ratsam?
Sind Sie zu sich selbst ehrlich?**
Nein, ich glaube nicht, das Leben ist dazu viel zu kompliziert. Meine unheilbar kranke Frau habe ich auch in ihrem letzten Lebensabschnitt immer weiter ermutigt, obwohl die Hoffnungslosigkeit ihrer
Lage mir klar war - die Ärzte hatten mich vollständig aufgeklärt. Es
waren Anstandslügen. Ihre letzten Tage und ihre letzte Hoffnung
wollte ich nicht kaputtmachen. Es ist nur ein Beispiel und es gibt
viele andere Situation im Leben, wo es besser ist, nicht unbedingt
die Wahrheit zu sagen. Solche Situationen gibt es oft in der Politik
zum Beispiel um ein übergeordnetes Ziel zu erreichen.

Was ist Liebe?
Eine sehr komplizierte Angelegenheit. Mit fortschreitendem Alter
bedeutet sie Zusammenhalt, gemeinsame Interessen, gut überein-
ander denken und sich gegenseitig körperlich und seelisch pflegen.

Ist Liebe auf den ersten Blick wahre Liebe?
Nach meiner Erfahrung nein. Als ich meine letzte Frau das erste Mal
sah, war ich noch verheiratet und ich hätte nie gedacht, dass aus
unserer Begegnung mehr als ein Abenteuer, paar angenehme Tage,
Wochen, Monate werden würden. Erst im Laufe der Zeit stellte sich
heraus, dass dieses Verhältnis mehr Tiefe hatte. Auf den ersten Blick
sah ich nur eine gepflegte, schöne und kultivierte Dame, die bereit
war, ein Verhältnis mit einem verheirateten Mann einzugehen. Es
war Schicksal, dass daraus eine glückliche Ehe von achtunddreißig
Jahren geworden ist.

**Wie viel Nähe/ Distanz braucht die Liebe? Können wir jemanden
aus der Distanz lieben oder müssen wir denjenigen, den wir lieben,
in unserer Nähe haben?**
Wenn möglich, sollten wir diejenigen, die wir lieben, in unserer Nähe
haben. Auch mit meiner zweiten Frau waren wir immer zusammen.
Zehn intensive und schöne Jahre haben wir gemeinsam erlebt, sogar
die schwierige Zeit im Vietnam Krieg hat sie verantwortungsvoll mit
mir mitgetragen. Diese begann dort mit unserer Hochzeitsreise.

Mit wem möchten Sie den Rest Ihres Lebens verbringen?
Mit achtundachtzig Jahren habe ich leider keine Wahl, ich kann mein
Leben mit niemandem mehr verbinden. Zu meiner Stieftochter und
zum Bruder meiner verstorbenen Ehefrau, die beide im Ausland
leben, pflege ich so gut es geht, enge Beziehungen. Meine eigenen
Verwandten sind leider schon alle verstorben.

**Glauben Sie an Bestimmung/Schicksal? Gibt es Menschen, die für
uns bestimmt sind?**
Das ist eine gute Frage und ich müsste die mit ja beantworten. Allerdings hatte ich schon mehrmals das Gefühl, die Menschen getroffen
zu haben, die für mich bestimmt waren, also nicht nur einmal. Das
zweite und dritte Mal waren beide richtig. Trotzdem habe ich ge-
wechselt. Der Mensch ist manchmal ein unzulängliches Wesen!

**Haben Sie unerklärbare/ magische Situationen erlebt? Beschrei-
ben Sie diese.**
Nein, ich bin ein ziemlich rationaler Typ.

Wovor haben Sie Angst, was ist Ihre größte Befürchtung?
Vor meinem Tod möchte ich nicht lange krank sein und möchte diese Erde in Ruhe verlassen dürfen. Ob das mir gelingt, weiß ich nicht.

Es ist keine Angst, es sind eher beunruhigende Gedanken, die mich beschäftigen, wenn ich mich nicht so gut fühle, was in meinem Alter mal vorkommen kann.

Gibt es jemanden, für den Sie sterben würden?
Nein, für jemanden müssen wir leben, nicht sterben!

Was macht Sie verletzlich? Was verletzt Sie? Wie reagieren Sie darauf?
Verletzt ist zu viel gesagt, aber was mich stört oder was mich wütend macht, sind Verhaltensweisen, die nach meinem Verständnis unanständig sind, vor allem, wenn Menschen sich wie ein Chamäleon verhalten. In diesen Teilen der Welt passiert es heutzutage leider oft. Wenn ich vor einem Menschen stehe, den ich vor Jahren geschätzt habe und der seine frühere Persönlichkeit und Überzeugungen heute komplett verleugnet, das empfinde ich als verstörend.

In welcher Situation neigen Sie zur Überreaktion? Was bringt Sie aus der Fassung?
Aus der Fassung bringt mich nichts mehr, dazu war das 20. Jahrhundert viel zu bunt. Ich habe so viele Wendungen und Umwälzungen in meinem Leben erlebt, dass mich heute nichts mehr wirklich erschüttern kann.

Gibt es etwas, was Sie traurig macht? Bringt Sie etwas zur Verzweiflung?
Ja, wenn ich um mich herum Zustände erlebe, die offensichtlich in eine katastrophale Lebenssituation führen, wie zum Beispiel die Inflation. Diese wirft Millionen aus ihrem normalen Leben und diese Tatsache finde ich ganz schlimm! Obwohl ich selbst davon wahrscheinlich nicht betroffen sein werde, erlebe ich es alltäglich, wenn ich unterwegs bin. Die Inflation trifft bei uns leider die Mehrheit und das bringt Verhältnisse mit sich, die alle in Mitleidenschaft ziehen (werden).

Haben Sie eine kritische Situation erlebt, die Sie physisch und/ oder emotional an Ihre Grenzen gebracht/ gebrochen hat? Wie sind Sie damit umgegangen?
Leider ja, die ersten fünfundzwanzig Jahre meines Lebens waren voll von Familientragödien. Ich möchte nicht ins Detail gehen, das hat mich als Kind jedoch mehrfach an meine Grenzen gebracht. Wahrscheinlich lag es an meinen Eltern, dass ich psychisch nicht

gebrochen bin, viele hätten diese Erlebnisse nicht ohne langfristige seelische Schäden überstanden. Mir ist es irgendwie gelungen. Meine darauffolgenden Jahre waren etwas einfacher. Zwar auch nicht frei von menschlichen Tragödien, nur da ich schon so abgebrüht war von den vorangegangenen Ereignissen, nahm ich diese nicht mehr als so schlimm wahr.

Nach Schicksalsschlägen sehe ich keinen anderen Weg, als weiter zu machen, wenn du möglichst unbeschadet und nicht als Alkoholiker oder Drogenabhängiger herauskommen möchtest. Deine Reaktion hängt stark von deinem Charakter ab und ist nicht unbedingt dein Verdienst. Die Wissenschaft konnte bis heute darauf keine Antworten finden. Dass ich alle Schicksalsschläge meines Lebens nüchtern überleben konnte, sehe ich nicht als meinen eigenen Verdienst, sondern als ein Geschenk meines Lebens.

Was war die schwierigste Entscheidung Ihres Lebens?
Ich habe ein langes und nicht problemloses Leben hinter mir, musste auch viele Entscheidungen treffen. *Ob diese schwierig waren?* Diese Frage kann ich wie folgt beantworten: Ich habe nie abgewartet, gefeuert zu werden und habe meine Position immer selbst aufgegeben, wenn die Zeit dafür reif war. Es war mir wichtig, dass die Entscheidung bei mir lag und nicht über mich entschieden wurde.

Wie gehen Sie im Allgemeinen mit Herausforderungen um?
Meine Herausforderungen im Leben habe ich alle gemeistert und es immer geschafft, über mein Schicksal selbst zu entscheiden. Ängste vor Herausforderungen habe ich nie gehabt, ich habe den Zweiten Weltkrieg und den Vietnamkrieg überlebt.

Bevor ich etwas aufgab, suchte ich meist auch schon nach einer Alternative und ein bisschen Glück kam auch dazu. Nach der Wende 1989 bin ich aus existenziellen Gründen und für meine Familie in die Wirtschaft eingestiegen, obwohl ich davor Journalist und Diplomat war. Auch dazu gehörte Glück. Ohne Glück geht es nicht.

Welche Situation hat Sie in Ihrem Leben stärker gemacht? Inwiefern?
Existenzielle Krisen zu überwinden war für mich die größte Bestätigung mit der Erkenntnis, dass ich in der Lage bin, auch solche schwierigen Situationen zu meistern.

Wie schaffen Sie es, Ihr emotionales Gleichgewicht wiederherzustellen/ aufrechtzuerhalten?

In Krisen versuche ich das Leben als eine Routineaufgabe weiterzuführen. Ansonsten kannst du Schicksalsschläge meiner Meinung nach nicht überstehen. Auch in der letzten Zeit der schweren Krankheit und nach dem Tod meiner letzten Frau habe ich versucht, mein normales Leben, soweit dieses möglich war, weiter zu leben. Also mit Krankenpflege, Bücher lesen, Internet lesen, Tennis spielen und nach Möglichkeit an die verlorene Person nur so zu denken, dass ich nicht zusammenbrach. Das war für mich die einzige Chance, mein emotionales Gleichgewicht mit der Zeit irgendwann wiederaufzubauen.

Was war der beste Ratschlag, den Sie jemals erhalten haben? Was ist Ihre Erkenntnis?

Ich zitiere aus dem Abschiedsbrief meines leiblichen Vaters, der aus existenziellen Gründen freiwillig aus dem Leben schied, als ich sechzehn Jahre alt war. Er hat Folgendes an mich geschrieben: *Lass Dich vom Schicksal eines alten kranken jüdischen Rechtsanwaltes nicht beeinflussen, geh Deinen Weg weiter so, wie wir das immer besprochen und vereinbart haben!*

Möchten Sie jemandem etwas beweisen? Wenn ja, wem?

Nein, brauche ich nicht, ich bin mit meinem Leben im Reinen. Auch früher war es nicht meine Motivation, jemandem etwas zu beweisen, ich war selbstbewusst genug.

Wie wichtig ist es Ihnen, was andere über Sie denken?

Nur dann, wenn über Leistungen gesprochen wird, gibt es mir Anlass darüber nachzudenken, ansonsten interessiert es mich nicht.

Woran halten Sie fest?

Ich glaube, diese Frage habe ich über die vorangegangenen Fragen bereits beantwortet.

Haben Sie Ziele und wenn ja, wie realisieren Sie diese?

Ich möchte gesund, ohne schwere Krankheiten und ohne große Probleme in meinen letzten Lebensjahren durchkommen. Darauf achte ich.

Wenn Sie auf Ihr bisheriges Leben zurückblicken, worauf sind Sie stolz?

Mein bisheriges Leben war beruflich sehr interessant, voll von Erlebnissen und Erfolgen, manchmal auch Irrwegen. Letztendlich ist meine Bilanz positiv, trotz aller Katastrophen und persönlichen Tragödien. Ich schaue auf ein so spannendes Leben zurück, was ich in dem Sinne jedem wünschen würde.

Gehen Sie denselben Weg weiter? Worauf freuen Sie sich? Worauf achten Sie zukünftig mehr? Haben Sie Zukunftsängste?
Am Lebensabend, wie es bei mir mit achtundachtzig Jahren der Fall ist, steht nicht mehr viel vor mir. Was im Leben wichtig und schön war, liegt im Wesentlichen hinter mir. Das ist für mich ein absolut normaler Zustand. Viele Menschen ertragen das nicht. Wenn meine Gesundheit weiterhin stabil bleibt, mir nichts wehtut, mein Blutdruck in Ordnung ist, also ich in meinen Aktivitäten uneingeschränkt bin und weiterhin die Menschen treffen kann, die mir wichtig sind und mit denen ich mich gerne unterhalte, dann bin ich zufrieden. Ich denke, das ist, was ich vom Leben in meinem Alter erwarten kann.

CHARLOTTA

erzählt von ihrer gelebten Fantasie, den Wundern des Loslassens und von Träumen, die auf der anderen Seite unserer Ängste auf uns warten

Hast du ein Lebensmotto?
Das Motto dieses Buches: *Alles, was du dir jemals gewünscht hast, liegt auf der anderen Seite der Angst.* Ein Zitat von George Adair.

Erst vor kurzem habe ich realisiert, wie ich mich selbst durch meine Ängste von glücklichen Momenten und Erfolg fernhalte. Grundsätzlich bin ich kein risikoscheuer Mensch und meist nehme ich auch kein Blatt vorm Mund, nur *wenn es darauf ankommt*, im entscheidenden Moment tue ich etwas ganz anderes als das, was ich will oder weiche einfach aus. Plötzlich überrollt mich meine Angst, verletzt zu werden, mir wehzutun oder etwas falsch zu machen. Meine Träume warten definitiv auf der anderen Seite meiner Angst und sind über Umwege nicht zu erreichen. Es ist Zeit, sie zu überwinden!

Hast du ein Vorbild? Wenn ja, aus welchen Gründen gerade sie/ ihn?
Ja, mehrere. Audrey Hepburn, Meryl Streep und Iris Berben. Es sind kluge und attraktive Frauen, die ihren eigenen Weg gehen/ gingen, aber nicht alleine, sondern mit geliebten Vertrauten an ihrer Seite. Sie sind/ waren auch als Mutter liebevoll und feinfühlig sichtbar.

Wenn du ein Buch schreiben würdest, um welches Thema würde es sich handeln?
Mich interessierte schon immer das *Warum* hinter den Fakten, unsere Motivation hinter unserem Tun. Ich denke, das ist unser Kern, was uns als Menschen ausmacht. Ich weiß, dass dieses Buch der Anfang ist und ich noch mehrere Bücher schreiben werde. Ich möchte verschiedene Persönlichkeiten zu Wort kommen lassen. Auf dieselben Fragen gibt es so viele unterschiedliche Antworten! Jeder hat seine eigene und einmalige Geschichte. Ich möchte Menschen inspirieren, ihre Geschichten zu erzählen und unsere Herzen zu öffnen.

Welches Buch würdest du anderen unbedingt empfehlen? Warum?
Der Kleine Prinz von Antoine de Saint-Exupéry. Das Buch ist voller wunderschöner Gedanken, die jeder Erwachsene von Zeit zu Zeit lesen sollte, um vom Wesentlichen nicht abzukommen, nämlich von unserem Herzen und unserer unvoreingenommenen kindlichen Wahrnehmung.

Mit wem hattest du zuletzt eine tiefgreifende Diskussion und worüber?
Ich führe gerne und öfters tiefgehende Gespräche mit Freunden

und mit anderen Menschen, Small Talk finde ich anstrengend. Im Alltag mal tiefer in ein Thema einzutauchen und unterschiedliche Sichtweisen zu erfahren, finde ich belebend. Ich lerne daraus von anderen und erweitere so oft auch meinen Horizont.

Schon im Studium philosophierten meine beste Freundin und ich gerne über alles Mögliche, beim Joggen im Wald, um den See herum, manchmal sogar im Tiefschnee und verliefen uns ab und zu auch mal durch unsere lebhafte Diskussion.

Was ist für dich das Wichtigste im Leben?
Dass es den Menschen, die ich liebe, gut geht.

Was bedeutet für dich ein erfülltes Leben?
Ein Leben mit Sinn, Leichtigkeit und Liebe.

Was macht dich glücklich?
Magische Momente, besondere Begegnungen und schöne Erlebnisse. Wenn ich etwas geschafft habe, was mir (und anderen) gut gefällt. Wenn meine Kinder glücklich sind.

Wobei fühlst du dich lebendig?
Bei allem, was mir emotional oder geistig nicht gleichgültig ist. In der Auseinandersetzung mit interessanten Menschen, in der Kreativität, in der Natur, in unterschiedlichen Lebenswelten unterwegs. Wenn ich mit meinen Kindern und/ oder mit anderen Menschen, die ich mag, zusammen sein kann.

Was bedeuten für dich Erfüllung, Erfolg und Glück?
Erfüllung bedeutet, in meinem Leben etwas zu tun, was für mich sinnvoll erscheint und von Bedeutung ist. Etwas im Einklang mit mir selbst. Wenn ich meine Ziele erreiche oder meine Leistung von anderen anerkannt wird, dann bin ich erfolgreich. Erfolg und Erfüllung zusammen machen mich glücklich - Erfolg alleine nicht. Glück ist etwas Unvorhersehbares und Unberechenbares, was immer wieder *mal* passiert. Es ist ein magisches Gefühl, das in einem Moment alles verändert. Glückliche Momente kann ich unabhängig davon erleben, ob ich erfolgreich bin oder mein Leben erfüllt ist.

Wie viel Familie verträgt ein erfülltes Leben?
Es hängt von der Familie und von der Lebensphase ab. Eine gute Familie - und damit meine ich eine liebende Familie - gehört zum erfüllten Leben dazu. Sie ist ein sicherer Hafen und eine Kraftquelle.

Mein Traum vom erfüllten Leben war eine große und glückliche Familie. Meine Ursprungsfamilie ist mit mir als Einzelkind durch die Scheidung meiner Eltern leider zu klein geblieben. In meiner Wunschfamilie liebten sich die Eltern, verbrachten gerne viel Zeit mit ihren Kindern und feierten auch mal in größerem Kreis mit anderen.

Der Traum von meiner glücklichen Großfamilie ist nicht in Erfüllung gegangen. Auch meinen zwei wunderbaren Kindern hätte ich mehr Familie gewünscht. Unsere Realität war ganz anders. Durch mehrere Wohnortwechsel und Neuorientierungen geprägt. Das Elternsein empfand ich, als meine Kinder noch klein waren, als einen Balanceakt zwischen Verantwortung, (Selbst)Überforderung und (Selbst)Erfüllung. Es ist ein sensibles Thema, worüber im Allgemeinen ehrlicher gesprochen werden könnte, um falsche Erwartungen zu vermeiden. Erfülltes Familienleben bedeutete für mich faktisch, alleine für die Kinder immer da zu sein, solange bis sie eigenständig wurden. Das konnte ich mit meiner persönlichen Erfüllung nicht immer gleichsetzen. Doch meine Kinder haben mich darauf zurückgeführt, was mir wirklich wichtig ist.

Was ist deine Kraftquelle? Sind Familie und Freunde Kraftquellen?
Wenn ich mal richtig erschöpft oder gestresst bin, gehe ich joggen, schwimme oder mache Yoga. Danach geht es mir meist besser. Kraft tanke ich auch, wenn ich Zeit mit mir selbst verbringe oder in der Natur bin. Ansonsten finde ich in meiner kreativen Arbeit neuen Antrieb und beim Meditieren die Ruhe.

Die Zeit mit meinen Kindern, deren Freunden oder mit meinen eigenen guten Freunden gibt mir auch immer wieder neue Energie. Das ist nicht selbstverständlich. Familie kann Kraftquelle sein, solange keine Erwartungen an mich gestellt werden.

Die Art, wie ich die Welt wahrnehme, in Stimmungen und Geschichten, und meine Fantasie, waren schon immer meine größten Kraftquellen.

Was bedeutet Zuhause für dich? Wo fühlst du dich zu Hause?
Ab meinem siebzehnten Lebensjahr war ich unterwegs, lebte an unterschiedlichen Orten und lernte diverse Menschen kennen. Zu Hause fühle ich mich erst wieder, seitdem ich im Norden angekommen bin. Obwohl ich nicht hier geboren bin, geben mir die Menschen *hier* das Gefühl, keine Fremde zu sein. Hier fühle ich mich akzeptiert, wie ich bin und muss mich nicht angleichen. Das ist nicht selbstverständlich und das macht dieses Umfeld für mich zu etwas Besonderem. Ich mag die ruhige und gelassene Art der Nordlichter, die mich erdet.

Auch in meiner Wohnung, die ich nach meinen Vorstellungen gestaltet habe, wo meine Hündin auf mich wartet, wo meine Kinder gerne bei mir sind und wo auch meine Freunde jeder Zeit herzlich willkommen sind - und gerne auch mal bleiben -, fühle ich mich zu Hause.

Was bedeutet Freiheit für dich?
Ein selbstbestimmtes Leben ohne Verlustängste.

Beschreibe deine Beziehung zu dir selbst.
Ambivalent. Einerseits hege ich hohe Ansprüche mir selbst gegenüber und erwarte auch von meinem Umfeld viel, manchmal zu viel. Das kann zu Verunsicherung, Enttäuschung oder Unzufriedenheit führen. Diese verkrampfte Version meiner selbst kann ich nicht leiden. Andererseits merke ich, wie mir die Leichtigkeit und Menschlichkeit wichtiger sind als die Perfektion. Meine Angst vor Fehlern schwindet und ich fühle mich zugänglicher, teilweise auch weiser. Ich lerne gerade loszulassen, auch was mir wichtig ist, aber nicht guttut. Das tut manchmal weh! Doch mein Leben ist seitdem freier, bunter, erfüllter und auch erfolgreicher geworden. Diese echte Version meiner selbst mag ich mehr.

Welche Rolle spielen Freunde in deinem Leben? Beschreibe deine Beziehungen zu deinen Freunden.
Meine engen Freunde stehen mir so nahe wie meine Familie. Sie gehören zu meinem Leben dazu und wir können über alles miteinander reden. Wir müssen uns gegenseitig nichts beweisen und die Freundschaft hält auch die ungeschönte Ehrlichkeit aus. Unsere Verschiedenheit und Vertrautheit bringen uns meist gegenseitig weiter.

Mir sind die Menschen wichtiger als deren geografische Entfernung oder zeitliche Verfügbarkeit. Was für mich zählt, sind das Wesen eines Menschen und das Gefühl unserer Verbundenheit.

Wer sind die wichtigsten Menschen in deinem Leben?
Mein Sohn und meine Tochter. Auch eine Handvoll gute Freunde. Natürlich auch meine Familie, die inzwischen leider noch kleiner geworden ist.

In welchem Verhältnis stehen Freiheit und Beziehung zueinander?
Ich denke, dass wir unsere Vorstellungen und Erwartungen in einer Beziehung sehr individuell definieren und dass das Ausmaß der Freiheiten und die Qualität der Beziehung stark davon abhängen, wie wir diese selbst wahrnehmen.

Ich hatte mal einen Freund, der leider viel zu jung verstorben ist. Er war ein absolutes Unikat, ein talentierter, erfolgreicher, interessanter und auch attraktiver Mann. Seine Frau bewunderte ich für ihre ruhige und gelassene Art an der Seite dieses Mannes, der keinen leichten Charakter hatte. Sie liebte ihn so, wie er war und gewährte ihm alle Freiheiten, die er sich wünschte. Beide lebten ihre eigenständigen Leben gleichzeitig in einer erfüllten Beziehung gut miteinander. Seine Frau, die inzwischen eine gute Freundin von mir geworden ist, hat mir einmal etwas gesagt, was ich damals ernüchternd, aus heutiger Sicht eher für weise halte: *Wir sollten unsere Erwartungen an andere komplett runterschrauben und von niemandem auch nicht von Freunden Großes erwarten.* Ich denke, dass diese Einstellung der Schlüssel zu ihrer Zufriedenheit und ihren langjährigen guten Beziehungen war.

Vor Kurzem saß ich nach einer Veranstaltung mit einem Bekannten im Auto und wir sprachen über Beziehungen. Er erzählte mir, dass er jemanden liebte, der selbst für eine Beziehung mit ihm nicht frei war. Ihre zufälligen Begegnungen waren jedoch für sie beide jedes Mal etwas Magisches. Für diese Momente empfände er tiefe Dankbarkeit und er sei damit auch glücklich. Er erwarte nicht mehr, weil er es akzeptieren könne, dass dieser Mensch ihm mehr als solche Momente nicht geben kann. Diese Haltung finde ich sehr großzügig.

Ich denke, wenn uns jemand wirklich wichtig ist und wir ihn lieben, dann sollten wir ihn frei lassen. Wenn wir ihn festhalten, verändern wir uns in die falsche Richtung und ihn verlieren wir früher oder später sowieso. Wenn er in unserem Leben bleiben will, tut er es freiwillig und ganz von selbst.

Wie viel Präsenz braucht eine Beziehung?
Körperliche Anziehungskraft und gemeineinsame Erlebnisse entstehen erst durch Anwesenheit. Diese sind für eine tragfähige Beziehung genauso wichtig wie gute Gespräche. Nur so kann sich innere Verbundenheit entwickeln, worauf es meiner Meinung nach in einer langfristig guten Beziehung ankommt. Ich denke, die richtige Dosis an Präsenz ist ein feiner Balanceakt, der zwischen zwei Menschen sehr individuell ausgeprägt sein kann.

Lebst du gerne alleine?
Grundsätzlich nein. Ich war dreiundzwanzig Jahre lang verheiratet und lebte für meine Familie. Es war eine intensive Zeit, in der ich mich allerdings teils verlor und teils neu erfinden musste. Seit ein paar Jahren lebe ich alleine. Vor diesem Zustand fürchtete ich mich

früher sehr. Anfangs war diese Zeit nicht leicht, im Rückblick jedoch umso wertvoller. Ich erlebte, wie ich nie wieder mich so einsam fühlte wie am Ende meiner mit der Zeit emotional komplett entleerten Beziehung. Heute weiß ich, was ich will und auch, was ich nicht will.

Mit meinen beiden erwachsenen Kindern habe ich ein sehr ehrliches Verhältnis und fühle mich daher nie wirklich allein.

Langfristig möchte ich mein Leben auch mit einem Partner teilen, der die Leichtigkeit des Lebens bewahrt hat, das Schöne im Alltag sehen kann und auch ein eigenes interessantes Leben lebt. Der mich so liebt, wie ich bin und wie ich ihn lieben kann.

Wie sieht für dich die ideale Beziehung aus?
Das ist für mich ganz klar eine gesunde Beziehung von zwei unabhängigen Menschen, die sich gegenseitig dabei unterstützen, die beste Version ihrer selbst zu werden. In einer idealen Beziehung darfst du echt sein und auch deine Verletzlichkeit zeigen. Du fühlst dich lebendig, bist agil und großzügig. Unabhängig davon, wo du bist und was du tust, kannst du dich auf den anderen emotional verlassen und spürst, dass er bedingungslos und freiwillig zu deinem Leben dazugehört und darin auch bleiben will.

Gibt es in deinem näheren Umfeld Menschen, deren Beziehung du bewunderst?
Ich kenne Paare, die in meinem direkten Umfeld seit langem verheiratet und nach wie vor gerne zusammen sind. Solche langjährig guten Beziehungen finde ich toll. Mir ist es leider nicht gelungen. Als Außenstehende sehe ich da gegenseitige Wertschätzung, sowohl für die Persönlichkeit als auch für die Interessen des anderen und Freiräume für die Entwicklung. Diese Paare haben es außerdem geschafft, in unterschiedlichen Lebensphasen sich selbst und auch ihre Beziehung neu zu definieren, ohne dabei an der Basis zu rütteln. Es sind über die Zeit anhaltende, lebendige Partnerschaften, in denen beide gerne miteinander und auch mit anderen die Zeit verbringen.

Während meines letzten Urlaubes erlebte ich Paare, die bereits eine gescheiterte Ehe hinter sich hatten. Es war ermutigend zu sehen, dass es eine zweite Chance auf eine erfüllte und vertraute Beziehung gibt. Wie diese Paare ihren eigenen Interessen frei nachgingen und aufgeschlossen anderen Menschen gegenüber waren, gleichzeitig sich gegenseitig immer wieder suchten und offensichtlich gerne zusammen waren, fand ich schön.

Wie wichtig ist Treue in einer Beziehung?
Treue ist die Grundlage des Vertrauens und ohne Vertrauen funktioniert keine gesunde Beziehung. Meiner Erfahrung nach haben wir manchmal unterschiedliche Definitionen von Treue und Untreue, daher ist da ein Konsens wichtig. Sex ist meiner Ansicht nach mehr als *nur* Sex. Begehren, Liebe und Vertrauen. Untreue führte in meiner Ehe zu einem elementaren Bruch, wonach die Beziehung für mich innerlich zu Ende war.

Wie stehst du zu Ehrlichkeit? Ist sie in jeder Situation ratsam? Bist du zu dir selbst ehrlich?
Ehrlichkeit finde ich wichtig, sie ist die Grundlage des Vertrauens. Zu Menschen, die uns wichtig sind, sollten wir immer ehrlich sein, selbst wenn es manchmal schwierig oder schmerzhaft ist, die Wahrheit auszusprechen. Der andere hat nur so eine Chance zu erfahren, woran er ist. Nur so sind Klarheit und Entwicklung möglich. Falsche Höflichkeit finde ich unfair und es bringt niemanden weiter. Wir müssen nicht jedem immer alles erzählen, sollten aber niemanden anlügen.

Uns selbst gegenüber sollten wir schon ehrlich sein, was auch nicht immer leicht ist. Ich denke, dass ich trotz meiner großen Fantasie mir nichts vormache und realistisch bin.

Was ist Liebe?
Irgendwo las ich eine wunderschöne Definition von Liebe, die so ähnlich lautete: *Liebe ist, wenn du jemandem das Beste wünschst, selbst wenn das dich nicht mit einschließt.* Eine großmütige Beschreibung!

Liebe ist selbst- und bedingungslos. Ich glaube tatsächlich daran, dass wir für die wahre Liebe erst bereit sind, wenn wir unsere Ängste loslassen können und wir mit uns selbst sowie mit unserem eigenen Leben im Reinen sind.

Ist Liebe auf den ersten Blick wahre Liebe?
Liebe auf den ersten Blick ist eine besondere Anziehungskraft. Sie kann eine pure Faszination bleiben, zu einer schönen Erinnerung werden oder sich zur wahren Liebe entwickeln, was tiefer geht.

Wie viel Nähe/ Distanz braucht die Liebe? Können wir jemanden aus der Distanz lieben oder müssen wir denjenigen, den wir lieben, in unserer Nähe haben?
Liebe ist unerklärbar und komplex. Nähe und Distanz sind dabei nicht ausschlaggebend. Innere Verbundenheit entsteht nicht un-

bedingt, wenn wir jemandem physisch nahe sind. Liebe kann sich auch auf die Distanz entwickeln. Ob sie hält, hängt von mehreren Faktoren ab.

Mit wem möchtest du den Rest deines Lebens verbringen?
Mit einem Mann, der mein Partner und mein bester Freund in einem ist. Mit dem wir über alles reden, uns gegenseitig inspirieren, immer wieder eine tolle Zeit miteinander erleben und uns in der Nähe des anderen gegenseitig wohlfühlen, Mit dem wir zusammen lachen und auch mal Quatsch machen können. Und ich möchte mit meinen beiden Kindern immer eng verbunden bleiben, was keine Selbstverständlichkeit ist. Ich möchte mein Leben lang auch von interessanten Menschen umgeben sein oder mit ihnen in Kontakt stehen.

Glaubst du an Bestimmung/ Schicksal? Glaubst du an Seelenverwandtschaft? Gibt es Menschen, die für uns bestimmt sind?
Ja. Manchmal kommen Menschen in unser Leben und geben uns im entscheidenden Moment Impulse, die wir brauchen, um weiter zu kommen. Das habe ich mehrfach erlebt. Ein Seelenverwandter ist so ein Mensch. Er inspiriert dich, dich selbst zu vervollständigen und der Mensch zu werden, der du schon immer sein wolltest. Es funktioniert allerdings nur, wenn du für die Impulse offen bist und sie wahrnehmen kannst.

Hast du unerklärbare/ magische Situationen erlebt? Beschreibe diese.
Ja, die erlebe ich in unerwarteten Situationen. Es ist manchmal das besondere Licht, eine leichte Brise, der Duft einer Jahreszeit oder eines Parfums, die bestimmte Stimmungen in mir erwecken und meine Wahrnehmung der Realität verzaubern. Die Wortwahl einer Nachricht oder eine besondere Begegnung können auch einen ganz normalen Augenblick in unvergessliche Momente verwandeln.

Wovor hast du Angst, was ist deine größte Befürchtung?
Meine allergrößte Angst ist, dass meinen Kindern oder mir etwas zustoßen könnte, was ihr oder mein selbstbestimmtes Leben zerstört. Das fände ich schrecklich.

Gibt es jemanden, für den du sterben würdest?
Ja, ich würde für meine Kinder sterben, wenn ich dadurch ihr Leben retten würde, hoffe aber, dass es niemals zu so einer extremen Situation kommen wird. Und wenn ich irgendwann einen Mann so

vertraut an meiner Seite habe, dass ich für ihn sterben würde - das Gefühl fände ich schön.

Was macht dich verletzlich?

Wenn ich meine Kinder sehe und mein Herz warm wird. Wenn ich meinen Hund ansehe. Die Liebe zu einem Mann. Ein schöner Film, schöne Musik ... Alles und jeder, der mein Herz berührt, macht mich verletzlich.

Was verletzt dich? Wie reagierst du darauf?

Wenn jemand versucht, meine Flügel zu stutzen oder mich belügt und/ oder betrügt - dann gehe ich.

In welcher Situation neigst du zur Überreaktion? Was bringt dich aus der Fassung?

Ungerechtigkeit kann ich nicht ertragen, die macht mich rasend. Hier souveräner zu handeln ist eine meiner Herausforderungen. Willkür, Diskriminierung, dumme Arroganz, Ignoranz, Borniertheit und Dummheit bringen mich auch an meine Grenzen und oft darüber hinaus.

Gibt es etwas, was dich traurig macht? Bringt dich etwas zur Verzweiflung?

Wenn die Menschen, die ich liebe, traurig sind, das macht mich auch traurig. Wenn Menschen Tiere unsensibel behandeln und ihnen Schmerzen zufügen, das macht mich sehr traurig, vor allem, weil Tiere uns vertrauen und uns wehrlos ausgeliefert sind. Ich verstehe es nicht, wie Menschen so herzlos sein können, Tieren in die Augen zu schauen und ihnen dennoch wehzutun! Das passiert leider zu oft in dieser Welt.

Hast du eine kritische Situation erlebt, die dich physisch und/ oder emotional an deine Grenzen gebracht/ gebrochen hat? Wie bist du damit umgegangen?

Das Ende einer filmreifen Liebesgeschichte, die meiner Mutter das Herz brach und meinem Vater sein Leben lang ein schlechtes Gewissen einprägte, brachte mich in frühen Jahren auch an meine emotionalen Grenzen und prägte meine Haltung gegenüber attraktiven Männern. Ich war drei Jahre alt, als meine Mutter die Scheidung einreichte, weil mein Vater, ein Frauenmagnet, Frauen leider nicht widerstehen konnte. Trotz meines sehr liebevollen Umfeldes wuchs ich zwischen zwei Welten auf, die unterschiedlicher hätten nicht sein können. Ich war innerlich zerrissen und emotional überfordert.

Zu unerfahren heiratete ich später einen Mann, der für mich eine Art Fels in der Brandung war und der mein Herz nie brechen sollte. Er liebte mich, wie ich war, wusste, was er wollte und lieferte damit das Fundament für meine Wunschvorstellung einer Familie. Ich wollte es besser machen als meine Eltern und fokussierte mich nur auf meine Familie, die mich manchmal vor größeren Herausforderungen stellte als alle, denen ich jemals davor begegnet war. Kleine Kinder sind unberechenbare Wesen und meine beiden wunderbaren Kinder sind außerdem so unterschiedlich wie Feuer und Wasser, was einige Grenzerfahrungen mit sich brachte. Die meisten davon bereicherten mein Leben erst, nachdem sie dieses komplett auf den Kopf gestellt hatten. Es waren jedoch nicht meine Kinder, die mich an meine Grenzen gebracht hatten! Es war mein Partner, der sich nach der Geburt unseres ersten Kindes für den Rest unserer Ehe in die Arbeit stürzte, und ein Umfeld, das sich als alles andere als liebevoll und kindgerecht herausstellte. Ich fühlte mich isoliert und alleingelassen. Schneller als es mir bewusst wurde, befand ich mich in einer Mutterrolle, die konservativer war als die der Generation meiner ungarischen Großmutter. Als Mutter erntest Du außerdem keinerlei Anerkennung, im Gegensatz zur erfolgreichen Geschäftsfrau - eine Rolle, auf die ich damals wesentlich besser vorbereitet war. Den Spagat an mein altes Ich wieder anzuknüpfen, habe ich einfach nicht geschafft.

Für meine Kinder bin ich unendlich dankbar. Ansonsten brachte die Beziehung mit diesem Mann mich - leider auch unsere Kinder - an Grenzen, an denen ich früher nie war und auch nie wieder sein will!

Was war die schwierigste Entscheidung deines Lebens?
Mich vom Vater meiner Kinder zu trennen, war die schwierigste und wichtigste Entscheidung meines Lebens. Zehn Jahre habe ich gebraucht, um der Realität in die Augen schauen zu können und zu verstehen, dass ich aus den Scherben nie wieder etwas Ganzes machen kann. Aus Angst vor den Konsequenzen hielt ich viel zu lange an meinem Traum von einer Familie fest, der viele Jahre davor schon zerplatzt war. Nach dem Moment der Erkenntnis war es nicht länger auszuhalten, ich habe mich endlich getrennt. Mich selbst hatte ich längst, sonst hätte ich auch meine Kinder komplett verloren.

Auf der anderen Seite meiner großen Angst angekommen, öffnete sich die Schönheit der Welt langsam wieder. Dinge, die früher nicht mehr klappten, fügten sich und Loslassen brachte all das zurück, was mir wirklich wichtig war. Meine Kinder, meine Freunde, meinen Mut und meine Persönlichkeit.

Heute, am Ende eines sehr schmerzvollen Weges, weiß ich, dass es weder an der Attraktivität noch am Erfolg eines Mannes vorherzusehen ist, ob er treu bleibt oder nicht. Es zeigt sich mit der Zeit und ist abhängig von seinem Charakter.

Wie gehst du im Allgemeinen mit Herausforderungen um?
Da ich mich gerne weiterentwickele, finde ich geistige und berufliche Herausforderungen spannend, die suche ich. Physische Schmerzen versuche ich zu vermeiden und bin daher bei sportlichen Herausforderungen vorsichtiger. Allerdings merke ich, wie ich meine Grenzen weiten und meine Ängste auch hier loswerden möchte.

Welche Situation hat dich in deinem Leben stärker gemacht? Inwiefern?
Es gab viele Situationen. Eine davon passierte zum Anfang der Corona Pandemie. Zusätzlich zum Rosenkrieg erlebte ich eine berufliche Krise, die dazu führte, dass ich meinen Job verlor. Mitten im Lockdown, fünfzigjährig mit einem Beruf im ewig jungen Marketing, spürte ich das erste Mal in meinem Leben, was Existenzängste sind.

Das Verhalten meines Umfeldes überwältigte mich im positiven Sinne. Diese wunderbaren Menschen an meiner Seite und eine tolle Psychologin bestärkten und begleiteten mich aus diesen aus existenzieller Sicht härtesten Monaten meines Lebens. Sie halfen mir, meine eigenen Stärken zu erkennen, mir selbst mehr zuzutrauen und zu vertrauen. Nach starker Fokussierung und hundertfünfzig Bewerbungen kam ich sogar mit mehr als einem attraktiven Jobangebot aus der Krise heraus.

Seit dieser Erfahrung weiß ich, dass *ich* es bin und niemand sonst, der mein Leben bisher gut gemeistert hat und ich mich auf meine eigene Kraft und Fähigkeiten auch zukünftig verlassen kann. Ich werde immer einen Weg aus jedem Tal herausfinden und auf die richtigen Leute treffen. Die Erkenntnis, fähig zu sein, selbst das aufzubauen, was mir wichtig ist, unabhängig von meinem Umfeld, macht mich zuversichtlich.

Wie schaffst du es, dein emotionales Gleichgewicht wiederherzustellen/ aufrechtzuerhalten?
Durch Sport und mich erfüllende Aktivitäten. In meiner Ehekrise begann ich Webseiten zu gestalten. Nächtelang saß ich am Computer und schaffte etwas, was mir und auch anderen gut gefiel. Im

kreativen Gestaltungsprozess, auch beim Schreiben, kann ich meine Probleme komplett vergessen. Das Neue und Schöne, was dabei entsteht, muntert mich auf.

Früher bin ich beim Joggen an meine Grenzen gegangen, um mit emotional schmerzhaften Situationen zurechtzukommen. Es half mir, einen klaren Kopf zu bekommen und ich fühlte mich danach auch körperlich besser. Heute halte ich mein emotionales Gleichgewicht durch Meditation und Yoga aufrecht.

Was war der beste Ratschlag, den du jemals erhalten hast? Was ist deine Erkenntnis?
Es war kein direkter Ratschlag, sondern eine Gewohnheit, die mein Vater in mein Leben brachte. Er holte mich zum Joggen an den Wochenenden ab und führte mich damit an den Sport heran, als gesunden Ausgleich zum stressigen Alltag. Es ist ein Ritual, das ich bis heute bewahrt habe. Für ihn als Spitzensportler war der Wettkampf sein Leben, für mich ist der Sport mein körperlicher und seelischer Ausgleich, meine Kraftquelle und meine Meditation. Wir waren in vielen Dingen sehr unterschiedlich. Auf unseren Joggingstrecken fanden wir einen Ort und die notwendige Ruhe, um einfach die Natur um uns herum zu genießen und miteinander tiefgehender zu reden. An diese Stunden denke ich heute noch in Dankbarkeit zurück.

Auch der Rat meines Stiefvaters, kurz nachdem er in unser Leben getreten war, mich in eine gute Musikschule zu schicken, bereicherte mein Leben nachhaltig. Dadurch erlebte ich sechs besonders schöne Grundschuljahre (in Ungarn dauerte die Grundschule damals acht Jahre), die mich durch die Gedanken- und Gefühlswelt der Musik und der Literatur führten. Diese Zeit prägt mich bis heute.

Meine Erkenntnis? Das Leben ist so vielfältig und kann so schön sein, wenn wir uns aufs Gute fokussieren!

Möchtest du jemandem etwas beweisen? Wenn ja, wem?
Mir selber, dass ich mir selbst vertrauen und mich auf meinen Verstand und mein Gefühl verlassen kann.

Wie wichtig ist es dir, was andere über dich denken?
Beruflich ist mir eine Rückkopplung wichtig, weil der Kern meiner Arbeit die *gute Kommunikation* ist und ich dadurch Menschen erreichen will. Allerdings habe ich es gelernt zu differenzieren und die Motivation der anderen besser zu verstehen. Seitdem bin ich nicht mehr so leicht zu verunsichern und kann gelassener reagieren. Privat interessiert mich die Meinung nur bestimmter Menschen.

Woran hältst du fest?
Ich glaube daran, dass unsere Träume unsere Realität werden können. An diesen Glauben und an die Menschen, die mir wichtig sind,
halte ich fest und weiß, dass ich sie dafür auch mal loslassen muss.
Bedingungslose Liebe, *Menschlichkeit* und *Leichtigkeit* sind Werte, die
mir wichtig sind und an denen ich festhalte.

Hast du ein Ziel/ Ziele in deinem Leben? Wie realisierst du diese?
Ja. Beruflich möchte ich mit meiner Arbeit Menschen im Herzen
berühren. Privat soll mein Traum von der großen Liebe wahr werden. Vielleicht möchte ich irgendwann als Ausgleich zum Stadtleben
einen Ruhepol irgendwo am Wasser finden. Ein kleines Haus mit einem Kamin und einem riesengroßen Esstisch in der Mitte, wo meine
Kinder, meine Freunde und Familie jeder Zeit herzlich willkommen
sind und gerne auch länger bleiben.
  Wie ich meine Ziele realisiere? Diese stelle ich mir erst mal vor und
visualisiere sie danach auf einer Vision Board. So habe ich sie stets
vor meinen Augen. Darauf fokussiert gebe ich täglich mein Bestes
und gehe meinen Weg weiter. Wichtig dabei ist, nicht zu verkramp-
fen, mal auch loszulassen und wenn nötig, zu kalibrieren. Meist
passieren so unerwartete, mal auch magische Dinge. Meine Träume
verwandeln sich Schritt für Schritt in Realität.

**Wenn du auf dein bisheriges Leben zurückblickst, worauf bist du
stolz?**
Auf mein Leben und auf meine Fantasie. Auf meine Kinder, die beide
warmherzige, sehr echte, mutige und geistig aufgeschlossene Menschen sind. Auf mein näheres Umfeld mit wunderbaren Menschen
um mich herum. Darauf, dass ich in einem mir anfangs unbekannten Land alles erreichen konnte, was mir wichtig ist, mich nie unterkriegen ließ und aus den Krisen immer gestärkt herausfand. Auch
nach dem Scheitern meiner Ehe konnte ich mein Leben allen Widrigkeiten zum Trotz, meinen Vorstellungen entsprechend wieder-
aufbauen und entwickele es immer weiter. Das ergab sich nicht von
selbst, ich habe viel an mir gearbeitet und tue es so weiter.
  Wenn ich zurückblicke, sehe ich auch Dinge, auf die ich nicht so
stolz bin. Wenn ich die Uhr zurückdrehen könnte, würde ich in manchen Situationen gelassener, menschlicher und mutiger handeln.
Ich wäre bereit, mehr Fehler zu machen und wäre auch nahbarer.

Gehst du denselben Weg weiter? Worauf freust du dich?
Den Weg gehe ich weiter, allerdings in meiner besseren Version, in

der ich in jeder Situation mein wahres *Ich* bin.

Worauf achtest du zukünftig mehr? Hast du Zukunftsängste?
Auf das Hier und Jetzt möchte ich mehr achten und mich darauf besser einlassen können. Zukunftsängste habe ich nicht. In jeder Situation gibt es einen Weg, der mich dahin führt, was mir wichtig ist.

Gibt es weitere Fragen, die du in diesem Interview noch beantworten möchtest?
Weitere Fragen und Antworten folgen in meinen nächsten Büchern. ;-)

Zum Schluss

Aus einer persönlich motivierten Idee heraus entstand in sechs Monaten ein, wie ich finde, reichhaltiges Projekt. Das Ergebnis hältst du in deinen Händen.

Allen meinen Gesprächspartnern habe ich die gleichen Fragen gestellt. So unterschiedlich und interessant die Persönlichkeiten meiner Interviewpartner sind, so verschieden sind auch ihre Geschichten.

Obwohl uns offensichtlich dieselben Fragen beschäftigen, sind unsere Antworten sehr individuell und oft unvorhersehbar. Schubladendenken hilft nicht weiter. Jeder Mensch ist einmalig - und seine Individualität offenbart sich erst, wenn wir ihm wirklich zuhören.

Es ist unsere Essenz, das Herz eines Menschen, was wirklich zählt: was uns motiviert, verbindet und unterscheidet. Dieses Herz kannst *du* öffnen. Trau dich!

DIE FRAGEN

Für dich

1. Hast du ein Lebensmotto?

2. Hast du ein Vorbild? Wenn ja, aus welchen Gründen gerade sie/ ihn?

3. Wenn du ein Buch schreiben würdest, um welches Thema würde es sich handeln?

4. Welches Buch würdest du anderen unbedingt empfehlen? Warum?

5. Mit wem hattest du zuletzt eine tiefgreifende Diskussion und worüber?

6. Was ist für dich das Wichtigste im Leben?

7. Was bedeutet für dich ein erfülltes Leben?

8. Was macht dich glücklich?

9. Wobei fühlst du dich lebendig?

10. Was bedeuten für dich Erfüllung, Erfolg und Glück?

11. Wie viel Familie verträgt ein erfülltes Leben?

12. Was ist deine Kraftquelle? Sind Familie und Freunde Kraftquellen?

13. Was bedeutet Zuhause für dich? Wo fühlst du dich zu Hause?

14. Was bedeutet Freiheit für dich?

15. Beschreibe deine Beziehung zu dir selbst.

16. Welche Rolle spielen Freunde in deinem Leben? Beschreibe deine Beziehungen zu deinen Freunden.

17. Wer sind die wichtigsten Menschen in deinem Leben?

18. In welchem Verhältnis stehen Freiheit und Beziehung zueinander?

19. Wie viel Präsenz braucht eine Beziehung?

20. Du lebst in einer Partnerschaft. Warum hast du gerade sie/ ihn gewählt? Was schätzt du an ihr/ ihm? Was hält euch zusammen? ODER Du bist Single. Lebst du gerne alleine?

21. Wie sieht für dich die ideale Beziehung aus?

22. Gibt es in deinem näheren Umfeld Menschen, deren Beziehung du bewunderst?

23. Wie wichtig ist Treue in einer Beziehung?

24. Wie stehst du zu Ehrlichkeit? Ist sie in jeder Situation ratsam? Bist du zu dir selbst ehrlich?

25. Was ist Liebe?

26. Ist Liebe auf den ersten Blick wahre Liebe?

27. Wie viel Nähe/ Distanz braucht die Liebe? Können wir jemanden aus der Distanz lieben oder müssen wir denjenigen, den wir lieben, in unserer Nähe haben?

28. Mit wem möchtest du den Rest deines Lebens verbringen?

29. Glaubst du an Bestimmung/ Schicksal? Gibt es Menschen, die für uns bestimmt sind?

30. Hast du unerklärbare/ magische Situationen erlebt? Beschreibe diese.

31. Wovor hast du Angst, was ist deine größte Befürchtung?

32. Gibt es jemanden, für den du sterben würdest?

33. Was macht dich verletzlich?

34. Was verletzt dich? Wie reagierst du darauf?

35. In welcher Situation neigst du zur Überreaktion? Was bringt dich aus der Fassung?

36. Gibt es etwas, was dich traurig macht? Bringt dich etwas zur Verzweiflung?

37. Hast du eine kritische Situation erlebt, die dich physisch und/ oder emotional an deine Grenzen gebracht/ gebrochen hat? Wie bist du damit umgegangen?

38. Was war die schwierigste Entscheidung deines Lebens?

39. Wie gehst du im Allgemeinen mit Herausforderungen um?

40. Welche Situation hat dich in deinem Leben stärker gemacht? Inwiefern?

41. Wie schaffst du es, dein emotionales Gleichgewicht wiederherzustellen/ aufrechtzuerhalten?

42. Was war der beste Ratschlag, den du jemals erhalten hast? Was ist deine Erkenntnis?

43. Möchtest du jemandem etwas beweisen? Wenn ja, wem?

44. Wie wichtig ist es dir, was andere über dich denken?

45. Woran hältst du fest? Was möchtest du loslassen?

46. Hast du ein Ziel/ Ziele in deinem Leben? Wie realisierst du diese?

47. Wenn du auf dein bisheriges Leben zurückblickst, worauf bist du stolz?

48. Gehst du denselben Weg weiter? Worauf freust du dich? Worauf achtest du zukünftig mehr?

49. Hast du Zukunftsängste?

50. Gibt es weitere Fragen, die du in diesem Interview noch beantworten möchtest?

DANKE

Liebe Leserin, lieber Leser,

manche Bücher enden mit der letzten Seite. Andere beginnen dort erst – mit einem Gedanken, einer Erinnerung oder einer Frage, die plötzlich nicht mehr ganz verschwinden will.

Danke, dass du dieses Buch gelesen hast.

Vielleicht geht es dir jetzt wie mir damals: Du spürst diese Dringlichkeit, die fünfzig Fragen selbst zu beantworten. Die Fragen gehören jetzt dir. Falls du ihnen Raum geben möchtest: Ein paar Seiten weiter zeige ich dir, wo.

Wenn du mir schreiben möchtest oder dich für ein zukünftiges Interview- oder Buchprojekt interessierst, freue ich mich, von dir zu hören. Auf *www.charlottamona.de* findest du meine Bücher, meine Sonntagskolumne und weitere Texte.

Auf Instagram findest du mich unter @charlotta_mona.

Vielleicht begegnen wir uns dort wieder – bei einer Geschichte, einem Gedanken oder einer Frage, die uns beide nicht loslässt.

Deine

Charlotta

Über die Autorin

Ich bin Charlotta Móna. Autorin und Kolumnistin. Aber eigentlich
– und das ist die ehrlichere Beschreibung – bin ich eine Frau, die
zu viele Fragen stellt. Am liebsten die, denen wir im Alltag elegant
ausweichen.

Mehr als ein Neuanfang hat mir gezeigt: Zuhören ist eine unter-
schätzte Kunst. Ich schreibe über Liebe, Selbsterkenntnis, Mut und
die Fragen, die uns nicht loslassen.

Weil die interessantesten Antworten oft erst dann kommen, wenn
endlich jemand die richtige Frage stellt.

Bücher von Charlotta Móna

Manche Bücher geben Antworten. Meine stellen lieber Fragen.

Fragen an mich selbst
Die fünfzig Fragen aus diesem Buch – diesmal an dich. Ein Journal
für dein persönliches Interview: eine Frage pro Seite und Raum für
Antworten, die im Alltag oft keinen Platz bekommen.

Notizen an mich selbst
Ein tägliches Mind Moment Journal für Gedanken, die sonst zu
schnell wieder verschwinden. Mit Klarheit am Morgen und Dankbarkeit am Abend – als 3- oder 6-Monats-Ausgabe.

24 Mind Moments
Vierundzwanzig kurze Texte über Liebe, Mut, Verlust, Vertrauen
und die leisen Dinge des Lebens. Eine stille Begleitung durch den
Advent.

Das Interview deines Lebens
Das Buch in deinen Händen. Aber das weißt du ja.

Mehr über meine Bücher und meine Sonntagskolumne findest du
auf *www.charlottamona.de*